U0866795

大数据技术与应用

金融大数据

陈　云
主编

上海科学技术出版社

图书在版编目(CIP)数据

金融大数据 / 陈云主编. —上海：上海科学技术出版社，2015. 1(2024. 2 重印)
(大数据技术与应用)
ISBN 978-7-5478-2346-0

Ⅰ. ①金… Ⅱ. ①陈… Ⅲ. ①金融—数据 Ⅳ. ①F830. 41

中国版本图书馆 CIP 数据核字(2014)第 185843 号

金融大数据
陈　云　主编

上海世纪出版(集团)有限公司
上 海 科 学 技 术 出 版 社 出版、发行
(上海市闵行区号景路 159 弄 A 座 9F-10F)
邮政编码 201101　www. sstp. cn
上海当纳利印刷有限公司印刷
开本 787×1092　1/16　印张 14. 75
字数 330 千字
2015 年 1 月第 1 版　2024 年 2 月第 8 次印刷
ISBN 978-7-5478-2346-0/TP·31
定价：80. 00 元

内容提要

本书阐述了大数据技术在国内外金融领域的发展和应用现状，从大数据视角加以思考和探索，为金融创新、金融大数据研究和应用提供有益支持。

全书共15章。第1、2章介绍金融大数据的应用现状、资源和技术等。第3至14章是本书重点，分别介绍了大数据技术在证券期货、银行、保险和互联网金融中的应用。第3至5章为证券期货应用，典型应用包括自动化交易策略设计、金融期货风险监管、证券期货舆情分析等。第6至8章为银行业应用，典型应用包括银行客户关系管理、银行风险管理、小微企业信贷等。第9至11章为保险业应用，典型应用包括保险精准营销、医疗保险业务优化、保险欺诈识别等。第12至14章为互联网金融应用，典型应用包括第三方支付、网络融资、网络基金等。第15章对金融业在大数据时代的应对战略、金融信息复合型人才培养提出了建议。

本书可供金融信息专业、计算机类数据科学等专业的高校师生使用，也可供金融行业从业人员、数据科学研究人员及政府决策和管理人员参考。

大数据技术与应用

学术顾问

大数据技术与应用

编撰委员会

本书编委会

主　编

上海财经大学　陈　云

编　委

（以姓氏笔画为序）

上海金融期货信息技术有限公司　史光伟
上海吉贝克信息技术有限公司　刘世平
上海财经大学　李艳红
上海财经大学　张　超
上海财经大学　郝晓玲
上海财经大学　钟　明
上海财经大学　俞　立
上海财经大学　姜　广
华院数据技术（上海）有限公司　宣晓华
上海财经大学　宫　剑
上海财经大学　徐晓萍
上海财经大学　曹志广
浙商期货有限公司　程　余
上海财经大学　谢　斐

前言

随着信息技术的飞速发展，特别是云计算、大数据技术的应用，未来金融机构的核心竞争力很大程度上依赖于将数据转化为信息和知识的速度与能力，而这种转化速度和能力，取决于数据分析、挖掘和应用水平。随着移动支付、互联网金融等新兴金融业态的不断涌现，以“用户为中心”、强化用户体验的服务模式将成为未来金融业的重要发展方向。应用大数据技术可多方面掌握客户及业务的有效信息，全面综合分析客户的资产负债、流动性及客户行为，有助于金融机构进行产品创新、精准营销和风险管理，实现数据资产向战略资产和市场竞争力的转化。

本书力求把握金融大数据应用的最新动向，结合大数据技术在国内外金融领域的发展和应用现状，以典型应用为支撑，从大数据视角进行分析，为金融创新与金融大数据研究和应用提供有益支持。

全书共15章。第1、2章介绍金融大数据概况，包括金融大数据应用现状、金融大数据资源、金融大数据处理技术等。第3至5章为证券期货应用，包括自动化交易策略设计、金融期货风险监管、证券期货舆情分析等。第6至8章为银行业应用，包括银行客户关系管理、银行风险管理、小微企业信贷等。第9至11章为保险业应用，包括保险精准营销、医疗保险业务优化、保险欺诈识别等。第12至14章为互联网金融应用，包括第三方支付、网络融资、网络基金等。其中第3至14章是本书的重点，分别介绍了大数据技术在证券期货、银行、保险、新兴互联网金融中的应用。第15章对金融业在大数据时代的应对战略、金融信息复合型人才培养提出了建议。

我国金融大数据应用刚刚起步，书中有些典型应用的数据规模可能不够大、采用的方法不够新，但新兴技术和产业的发展是“用”出来的，只有广泛应用才能发现需要突破的技术壁垒。遴选金融大数据典型应用，宣传和推广相关应用经验，为金融大数据提供必要的发展基础是本书编写的重要目的。

本书的特色在于注重大数据技术与金融业务的结合，通过充分调研，并与多家业内有影响力的金融机构及数据公司合作研究，分析利用了大量第一手资料。书中内容着力于金融学与计算机科学的学科交叉，填补相关领域的资料空白，面向的读者包括金融从业人员、数据科学研究人员、金融信息专业学生等，力求通过抛砖引玉，引起业界人士和相关学者对金融大数据应用的重视，推动行业的发展。

本书由上海市金融信息技术研究重点实验室和上海国际金融中心研究院组织编撰，多位作者参与本书编写，其中张超编写了第 3 至 5 章证券期货业大数据应用，郝晓玲编写了第 6 至 8 章银行业大数据应用，李艳红和姜广编写了第 9 至 11 章保险业大数据应用，俞立编写了第 12 至 14 章新兴互联网金融大数据应用。徐晓萍、钟明、曹志广、谢斐在纲要和内容方面对本书提出了修改意见。另外，感谢合作单位提供了相关资料，对本书编写给予了大力支持，包括上海金融期货信息技术有限公司、友邦保险公司、上海大智慧股份有限公司、华院数据技术有限公司、平安财产保险公司上海分公司、吉贝克信息技术有限公司、交通银行、浙商期货等。

作 者

目录

第1章

绪论

随着信息技术的飞速发展，金融机构逐步实现数据集中、业务电子化和数字化。近年来，大数据技术在金融中的应用，进一步推进了金融服务模式创新、管理创新和产品创新，金融大数据时代已来临。大数据技术应用为金融创新提供了有效支持，为金融服务提供了准确的信息和知识，为消费者提供了个性化服务。金融大数据应用得到众多业界人士和学者的广泛关注。本章对金融大数据应用现状，以及金融业面临的机遇和挑战进行简述。

1.1 大数据带来的变革

近年，随着互联网应用爆发式增长，数据产生的速度和规模急剧提升。根据国际数据公司IDC(Internet Data Center)的监测统计，2011年全球数据总量已经达到1.8 ZB(Zettabyte)，且正以每两年增加一倍的速度快速增长，预计到2020年全球数据总量将达到40 ZB，届时中国产生的数据量将占到全球总量的21%。数据规模急剧增长的同时，数据类型也日益复杂，其中采用传统数据处理手段难以处理的非结构化数据已接近数据总量的75%。随着互联网的快速发展，音频、文字、图片、视频等半结构化、非结构化数据大量涌现，而社交网络、物联网、云计算的广泛应用，使个人可以更加准确快捷地发布和获取数据。在科学研究、互联网应用、电子商务等诸多应用领域，数据规模、数据种类正在以极快的速度增长，大数据时代已悄然降临[1]。

迅速增长、庞大繁杂的数据资源给传统的数据分析、处理技术带来了巨大的挑战。为了应对这样的新任务，大数据技术、大数据工程、大数据科学和大数据应用等迅速成为信息科学领域的热点问题，得到了政府部门、经济以及科学等各个领域有关专家的广泛关注(表1-1)。

表1-1 对大数据的战略引导

国家/组织	时　间	计　　划
美国	2012年3月	《大数据研究和发展计划》大力推动大数据相关的收集、储存、保留、管理、分析和共享海量数据技术研究
中国	2012年3月	《“十二五”国家科技计划信息技术领域2013年度备选项目征集指南》，明确提出“面向大数据的先进存储结构及关键技术”
日本	2012年7月	《新ICT战略研究计划》重点关注“大数据应用”，提升国家竞争力
联合国	2012年7月	《大数据政务白皮书》总结各国政府如何利用大数据提供更好的服务
英国	2013年1月	注资6亿英镑发展8类高新技术，大数据独占1.89亿英镑

商业方面,2013 年,高德纳咨询公司发布了未来三年对企业产生重大影响的十大战略技术,大数据名列其中,其提出大数据技术将影响企业的长期计划、规划和行动方案。同时,IBM、Intel、EMC、Walmart、Teradata、Oracle、Microsoft、Google、Facebook 等发源于美国的跨国巨头也积极提出自己的应对大数据挑战的发展策略,它们成了大数据处理技术发展的主要推动者。在科技领域,庞大的数据正在改变着人类发现问题、解决问题的基本方式。采用最简单的统计分析算法,将大量数据不经过模型和假设直接交给高性能计算机处理,以发现某些传统科学方法难以得到的规律和结论。

大数据所带来的社会变革已经深入到人们生活的各个方面,包括日常的出行、购物、运动、理财等。大数据将给各行各业带来变革性机会,但真正的大数据运用仍处于发展初级阶段。据美国麦肯锡咨询机构在其大数据研报中指出,大数据已经对美国健康医疗、欧洲的政府公共管理、个人位置数据、美国的零售业及制造业等五个领域产生了重大的经济影响。其中,在公共管理领域,每年产生约 2 500 亿美元的潜在价值。市场研究公司 Marketsand Markets 公布的最新报告显示,2013 年至 2018 年,全球大数据市场的年复合增长率将为 26%,从 2013 年的 148.7 亿美元增长至 463.4 亿美元。

1.2 大数据在金融中的应用现状

随着信息技术和移动互联网的发展、金融业务和服务的多样化、金融市场的整体规模扩大,金融行业的数据收集能力逐步提高,存储了大量时间连续、动态变化的数据。与其他行业相比,大数据对金融业更具潜在价值,麦肯锡的研究显示,金融业在大数据价值潜力指数中排名第一。一方面,大数据决策模式对金融更具针对性,发展模式转型、金融创新和管理升级等都需要充分利用大数据技术、践行大数据思维。另一方面,金融业具备实施大数据的基本条件:

(1) 数据众多。金融业拥有所有客户的账户和资金收付交易等结构化数据,以及客服音频、网点视频、网上银行记录、电子商城记录等非结构化数据。

(2) 处理传统数据积累了大量经验。

(3) 较高的薪酬能够吸引到实施大数据的人才。

伴随着大数据应用、技术革新及商业模式创新,金融交易形式日趋电子化和数字化,具体表现为支付电子化、渠道网络化、信用数字化,运营效率得到极大提升[2]。银行、券商和保险等传统金融行业迎来了巨大的转变。此外,腾讯、阿里巴巴等互联网企业也在凭借其强大的数据积累和客户基础,进军金融业,开拓新的盈利点。

1.2.1 证券期货业应用现状

证券期货经营对数据的实时性、准确性和安全性的要求较高,在国内证券期货行业政策日趋开放的大环境下，证券期货业对数据使用的竞争也越来越激烈。证券期货数据涉及市场行情、历史交易、上市公司资料、宏微观经济、交易者行为规律等方面。证券期货公司投资决策、业务营销、客户关系管理等都需要上述数据作为支撑。

1）自动化交易

近年国内外证券期货市场上自动化交易迅速崛起，它利用强大的计算机处理能力，根据交易模型算法发出交易指令。自动化交易具有单笔报单量小、报单总笔数高、报单撤单比高等特征，其发展与信息技术密不可分。大数据技术的发展，尤其是数据挖掘技术，使自动化交易策略设计中可参考更大范围的数据，更好地把握证券期货市场的规律和趋势。数据挖掘技术为自动化交易算法设计提供了技术支持，通过大数据分析，能够建立更加科学、合理的自动化交易策略。以美国市场上流行的“战略顺序交易”策略为例，该策略通过分析金融大数据，识别出特定市场参与者的行为规律。如果一支共同基金通常在收盘前一分钟的第一秒执行大额订单，能够识别出这一模式的算法将预判出该基金在其余交易时段的动向，并执行相同的交易，共同基金继续执行交易时将付出更高的价格，使用“战略顺序交易”策略的交易商可趁机获利。目前，自动化交易为主的金融机构产生的交易量占整个美国市场股票交易量的75%，在我国市场上，交易量占比也已超过15%，并逐年递增。可以预见，大数据技术在自动化交易策略设计和交易监管方面将有更加广阔的应用。

2）电子券商

电子券商是指证券公司通过互联网建立线上商业模式，实现有偿证券投资资讯、网上证券投资顾问、股票网上发行、买卖与推广等多种投资理财服务。目前，国外电子券商交易模式按照差异化服务可以分为Etrade模式、Charles Schwab模式和Merrill Lynch模式等。自2012年证监会放行第三方互联网基金销售资质开始（表1-2），我国电子券商市场发展迅速，天天基金、好买基金、宜信等20家机构获得互联网基金销售牌照。目前，多家券商正

表1-2 电子券商发展历程

时间	重要事件
2012年2月	证监会开始发放第三方基金销售拍照，东方财富、同花顺、恒生电子等金融IT企业均已获得牌照
2013年3月	证监会主席助理张育军曾表示“互联网金融今年必然要突破”
2013年3月	证券业协会发布《证券账户非现场开户实施暂行办法》，就此扫清了券商缩减营业部的障碍
2013年4月以来	东方财富、同花顺、大智慧等公司或明示或暗示将积极申请电子券商牌照，股价受到资本市场的热捧
2013年6月	支付宝推出余额宝，正式发力基金销售业务，至2014年6月已超5 740亿元
2012～2014年	腾讯自2012年收购操盘手以来，陆续在PC和手机端推出多款资讯软件，受到热捧，目前传出和证券公司合资电子券商传闻

在积极地向监管层申报综合理财账户试点方案，综合理财账户服务以客户需求为中心，以互联网为运作平台，以证券公司开展各牌照业务为基础，实现经纪业务、融资融券、期货中间介绍，以及资产管理等多种合规业务的服务集成。相对于传统物理渠道，电子券商在提供标准化金融服务方面具有交易便捷、安全性高等优势。

3）数据仓库和决策支持系统

数据仓库和决策支持系统可提高证券公司的数据分析能力。基于上述工具及系统，证券公司能够将所有客户的操作记录进行归类和整理，结合行情走势、上市公司资料、宏观微观经济数据，对客户行为和市场因素的关联、客户操作习惯、盈亏情况、公司的利润分布等进行统计和分析，进而把握客户行为、盈亏、习惯等关键信息。证券公司可为客户提供针对个人习惯、投资组合的投资建议，做到对客户的贴心服务。目前，国内各大证券公司都在数据仓库及决策支持系统建设方面大力投入（表1-3）。

表1-3 证券公司在数据仓库与决策支持系统方面的投入

证券公司	开发项目	实现功能
兴业证券	数据仓库及决策支持系统	建立了经纪业务数据仓库，在其基础上实现客户关系管理的多项功能
	稽核和经纪人风控数据系统	
	经营分析管理系统	以企业经营管理决策支持为目标，采用各类数据分析方法，为各级管理者提供分析
东方证券	客户交易性分析系统	成为整体客户关系管理体系中重要一环，形成分析客户关系管理，建立客户交易行为分析平台
	客户适当性管理功能	
	融资融券客户分析及评级	
中信证券	网点及绩效综合管理系统	形成对业务部经营的整体管理，包括预算及考核
	操作型数据存储项目	
	数据采集接口及IT管理开发	构建企业级数据中心，成为中信证券数据交换的基础平台
	信用风险管理系统	
中国平安	MIS系统项目	建立数据仓库整体模型，并建设其综合信息管理报表体系
信达证券	客户评定系统	利用数据挖掘模型建设全方位的客户属性体系，并以此为基础进行多角度的客户综合分析
广发证券	金管家系统项目	建立了企业级客户服务管理平台，实现中、后台综合管理
	金管家系统项目二期	
申银万国证券	客户综合分析管理数据平台项目	以经纪业务数据仓库为基础，扩展为企业级数据中心，一期实现分析客户关系管理的功能
齐鲁证券	综合数据平台项目	企业级数据仓库，在完整的金融业务数据模型基础上，建设了围绕证券公司全业务的分析体系
	综合数据平台项目二期	

（续表）

证券公司	开发项目	实现功能
海通证券	客户服务平台项目	企业级综合服务平台，同时兼备面向客户的跨部门的服务流程，与整合的数据仓库的服务平台，集成了操作性客户关系管理与分析型客户关系管理的双重优势
	客户服务平台项目二期	
	数据仓库项目	企业级的数据仓库项目，对企业内部涉及的各类数据进行整合，并在其上建设全面的业务分析体系
财达证券	数据中心项目	实现企业级数据中心，在其基础上建立了综合报表，领导驾航、客户关系管理、多种数据挖掘应用等
安信证券	数据中心应用开发项目	完善客户数据采集、转换等，指标变量体系的组织和管理，实施客户动态细分模型，产品销售预测模型，客户流失预警模型等，实现与一线生产系统的联动与协调

1.2.2 银行业应用现状

近年，银行业的客户数据、交易数据、管理数据等均呈现爆炸式增长。公开数据显示，全国仅“银联”银行卡发行量目前接近40亿张，每天有近600亿交易通过银联的银行卡进行。如果再加上开户信息数据、银行网点和在线交易的各种数据，以及金融系统自身运营的数据，目前国内银行每年产生的数据能达到数十PB。数据海量增长为银行业带来了机遇和挑战，其服务与管理模式已逐步发生改变。

1）客户个性营销

随着利率市场化和民营银行设立预期的加剧以及互联网金融的兴起，银行业竞争日趋激烈，利差进一步缩窄，银行纷纷进行发展模式的战略转型。经营模式从“以产品为中心”向“以客户为中心”转型，营销模式从“粗放营销”向“精准营销”转型，服务模式从“标准化服务”向“个性化服务”转型。实现战略转型目标要求银行必须可靠、实时掌握客户的真实需求，全面完整描述客户的真实面貌。大数据的发展为上述需求提供了技术条件，通过广泛收集各渠道、各类型的数据，利用大数据技术整合各类信息、还原客户真实面貌，可以帮助银行切实掌握客户的真实需求，并根据客户需求快速做出应对，实现精准营销和个性化服务。成功案例方面，新加坡花旗银行根据客户的刷卡时间和地点，结合客户的购物、餐饮习惯等个人信息，可以精准地向客户推荐商场及餐厅优惠信息。西班牙对外银行推出ATM机个性服务，不仅比传统的ATM更安全、更便利，还具有记忆功能，不但能记住客户习惯的取款金额、取款频率，还能够根据客户的账户情况给出取款建议。

2）风险管理

风险管理是银行的生命线。以往银行在进行信用风险管理时，主要依据客户的会计信息、客户经理的调查、客户的信用记录以及客户抵押担保情况等，通过专家判断进行决策。

大数据技术的应用使银行的风险管理能力大幅提高，一方面，通过多种传感器、多个渠道采集数据，使银行更全面、更真实、更准确、更实时地掌握借款人信息，有效降低信息不对称带来的风险。另一方面，利用大数据技术可以找到不同变量间的关联关系，形成新的决策模型，使决策更加准确、统一和合理。银行利用大数据能够创新风险决策模式，赢得新客户，形成利润新增长点。以招商银行微型贷款为例，根据客户交易记录，招商银行结合行为数据、财务数据、区域地理信息和浏览内容信息，对客户进行细分，实时把握客户状态，及时预警可能的风险。

3) 电子商务平台和电子银行

2012 年开始，多家商业银行开设了自己的电子商务平台，其中以建设银行、中国银行、交通银行的规模最大(图 1-1)。这些购物网站与其他电商并没有太大的差别，包括吃穿住行等方面。另外，还有一些商业银行使用其他途径参与电商。商业银行挑战电商市场，其目的并不在于网上商城的营业收入，而在于扩展客户数据，使客户数据立体化，以了解客户消费习惯、预测客户行为、进行差异化服务。

图 1-1　建设银行善融个人商城

银行大力投资改革网上银行业务。相比阿里巴巴、腾讯等跨界者，银行在资金、风险管理能力和人才储备等方面具备优势，国内多家银行大力投资于网上平台、推出网上服务，进行多元化创新，为发展自有互联网金融业务奠定基础。目前，商业银行的网上服务包括传统银行业务、电子商务与移动支付，以及 P2P(Peer to Peer)等新型业务等(表 1-4)。

数据运算、管理和应用方面，各银行纷纷制定相关行动计划。中国民生银行计划在 2014 年建设实时数据集成平台，2015 年建立完备的企业数据服务，支持智能化服务。交通银行则采用智能语音云产品对信用卡中心每天收集的海量语音数据进行分析处理，收集关于客户的身份、偏好、服务质量以及市场动态等方面的信息。

表 1-4 传统银行的网络深化[3]

银 行	传统网上银行业务衍生	电子商务、移动支付	P2P 等新型业务
工商银行	金融超市	B2C 网上商城、手机银行	
农业银行	农银理财 e 站、生活 e 家	E 商管家电子商务服务平台、掌尚 e 达	
建设银行	理财在线销售、出行预定	善融商务、建行手机银行	网络联贷担保、网络大买家供应商融资、网络速贷通、e 点通、小企业客户在线融资
中国银行	理财产品销售	“中银易商”电子商务平台、微银行和“中银掌上行”移动客户端等	
交通银行	金融馆、生活馆	商品馆、企业馆、E 动交行	
中信银行	网络金融商城	分期购物商城、B2C 平台	
浦发银行	金融超市	移动金融 1.0 和 2.0 系列，微信银行	
招商银行	i 理财、出行易	网上商城、招商银行手机钱包、联通招行手机钱包、与中移动联合的移动支付方案	小企业 e 家，其中“e＋稳健融资”项目为 P2P 贷款平台
兴业银行	网上商城、网上缴费	订票服务、成立独立电商公司	
平安银行	网络金融商城	电子商务百货商城，手机银行 2.0	陆金所、“平安好车”交易平台、一站式购买彩票平台
华夏银行	理财、基金产品在线销售，信用卡商城	手机 e 站、出行预订和 ATM 预约取现	平台金融

1.2.3 保险业应用现状

大数据与保险业具有天然的关联性，保险经营的核心基础是“大数法则”，例如，保险生命表就是以十万人为组来进行测算。无论是财产险的概率性事件，还是寿险的生命周期，都是由大量数据分析获得的规律。长期以来，保险业通过上门、柜面、信函、电话、短信、微信等多种方式，已经积累了大量的客户交互数据，近年新兴起的互联网保险也成为保险业搜集数据的新平台。据统计，国内大型保险公司每年新增的数据量达到 PB 级别。在全球保险大数据应用市场中，主要领域包括客户行为分析、产品定价、联网数据分析、市场渠道分析、风险建模、预测分析、商业决策和欺诈侦测等。以下介绍几类典型的应用。

1) 保险产品营销

精准营销是通过分析客户行为，制定相应的销售与服务策略，把合适的产品或服务，以合适的价格，在合适的时间，通过合适的渠道，提供给合适的客户。大数据技术的应用，可以帮助保险公司完成寻找目标客户、挖掘客户潜在保险需求等任务。大数据营销使保险公司的客户营销策略更为精确直接，避免以往常见的逐户、陌生拜访、陪同拜访现象，也避免和同业竞争对手直接碰撞。相比开拓新客户，大数据营销对原有客户购买力的深度挖掘和忠诚度培养具有重要意义。在北美以及欧洲，现在已经越来越流行确立首席信息官(Chief Information Officer, CIO)作为精通数据技术和保险业务的管理者，CIO独立于公司各个部门，负责选拔和培训专业人员，调试设备，开发软件，整理和筛选代理人手中的客户资料，并充实数据仓库。在客户资源上，客户不再是代理人个人资源。代理人依靠强大的数据后援，签单量和保单质量都会大幅提高。

以友邦保险公司的“安心保终身寿险”为例，该产品的目标客户群是老年人，而友邦公司以前并没有现成的老年产品数据可供参考。经过考虑，友邦公司从两个方面进行目标客户挖掘：第一，已经买过本公司产品的被保险人，且被保险人符合“安心保终身寿险”的投保条件，是“安心保终身寿险”潜在的直接客户。第二，扩大检索范围，寻找年龄层在25至40岁之间、已经购买过传统寿险保单、保额也达到一定数额且保单年度较长的投保人。这个群体往往保障的意识比较强，具备一定经济基础，极可能再为自己或长辈多买一份保险。该案例中，对于目标客户群的挖掘、探索使用的就是大数据营销法[1]。

2）保险欺诈识别

保险欺诈，尤其是健康保险领域的欺诈具有专业性、隐蔽性等特点。为了防范健康保险交易中诈骗的发生，美国各州在建立全民医疗保险的网络销售平台时，附加建立专业软件平台，用于自动识别和侦破可疑的健康保险索赔数据。这是一个依赖大数据技术建立回馈机制，并应用机器学习技术不断提高和进化的动态防卫系统。该软件可以随着数据更新寻找规律，适应欺诈的新特点并加以追踪鉴别，建成后将大大提高理赔和管理效率。在国内，全国各地保险公司正在积极建设客户理赔信息即时共享机制、完善统一的欺诈风险信息库，以及广泛的异地协查网络，积极实现商业保险与社会保险之间的信息实时对接，扩大共享范围，提高支撑识别保险欺诈的数据质量。

3）互联网保险

互联网保险是新兴的一种以计算机互联网为媒介的保险营销模式，指保险公司或新型第三方保险网以互联网和电子商务技术为工具来支持保险销售的经营管理活动。与传统保险方式相比，互联网保险具有以下特性：降低保险公司和保险中介机构运营成本，拓展保险公司和保险中介机构业务范围，提供较高水平的信息服务，为客户提供便捷工具，使客户享受个性化服务，降低保险公司风险，更有效地保护客户隐私以及虚拟化的交易方式等。

2011年8月，中国保监会发布《中国保险业发展“十二五”规划纲要》，提出要大力发展保险电子商务。目前，国内外各大保险公司纷纷试水互联网保险，网络保险销售包括厂家直销和依托第三方平台两种模式，前者是保险公司自己建立网上销售平台，代表性公司如泰康人寿、日本的LIFENET、美国的GEICO和ESURANCE等。后者依托中介销售平台销售，相关平台如中民、惠择、大家保、携程、淘宝等。网络保险销售不断创新模式，2013年阿里巴巴、中国平安和腾讯等公司共同组建了“众安在线财险保险公司”，将大数据与网络保险进行深度融合，产品从保障互联网安全运行的角度出发，为互联网用户提供网络交易安全、网络服务后续的解决方案。与之前的网络销售不同，众安在线倡导根据上网保险人群的需求以及在线的特点设计产品，为客户的网上生活提供全面保障。

1.2.4 跨行业互联网金融应用现状

随着互联网和大数据的发展与普及，互联网企业跨界涉足金融业日趋常态。初创的企业大量涌现，对传统金融业的多个领域形成冲击，从支付结算到投融资服务，再到流通货币，银行、保险、证券、基金等传统金融机构无一幸免，渗入范围不断扩大，并不断向金融业的核心领域拓展。

金融业的跨界进入者通常借助互联网等信息技术的创新和进步，从金融业的薄弱环节切入，通过新兴商业模式打破原有的市场结构，未来通过不断升级自身的产品与服务，很可能会攀升到金融业产业链的顶端。目前，中国 P2P 网络借贷、网络小额信贷等新模式出现的一个重要原因是中国传统金融体系不够高效。一方面是人们收入大幅提高后，大量的价值增值需求难以得到有效满足；另一方面是中国传统金融机构的风险控制机制将众多中小企业阻挡在门外，这便孕育着巨大的商业机遇。

目前，新兴金融力量尚未在业绩上面对传统金融机构形成实质性冲击，更多的还是技术、模式和思想层面的冲击。

1）电子支付

货币形态与支付方式始终朝着低成本、高效率的方向演进。电子支付作为新兴的支付方式，流通速度更快、效率更高，省掉了币材成本，流通费用也较低，且应用更为方便，已逐渐成为社会主流支付方式。除了银行开设网银之外，两种新兴方式显示出了非常强大的生命力，一是第三方支付；二是移动支付[5]。

第三方支付已经成为一股重要金融力量，业务功能不断扩张，大大提升了支付结算的电子化速度。2010 年，中央人民银行发布了《非金融机构支付服务管理办法》，并于 2011 年开始颁发非金融机构支付业务许可证（简称“第三方支付牌照”），为第三方支付提供了政策支持和规范。截至 2013 年 8 月，中央人民银行已经先后发放了六批，共计 223 家企业拿到了第三方支付牌照。随着越来越多的市场参与者加入，竞争激烈程度不断提高，第三方支付公司纷纷开拓新的业务和市场，寻求差异化竞争。目前，第三方支付公司的经营范围主要包括互联网支付、移动电话支付、固定电话支付、数字电视支付、预付卡发行与受理和银行卡收单等业务。其中，互联网支付在最近几年一直保持着高速增长势头。据统计，2006 年至 2012 年中国互联网支付交易规模年复合增长速度高达 110%，2012 年的交易规模已经达到 3.82 万亿元，详见图 1-2。

移动互联网兴起带动了移动支付的快速发展。在国家政策利好、利益相关者（包括银

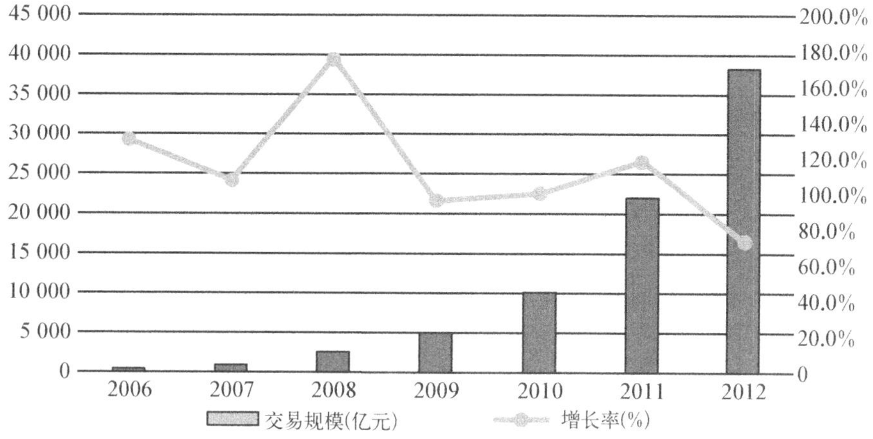

图 1-2 2006～2012 年中国互联网支付交易规模

联和银行、运营商、第三方支付、手机厂商等)大力推动的背景下,移动支付得到了快速普及和发展。2012 年的中国移动支付交易规模达到了 1 511 亿元,年增长速度也在不断提高,详见图 1-3。随着移动支付标准的落地,中国移动支付即将迎来爆发式增长。

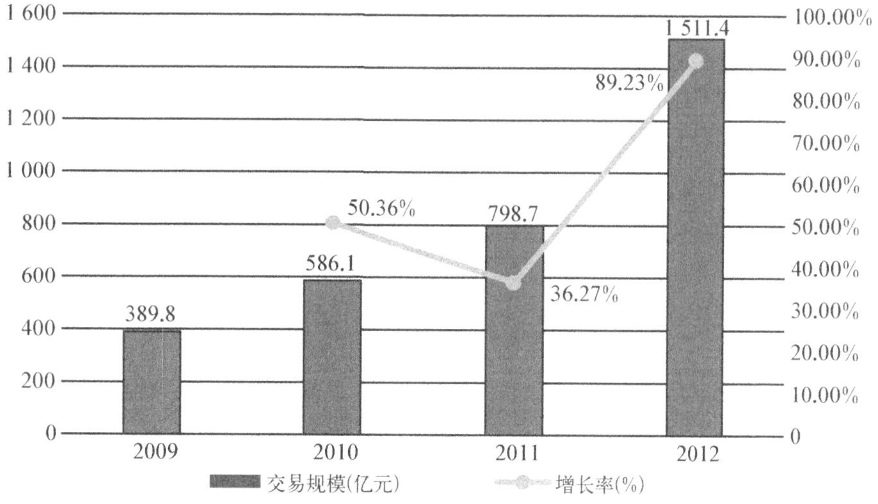

图 1-3 2009～2012 年中国移动支付交易规模

2）网络信贷与网络基金

由于电商或第三方平台掌握越来越多的数据,大数据技术的应用使非银行业的网络信贷业务与网络基金迅速崛起,目前业务模式主要有以下两类。

第一类是掌握海量客户及数据资源的互联网巨头为打造良好的生态体系而推出的网络信贷或基金业务,如阿里巴巴的阿里小贷和余额宝、百度理财的百发、亚马逊的 Amazon Lending、谷歌的广告信贷业务等。以阿里小贷为例,为了解决中小企业融资难的问题,阿里巴巴分别于 2010 年和 2011 年联合复星集团、银泰集团和万向集团成立了浙江阿里巴巴小额贷款和重庆阿里巴巴小额贷款两家公司，开展网络贷款业务。阿里金融业务可以分成两大类：一类是针对商家对顾客（Business to Customer，B2C）平台，即为淘宝网和天猫商城的客户提供订单贷款和信用贷款；另一类是针对商家对商家（Business To Business，B2B）平台，即为阿里巴巴中国站或中国供应商会员提供的阿里信用贷款，具体又分成循环贷和固定贷两种。阿里金融的贷款金额通常在100万元以内，采用按日计息的收费方式。阿里小贷依托阿里巴巴（B2B）、淘宝、支付宝等平台多年积累的海量数据，有效地控制了小微企业的贷款风险问题，同时借助互联网的批量化、流水化作业又大大减少了业务成本。阿里小贷凭借独特的竞争优势和商业创新，在小微企业融资领域迅速发展起来。据统计数据显示，仅2013年第1季度，阿里小微金融就发放贷款超100万笔，放贷金额120亿元，平均每笔贷款额度约1.1万元。图1-4为阿里小贷业务流程图。

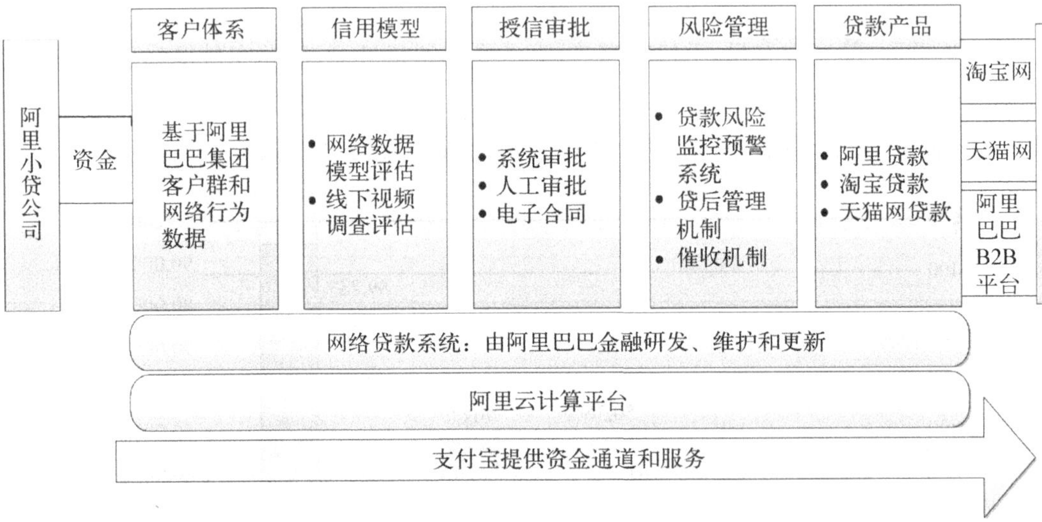

图1-4 阿里小贷业务流程

成功开展企业端贷款业务后，阿里金融又开始通过整合支付宝、淘宝集市和天猫商城的平台数据，将贷款业务拓展到客户端范围。2013年4月，阿里金融与上海农村商业银行合作涉足“虚拟信用卡”。淘宝、天猫用户可以获得最高5 000元的授信，在手机支付时可以使用信用支付额度购物，由合作银行将钱支付给卖家。阿里金融通过向合作商家收取手续费和向用户收取逾期罚息继续获利。截至2013年10月，有100多万家淘宝集市卖家和近3万家天猫商城卖家开通了信用支付，未来市场潜力非常巨大。

阿里巴巴集团于2013年6月发行了余额宝，这是一项余额增值服务，让用户的资金可以即时在储蓄和消费两种用途之间转换，让用户体会到理财的乐趣。余额宝的出现，推动了互联网基金的快速发展。据财经网报道，截至2014年2月26日，余额宝用户数突破8 100万，户均规模约6 500元，资金规模已突破5 000亿元。

第二类是利用大数据开展网络信贷或基金业务的创业公司，Kabbage便是其中的一个典型案例。Kabbage是一家致力于为不符合银行贷款资格的网上商家提供快速、安全资金的信贷公司，于2010年4月上线，主要目标客户是易贝、亚马逊上的美国网商。Kabbage通过查看网店店主的销售、信用记录、顾客流量和评论、商品价格和存货等信息，以及其在Facebook和Twitter上与客户的互动信息，并借助数据挖掘技术，来最终确定是否为他们提供贷款以及贷款金额和贷款利率，其贷款期限最长为6个月，贷款月利率在2%～7%。Kabbage用于贷款判断的支撑数据一方面来源于网上搜索和查看；另一方面则来源于网上商家的自主提供，且提供的数据多少直接影响着最终的贷款情况。同时，Kabbage也通过与物流公司UPS、财务管理软件公司Intuit合作，扩充数据来源渠道。由于Kabbage的商业模式适应了市场发展要求，上线不到一年，就得到数千家商户的支持，每家商户的平均贷款资金为1万美元左右。

1.3 大数据时代金融业的机遇和挑战

大数据新兴技术正在从运营效率和结构效率两个层面改造金融业。互联网金融是大数据时代下金融业发展的一个主要方向，其利用互联网技术、大数据思维进行的金融业务再造，当前主要表现为两种形式，一是金融机构依靠互联网技术和思维自我变革，如招商银行和平安银行网上平台；二是互联网企业跨界开展金融服务业务撼动传统金融格局，如电子支付和阿里金融等。互联网金融不仅是互联网、大数据等技术在金融领域的应用，更是基于大数据思维而创造出的新的金融形态。前者是金融企业将越来越多甚至全部的金融业务搭载在互联网平台上，后者是互联网企业以互联网技术平台为优势而不断搭载金融业务，两者不断趋同，但各有各的优势。虽然由于监管和历史优势的原因，难以在短期内处于完全竞争状态，但是互联网企业的金融业务创新越来越对传统金融企业构成巨大的威胁，甚至会蚕食金融企业的优势空间。

全球领先的软件和技术服务企业SunGard发布了2012年金融服务业各部门大数据发展的十大趋势：

① 市场数据集变得越来越庞大，业务对数据的细分粒度要求越来越高，以满足预测模型、业务预测和交易影响评估的需求。

② 新的监管和合规要求更强调治理和风险汇报，推动了全球性金融机构对更深入和透明的数据分析需求。

③ 金融机构不断完善自身的企业风险管理框架，基于主数据管理策略开发的框架可协助企业提高风险透明度，加强风险的可审性和管理力度。

④ 金融服务公司都希望能充分利用各种服务交付渠道（如分公司、网络、移动通信等）的海量客户数据，开发新的预测分析模型，实现对客户消费行为模式进行分析，提高客户转

化率。

⑤ 在巴西、中国和印度等新兴市场，经济和业务增长机会正在超越欧洲和美国，大量投资投向了本地和云数据处理基础设施中。

⑥“大数据”在存储和处理框架两方面的优势将帮助金融服务企业充分掌握业务数据的价值，降低业务成本并发掘新的套利机会。

⑦ 面对“大数据”所带来的不断增加的数据量要求，需要对传统的数据传输工具 ETL（提取、转换和加载）流程进行重新设计。

⑧ 大量历史客户支付行为数据的信用风险预测模型正在零售与公司贷款催收中得到大量应用，通过该技术，银行可以通过对不同客户违约和还款资料进行分析，对催收次序进行优化。

⑨ 随着以平板电脑和智能手机为代表的移动应用和互联网工具的迅速普及，技术基础设施和网络在对不同来源、不同标准数据进行处理、编索和整合方面的压力不断增大。

⑩ 大数据推动了对数据处理算法的需求，提出对数据安全和访问控制的重视，并可有效降低对现有系统的影响。

归结起来，大数据将为我国金融业带来以下机遇。

1）更广阔的业务发展空间

我国金融机构提供的服务和产品存在较大的同质性，但比较竞争优势要求金融机构突破同质性，实施差异化战略。社交媒体的兴起为金融机构创造了全新的客户接触渠道，来自金融网点、PC、移动终端设备、传感器网络传来的结构化、非结构化的海量数据，为金融机构创造了深化客户挖掘、强化交叉销售、加快产品创新的广阔空间。大数据的成功应用，将为金融机构创造先发竞争优势，打造不可复制的核心竞争力。

2）更精准的决策判断能力

在信息时代，如何更好地利用信息辅助决策已成为人类社会面临的重要问题。对于金融机构而言，大数据将使金融机构决策从“经验依赖”向“数据依赖”转化，将在深入了解和把握金融机构自身乃至市场状况的基础上，更加科学地评价经营业绩、评估业务风险、配置全行资源，引导金融业务科学健康发展。

3）更优秀的经营管理能力

大数据将掀起金融业的精细化管理革命和竞争。关于资产、负债、客户、交易对手及业务过程中产生的各种数据资产，在风险控制、成本核算、资本管理、绩效考核等方面发挥着重要作用，充分利用数据分析技术将是银行制胜的关键。“数据—信息—商业智能”将逐步成为金融机构定量化、精细化管理的发展路线，为有效提升服务能力提供强大支撑。

数据能从多方面帮助金融机构洞察所需规律，实现业务变革和创新，但在大数据时代，传统金融业也面临着以下挑战[6]。

第一，自身能力的挑战。实践证明，基于数据分析的决策行为更加有效，更具有预见性。金融机构对于传统的结构化数据的分析和挖掘是处于领先水平的，但是对于非结构化的异构数据的分析却缺乏有效方式。例如，金融机构有客户的资金交易信息、语音通话信息、ATM录像等信息，却无法从这些信息中挖掘出有价值的信息，无法打破"信息孤岛"的格局。数据将是未来金融机构的核心竞争力之一，因此对于各类金融机构来说，构建强大的大数据处理能力是目前亟待解决的难题。

第二，互联网公司的挑战。大数据技术的发展使得以前认为不相关的行业有了相通的渠道。互联网公司、电子商务等新兴企业对于市场的敏锐性、产品的创新能力、大数据的处理能力方面都有显著优势。它们涉足金融领域对传统金融机构的威胁不容忽视。Google是大数据的开拓者，2012年Google在英国推出为企业用户提供贷款帮助其购买该公司搜索广告的服务。Facebook为与澳大利亚联邦银行开发在线金融服务，使拥有银行账户的Facebook用户通过社交媒体渠道向第三方及Facebook好友进行支付。国内三大互联网公司阿里巴巴、腾讯和百度都已开始利用大数据提供金融服务，互联网公司这种基于大数据分析能力的竞争优势已经显示出对金融机构的威胁。

第三，信息安全的挑战。金融机构采集的数据涵盖了个人或企业各个方面的信息，如身份信息、交易数据、企业运营数据等。现代金融机构通常采用集中存储的方式保存数据，将数据集中存储的同时也加大了数据泄露的风险；另一方面将各种各样的数据如开发数据、账户信息和生产数据储存在一起，也增加数据管理的难度。传统的漏洞扫描技术的更新速度远不及数据量爆炸式的增长，导致大数据的漏洞极有可能暴露在互联网上，金融业不能容忍信息安全问题，一旦出现问题，必然会给社会和个人造成巨大的损失。

第四，金融监管的挑战。新金融的监管制度应根据不同业务性质和风险水平，以透明化、市场化和规范化为方向，兼顾创新与公平。互联网公司创造的新金融模式去中心化、交互性，注重创新和体验，可以弥补传统金融的不足。但由于不了解金融行业，因此在创新了金融业态的同时，也造成了一定的监管真空和风险隐患。新金融产业亟须匹配合理的监管制度。一方面，通过引导给予传统金融创新空间，激发创新积极性，加快信息网络技术和金融业务的结合。另一方面，制订针对性监管制度，尊重互联网金融自身规律的同时，保证资金和信息安全。

第五，金融大数据分析人才的挑战。大数据时代，数据作为一种"新世纪的石油"需要不断挖掘。为解决大数据特征新衍生出的问题，需要在系统架构、存储器、人工智能、数据仓库、数据挖掘分析等方面有所突破，对人才素质的要求也更高。对金融业大数据人才而言，他们不仅要对金融业务有较深入的理解，还要具备很强的数据建模、数据挖掘和数据分析的能力。金融业大数据人才要能够利用大数据平台和大数据分析工具从大量数据中提炼有效数据，并能将有效数据快速地转化成决策依据，帮助金融机构及时应对市场变化，快速制定应对策略。大数据时代，综合性的大数据分析人才培养对金融机构来说也是一种挑战。

本章介绍了金融大数据的行业应用现状。系统阐述了大数据在金融领域的应用现状，涉及证券、银行、保险等传统金融行业，包括精准营销、风险管理等典型应用，然后重点介绍了跨行业互联网金融的应用现状，包括电子支付和网络信贷等。最后，结合金融大数据的发展趋势，分析了大数据时代金融业的机遇和挑战。

◇参◇考◇文◇献◇

[1] 马建光，姜巍. 大数据的概念、特征及其应用[J]. 国防科技，2013(2)：10－17.

[2] 赵国栋，易欢欢，糜万军. 大数据时代的历史机遇——产业变革与数据科学[M]. 北京：清华大学出版社，2013.

[3] 瑞银证券. 互联网金融："危"还是"机"？[Z]. 瑞银证券研究报告，2014，2.

[4] 邬维奇. 大数据在保险营销中的应用[J]. 改革与开放，2013，13：047.

[5] 易欢欢，赵国栋. 大数据时代的跨界与颠覆：金融业门口的野蛮人[Z]. 宏源证券研究报告，2013，9.

[6] 赵频. 浅谈大数据时代金融业面临挑战及应对措施[J]. 中国电子商务，2013，2(17)：194－195.

第2章

金融大数据资源

大数据量的计量单位已逐渐从 TB 级别跃升到 PB(1 PB=1 024 TB)、EB(1 EB=1 024 PB),乃至 ZB(1 ZB=1 024 EB)、YB(1 YB=1 024 ZB)。大数据时代,以文本、影音为代表的非结构化数据数量急剧增长。本章将对大数据处理流程,金融大数据资源和关键技术进行介绍。

2.1 国内的大数据资源

据工信部统计,截止到 2014 年 1 月,中国移动互联网用户数达到 8.17 亿。新浪微博每天上传微博数量超 2 亿条,Facebook 每天处理 10 TB 的数据,世界气象中心积累了 220 TB 的 Web 数据和 9 PB 其他类型数据。根据国际数据公司的《数据宇宙》报告显示:2008 年全球数据量为 0.5 ZB,2010 年为 1.2 ZB,人类正式进入 ZB 时代。更为惊人的是,2020 年以前全球数据量仍将保持每年 40%多的高速增长,大约每两年就翻一倍,这与 IT 界的摩尔定律极为相似,可称之为"大数据爆炸定律"。预计 2015 年全球数据量将达到 7.9 ZB,2020 年将突破 35 ZB。

根据《至顶网年度技术报告》的数据统计,2013 年中国产生的数据总量超过 0.8 ZB,2 倍于 2012 年,相当于 2009 年全球的数据总量。预计到 2020 年,中国产生的数据总量将是 2013 年的 10 倍,超过 8.5 ZB。依据服务器和数据中心数量,以及各行业数据梳理,对国内产生、存储的数据量分布解析如下。

1) 百度、阿里巴巴、腾讯为代表的互联网公司

百度存储数据总量接近一千个 PB,网页的数量达到千亿级。作为全球最大的中文搜索引擎,百度每天响应来自 138 个国家和地区的数十亿次请求,每日新增数据 10 TB,要处理超过 100 PB 的数据,从浩如烟海的信息中精确抓取约 10 亿网页,同时索引库还拥有千亿级在线索引能力,以帮助用户完成搜索过程。面对海量数据,百度通过自建数据中心,开发了自己的大数据存储系统,并使用了多项新技术。计划投资 47 亿元的百度云计算(阳泉)中心已于 2012 年 8 月奠基,该项目预计 2015 年完工。建成后的百度云计算中心数据存储量将超过 4 000 PB,可存储的信息量相当于 20 多万个中国国家图书馆的藏书总量。

阿里巴巴拥有约 30 万台服务器,近 5 亿注册用户,2013 年阿里巴巴新增的总体数据量为 30 PB。目前,阿里巴巴保存的数据量达到近百 PB(对新浪微博的投资,对高德等的收购提高了阿里巴巴可接触的数据量)。2012 年 7 月 10 日,阿里集团就宣布设立首席数据官岗位,负责推进"数据分享平台"战略。阿里巴巴也一直在尝试对数据进行加工。从早期的

“淘宝指数”，到为店铺经营提供运营管理数据分析的“数据魔方”，到将“云”理念与大数据结合的“聚石塔”，再到以数据分析为基石的“阿里金融”，阿里在大数据开发方面一直走在业界前沿。淘宝创立之时，阿里巴巴就开始搜集平台上的数据，直至支付宝、聚划算、一淘等平台。随着业务的爆发式增长，阿里诸平台上的数据成倍增加，汇集成海。这些数据包括交易数据、用户浏览和点击网页数据、购物数据等。

国内互联网体系中，腾讯拥有的数据覆盖多个领域，总存储数据量经压缩处理以后在100 PB左右。腾讯QQ目前拥有8亿用户，4亿移动用户，在数据仓库存储的数据量单机群数量已达到4 400台，总存储数据量经压缩处理后在100 PB左右，且这一数据还在以200 TB到300 TB的速度日增，月增加量超过10%。亚洲最大的数据承载中心，腾讯天津研发与数据存储中心正在建设中，该项目总建筑面积9.33万m^2，预计服务器托管能力超过10万台。

其他领域，如杀毒软件、电子地图、社交、影视娱乐类互联网公司，也拥有PB量级数据储备。据媒体统计，BAT中阿里巴巴拥有90%以上的电商数据，百度以70%以上的搜索市场份额拥有庞大的搜索数据，腾讯拥有大量社交、游戏等领域积累的文本、音频、视频和关系类数据。这三大巨头拥有的数据总量将达到EB级别，全部互联网公司拥有的数据量应该超过1.5EB。

2）电信、金融、保险、电力、石化系统

2012年12月，中国联通研究院称中国联通成功将大数据和Hadoop技术引入到“移动通信用户上网记录集中查询与分析支撑系统”。至2014年2月，中国联通已经部署了4.5 PB的存储空间。除了这些数据，运营商还具有用户通话、信息、地理位置等信息。目前主要运营商拥有的数据数量都应超过10 PB，总体年度用户数据增长达到数十PB。

截至2013年1月，中国银联公开数据显示，全国仅“银联”银行卡发行量目前接近40亿张，每天有近600亿交易通过银联的银行卡进行。这些数据汇聚起来，是一个非常庞大的数据量。若加上开户信息数据、银行网点和在线交易的各种数据，以及金融系统自身运营的数据，目前国内金融机构每年产生的数据可达到数十PB。

国家电网已建成世界最大电能计量自动化系统。截至2013年年底，累计安装智能电能表1.82亿只，实现采集1.91亿户，采集覆盖率56%，自动抄表核算率超过97%。智能电网可以产生巨大的数据量。比如，国网信通在北京五个小区，353个采集点，采集1.2万个参数，包括频率、电压、电流等，每15分钟采集一次，每日能产生34 GB的数据。仅国家电网，全国采集获得的数据总量已达到数十PB级别。与电网类似，石油化工、智能水表等领域每年产生和保存下来的数据量也达到PB级别。

2.2 大数据处理流程

大数据的处理流程可归纳为在合适工具的辅助下，对广泛异构的数据源进行抽取和集成，结果按照一定的标准统一存储。利用合适的数据分析技术对存储的数据进行分析，从中提取有益的知识并利用恰当的方式将结果展现给终端用户。具体来说，可以分为数据抽取与集成、数据分析以及数据解释[1]。

1）数据抽取与集成

大数据的一个重要特点就是多样性，这就意味着数据来源极其广泛，数据类型极为繁杂，这种复杂的数据环境给大数据的处理带来极大的挑战。要想处理大数据，首先必须对所需数据源的数据进行抽取和集成，从中提取出关系和实体，经过关联和聚合之后采用统一定义的结构来存储这些数据。在数据集成和提取时需要对数据进行清洗，保证数据质量及可信性。同时，还要特别注意数据模式和数据关系，大数据时代的数据往往是先有数据再有模式，且模式不断动态演化。

数据抽取和集成不是一项全新的技术，传统数据库领域已对此问题有了比较成熟的研究。随着新的数据源的涌现，数据集成方法也在不断地发展之中。从数据集成模型来看，现有的数据抽取与集成方式可以大致分为以下四种类型：基于物化或ETL方法的引擎（Materialization or ETL Engine）、基于联邦数据库或中间件方法的引擎（Federation Engine or Mediator）、基于数据流方法的引擎（Stream Engine）及基于搜索引擎的方法（Search Engine）。

2）数据分析

数据分析是整个大数据处理流程的核心，因为大数据的价值产生于分析过程。从异构数据源抽取和集成的数据构成了数据分析的原始数据。根据不同应用的需求可以从这些数据中选择全部或部分进行分析。传统的分析技术如数据挖掘、机器学习、统计分析等在大数据时代需要做出调整，因为这些技术在大数据时代面临着一些新的挑战，主要有：

（1）数据的清洗。数据量大并不一定意味着数据价值的增加，相反这往往意味着数据噪声的增多。因此，在数据分析之前，必须进行数据清洗等预处理工作。但是，预处理如此大量的数据对于机器硬件以及算法都是严峻的考验。

（2）算法的调整。首先大数据的应用常常具有实时性特点，算法准确率不再是大数据应用的最主要指标。很多场景中算法需要在处理的实时性和准确率之间取得一个平衡，比如在线的机器学习算法（Online Machine Learning）；其次云计算是进行大数据处理的有力工具，这就要求很多算法必须做出调整以适应云计算的框架，算法需有可扩展性；最后在选择算法处理大数据时必须谨慎，当数据量增长到一定规模以后，可以从小量数据中挖掘出有效信息的算法并不一定适用于大数据。统计学中的邦弗朗尼原理（Bonferronis Principle）就是一个典型的例子。

（3）分析结果的评价。得到分析结果并不难，但是结果好坏的衡量却是大数据时代数据分析的新挑战。大数据时代的数据量大、类型庞杂，进行分析时往往难以掌握整个数据的分布特点，这会导致最后在设计衡量的方法以及指标时遇到诸多困难。

大数据分析已被广泛应用于诸多领域，典型的有推荐系统、商业智能、决策支持等。

3）数据解释

数据分析是大数据处理的核心，但是用户往往更关心结果的展示。如果分析的结果正确但是没有采用适当的解释方法，则所得到的结果很可能让用户难以理解，极端情况下甚至会误导用户。数据解释的方法很多，比较传统的就是以文本形式输出结果或者直接在电脑终端上显示结果。这种方法在面对小数据量时是一种很好的选择。但是大数据时代的数据分析结果往往也是海量的，同时结果之间的关联关系极其复杂，采用传统的解释方法基本不可行。可以考虑从下面两个方面提升数据解释能力。

（1）引入可视化技术。可视化作为解释大量数据最有效的手段之一率先被科学与工程计算领域采用。可视化用形象的方式向用户展示分析结果，通常能比文字更易理解和接受。常见的可视化技术有标签云、历史流、空间信息流等。可以根据具体的应用需要选择合适的可视化技术。

（2）让用户能够在一定程度上了解和参与具体的分析过程。这方面既可以采用人机交互技术，利用交互式的数据分析过程来引导用户逐步地进行分析，使得用户在得到结果的同时更好地理解分析结果的由来。也可以采用数据起源技术，通过该技术可以帮助用户追溯整个数据分析的过程，有助于用户理解结果。

2.3 金融大数据资源及处理技术

2.3.1 金融大数据资源

1）证券期货业数据

证券期货业的经营对数据的实时性、准确性和安全性的要求极高。证券期货数据包括实时行情、历史金融数据、统计数据、新闻资讯等，数据涵盖股票、基金、债券、股指期货、商品期货、权证、黄金、外汇、指数、理财产品、宏观经济与行业经济等方面。其中，实时行情数据见表2-1。

表2-1 证券期货实时行情数据

数据类型	数据描述
证券行情数据	沪深交易所股票、基金、债券行情数据和逐笔成交明细数据，权证、外汇、指数行情数据
期货行情数据	商品期货、股指期货的实时行情报价和高频数据等
宏观与行业经济数据	国内宏观经济数据、地区经济数据、行业经济数据、国外宏观经济数据等

证券期货数据具有数据量大、变化数据快等特征。期货高频行情数据每秒更新2次，每日产生上万笔交易数据。国外市场上，证券股票的高频行情数据更新速度更快，支撑了高频交易等新兴交易模式的发展。宏观与行业经济数据包括国内宏观经济数据、地区经济数据、行业经济数据、国外宏观经济数据四大类，涉及超过13万个经济指标、670万条经济数据。新闻资讯方面，除了发布的新闻信息、相关机构的研究报告，还有从推特、论坛、微博、Facebook等网络媒体摘取的网络舆情信息，这些数据属于非结构化数据，其处理需要网络爬虫、语义分析等非结构化数据处理技术。从2009年开始，华尔街就有投资人利用数据分析挖掘方法，从网络舆情中寻找股票情绪等"数据财富"，预判市场走势，以获得投资收益。

2）银行业数据

在数据爆发式增长的今天，银行每天都在生成、获取海量数据。第一，传统的交易系统每天产生数亿笔客户交易，形成了TB级的结构化数据；第二，业务处理过程中银行采集了大量用于集中作业、集中授权、集中监控的影像、视频等非结构化数据；第三，银行网站每天点击量达到几千万次，隐含着大量客户需求或产品改进信息；第四，各类媒体、社交网络中涉及银行的信息既有客户需求，也有客户投诉，这些都可以作为银行改进产品或服务的依据。上述数据或基于法规的存储要求，或基于市场营销、产品设计的分析需求，或基于风险与安全控制的行为审计需求，都需要银行对其进行存储，其中一部分数据还需要及时计算。银行业的数据特征以及数据处理要求已具备大数据的特征。目前，工商银行累计存储数据已经超过4.9 PB，农业银行每年结构化及非结构化数据归档量分别突破1 PB，交通银行每日处理约600 GB数据，存量数据超过70 TB[2]。

3）保险业数据

保险经营的基础是大数定律"从大量随机事件中找出必然规律"，这与大数据特征高度吻合。目前，国内大型保险公司累积的数据量均已超过100 TB。保险数据除去保单、理赔单、电话营销录音等保险公司保留数据，还包括大量的保险相关行业业务数据，比如，医疗保险涉及病历、医疗记录等数据，汽车险涉及投保者的驾驶违章记录数据等。保险数据中的非结构化数据多保留为影像数据形式。这些数据可为保险公司的各类决策提供支持，支撑保险营销、定价、欺诈识别、精细管理、精致服务等业务的开展。

4）跨行业互联网金融数据

在互联网技术高速发展的今天，以较低时间成本和经济成本提供支付和融资服务已经成为可能。网络化的平台、标准的流程极大地降低了数据收集的成本。如本章2.1节所述，以腾讯为代表的互联网公司积累了大量数据。其中，阿里巴巴在金融相关数据积累方面一直走在业界前沿。淘宝创立之时，阿里巴巴就开始搜集平台上的数据，直至支付宝、聚划算、一淘等平台，随着业务的爆发式增长，阿里诸平台上的数据成倍增加，汇集成海。

在支付服务中，数据资源主要包括用户的转账汇款、机票订购、火车票代购、保险续费、生活缴费、考试缴费等支付服务数据；在网络融资服务中，数据资源主要是贷款方的财务报表、运营状况、个人财产等资信相关数据，投资方的个人基本信息、显性行为信息和隐性行为信息等与其风险或收益偏好相关的数据。无论是支付还是融资服务，除了在自身服务平台上搜集的数据，都可以从互联网上获取海量数据资源，对客户的行为进行交叉验证，这些数据可以是用户的网页浏览数据、在其他电商平台上的交易数据、博客上发布的言论、社交网站上发布的信息，也可以是相关新闻的文本、照片甚至是视频等。

2.3.2　金融大数据处理关键技术

金融数据一般具有"流数据"特征，需要在短时间内快速处理。与其他行业相比，金融数据具有逻辑关系紧密、处理实时性要求高、可展示性需求强等特征，通常需要以下几类关键技术。

(1) 数据分析技术。包括数据挖掘、机器学习等人工智能技术，主要应用在用户信用分析、用户聚类分析、用户特征分析、产品关联分析、营销分析等方面。金融系统安全性、稳定性和实时性要求比较高，对大数据计算处理能力也要求非常高。

(2) 数据管理技术。包括关系型和非关系型数据管理技术、数据融合和集成技术、数据抽取技术、数据清洗和转换等技术。金融行业对数据的实时处理能力要求非常高，需要灵活地进行数据转换配置和任务配置。

(3) 数据处理技术。包括分布式计算技术、内存计算技术、流处理技术。金融数据的海量增长使得金融机构需要通过新型数据处理技术来更有效地利用软硬件资源，在降低 IT 投入、维护成本和物理能耗的同时，为金融大数据的发展提供更为稳定、强大的数据处理能力。

(4) 数据展现技术。包括可视化技术、历史流展示技术、空间信息流展示技术等。主要用于金融产品健康度监视、产品发展趋势监视、客户价值监视、反洗钱反欺诈预警等方面。金融数据种类多样，相关统计指标复杂，需要大力发展数据展现技术，提高金融数据的直观性和可视性，提升金融数据的可利用价值。

本章对金融大数据资源与技术进行了介绍。首先，对数据量增长迅速、数据多样化等大数据资源特征进行了概括。其次，归纳了大数据处理的通用流程，涉及数据抽取与集成、数据分析、数据解释等方面。最后，系统介绍了证券、银行、保险、跨行业互联网金融等领域的大数据资源，并结合金融大数据特征，围绕数据分析、数据管理、数据处理和数据展现等需求，介绍了金融大数据的关键技术。

◇参◇考◇文◇献◇

[1] 孟小峰,慈祥.大数据管理:概念、技术与挑战[J].计算机研究与发展,2013,50(1):146-169.

[2] 奇兰涛,杨唯实.大数据环境下银行数据分布与存储架构设想[J].中国金融电脑,2013(7):39-40.

第3章

大数据与自动化交易

国内外证券期货市场上的自动化交易迅速崛起，它们利用强大的计算机处理能力，根据交易模型算法发出交易指令。自动化交易具有单笔报单量小、报单总笔数高、报单撤单比高等特征，其发展与信息技术密不可分，数据挖掘等数据处理技术已广泛应用在自动化交易策略设计中。本章将对自动化交易的现状、典型策略，以及基于高频数据分析的策略设计进行介绍。

3.1 自动化交易在国内外的发展

自动化交易，是指在进行电子交易的金融市场里，根据设定的交易目标和交易模型，计算机自动生成订单并输送到交易系统进行成交的一种交易模式。我国《期货交易所业务活动监管工作指引第9号——关于程序化交易的认定及相关监管工作的指导意见》[1]中将自动化交易定义为“由计算机事先设定的具有行情分析、风险管理等功能的交易模型，自动下达交易信号或报单指令的交易方式”。

区别于传统交易模式，自动化交易使市场上出现更加丰富的交易策略，呈现以下鲜明特征：第一，依赖计算机，减少人工判断，自动化交易利用程序算法，在交易的某些环节中代替人为决策；第二，可实现复杂的交易策略，程序算法的引入使投资者可以使用更为复杂的量化交易策略，更敏锐地捕捉市场中的盈利机会，同时，丰富的交易策略使市场更加有效；第三，反应更为迅速，自动化交易会捕捉瞬间的市场盈利机会，盈利机会小时可迅速撤单。因此，某些策略下自动化交易具有非常高的撤单比例。

3.1.1 自动化交易的类型

自动化交易起源于1975年的美国“股票组合转让与交易”。经过40年的发展，已不再局限于一篮子证券的买卖，发展出算法交易、量化交易、高频交易等形式。它们既有交叉，又各具特点和适用范围。本部分将介绍最主要的两种自动化交易形式：算法交易与高频交易。

1）算法交易(Algorithmic Trading)

算法交易[2]起源于美国。20世纪80年代后期及90年代，美国证券市场的全面电子化成交和电子撮合市场ECN(Electronic Communication Networks)开始发展。纽约证券交易所在1997年批准了从分数制报价方式改为十进制小数点报价的方案，这个推进的过程用了三四年。2000 年 8 月开始小范围试点，2001 年才完成，纳斯达克交易所后来在证监会的压力下也跟进这个改革方案。股票报价的最小变动单位由 1/16 美元或者 1/32 美元，调低到了 0.01 美元。买卖之间的最小变动差价大幅缩小了七八成，也减少了做市商的交易优势，从而降低了市场的流动性（买卖报价被稀释在更多的报价单位上），改变了证券市场的微观结构。市场流动性的降低导致机构投资者使用计算机来分割交易指令，用以执行到更优越的均价，形成了算法交易的概念。

算法交易可以使用在任何交易策略，包括做市、跨市场价差套利、统计套利及纯投机（包括趋势跟随）等。从速度上来说，算法交易系统每秒可以产生数千个交易指令，其中许多指令顷刻间就可能被取消或被新的指令所取代。依据订单大小和对于执行紧急程度的要求，算法交易分为四大类[3]，见图 3－1。

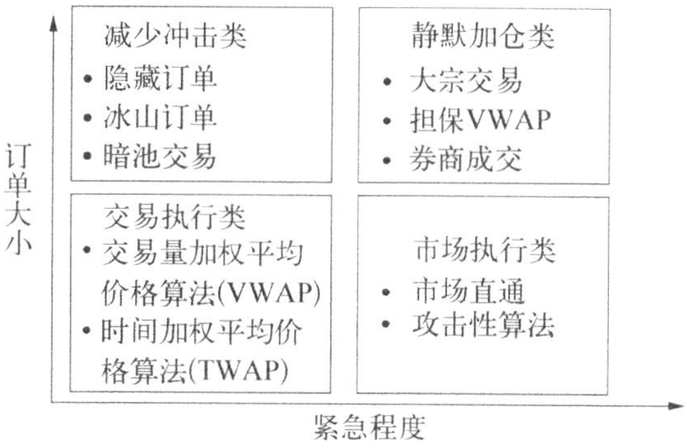

图 3－1 四类算法交易及其特征

（1）减少冲击类。对于机构投资者的大额订单，如果对于执行时间没有太高的要求，通常以匿名的方式在交易系统进行成交。订单数量不向市场进行披露，避免其他市场参与者干扰以获得最优的订单执行结果，包括以下类型：

① 隐藏订单：订单不显示在公共订单簿中，成交后成交信息将进行披露，市场参与者可以根据披露的成交信息来获知隐藏订单的存在。

② 冰山订单：只在订单簿中披露一部分订单数量，剩余部分不可见，只有当披露部分的订单被执行了，剩余部分的订单才继续披露一部分数量。

③ 暗池交易[4]："暗池"是撮合未公开显示订单的交易平台。暗池交易源于券商的内部撮合自己客户订单的交易系统，进入券商内部撮合系统的订单可以先与券商的委托撮合，然后再外送到交易所。由于买卖订单完全通过券商的内部系统进行，暗池交易的买卖价和成交价格都不公开。

（2）交易执行类。依据预先定义的逻辑和模型生成订单并输入，以降低交易员的工作负荷，包括以下类型：

① 交易量加权平均价格算法（Volume Weighted Average Price，VWAP）：在进行买/卖下单时，根据历史成交量进行，以尽量降低该交易对市场的冲击。VWAP 主要是为了防止因为超出正常水平的交易量以至于影响当前交易的价格，从而增加交易的成本。

② 时间加权平均价格算法（Time Weighted Average Price，TWAP）：根据特定的时间间隔，在每个时间点上平均下单的算法。TWAP 旨在使市场影响最小化的同时提供一个平均执行价格。对于流动性不足的股票来说，TWAP 比 VWAP 来说更有实际意义。

（3）静默加减仓类。随着多边交易机制的发展，上市股票可在多个交易所同时进行交易。这带来了市场分裂问题，引起流动性下降。在这种情况下，由于没有足够的市场深度，大额订单很难立即完全成交，静默加仓类主要应对上述情况，包括以下类型：

① 大宗交易：在交易所以协商的价格、匿名的方式达成的巨额成交。允许交易员输入一定非特定价格的巨额订单，公开订单簿和隐藏订单簿都会被遍历，进行撮合成交。

② 保证交易量加权平均价格算法：券商对 VWAP 算法提供担保，当他们运用 Guaranteed VWAP 进行下单交易时，必须保证成交价格为交易量加权平均价格，若成交价格与交易量加权平均价格不一致，由经纪商承担相应损失。

③ 券商成交：券商利用其自有订单簿进行订单撮合成交。

(4) 快速执行类。对成交有迫切时间要求的小额订单，要求在执行过程中无需人工干预，包括以下类型：

① 市场直接接入：投资者不通过券商柜台系统的人工干预，直接将订单发送给交易所进行撮合成交。由于这些投资者并不是交易及清算会员，需要通过指定清算会员进行清算及结算。

② 攻击性算法：根据市场的状况实时决策，判断是否交易、交易的数量、交易的价格等，如狙击兵算法仅在达到限定价格时才会下单交易。算法着眼于市场数据分析，避免暴露自己，尽可能找出市场上的隐藏交易。

算法交易已被机构投资者广泛使用，是投资管理基金最主要的订单执行方式。算法交易将大额的交易分解为若干笔小额的交易，实现更好地管理市场冲击成本、机会成本和风险。

2) 高频交易(High Frequency Trading)

欧盟《MiFID Ⅱ》草案[5]中，高频交易被定义为：报单发送、取消或修改的物理时延成为指令至交易场所通信或执行所需时间决定因素的高速算法交易。高频交易以做市商和统计获利为基础，通常每笔交易获利很小，通过大量成交累计获得可观收益。国际证监会组织认为，高频交易具有以下特征：一是使用先进的信息技术工具，并运用多种策略；二是使用高度计量化工具，将算法运用与市场资料分析、投资策略部署、交易成本、降低市场冲击相关联；三是每日具有高周转率和委托/成交比(相较于成交数量，绝大部分的委托是被取消的)的特性；四是每日平仓；五是通常为机构投资者使用；六是极具反应敏感性，交易策略执行关键在于通过直接电子接入、共址服务等手段，快速进入市场。

高频交易参与者主要是做市商、私募基金和机构投资者，他们利用技术架构和数据分析的优势，寻找短暂的交易机会。美国证券交易委员会(U. S. Securities and Exchange Commission, SEC)从交易策略上将高频交易分为以下类型。

(1) 消极做市类。该类交易策略提交不可立即执行的双向订单，从而向市场提供流动性。其订单存续期极短，如果未成交，则通常在不到 1 秒内即被撤销，订单撤销率很高。

(2) 套利类。该类交易策略寻求捕捉相关产品和市场间的定价失效，典型如 ETF 价格及其一篮子基础股票价格间的套利，时延对此类套利交易至关重要。

(3) 结构类。该类交易策略发掘市场或者市场参与者的结构性脆弱性，如通过主机托管或者单独数据专线来获取行情数据的最快发布，识别出提供过时报价的市场参与者并从中获利。

(4) 方向类。该类交易策略基于对特定方向的日内价格变化预期，建立大量的、未对冲的头寸。其中头寸持续时间较短，策略具有多样性，如订单抢先策略、动量触发策略等。

高频交易发展不断降低订单平均成交大小、增加市场成交笔数。根据美国股票市场统计，1997～2012 年，订单平均成交大小从 1 500 下降到不足 300，成交笔数则从每天 100 万上升到 2 000 万～3 000 万。目前，美国和欧洲一些交易所为争取投资基金的订单，交易系统已对高频交易提供特殊接口，其中包括：

① 券商信息在行情中的匿名发布。

② 闭市后的 VWAP 成交。

③ 具备议价功能的大宗交易工具。

④ 丰富的订单类型，如隐藏订单和冰山订单等。

⑤ 多重订单簿设计，如公开订单簿和隐藏订单簿等。

3.1.2 自动化交易的国内外发展现状

自动化交易已成为美国证券和期货市场的主流交易方式。据不完全统计，2011 年，约 40 家以自动化交易为主的金融机构产生的交易量占整个美国市场股票交易量的 75%。英国是欧洲地区使用自动化交易比例最高的国家，期货市场上自动化交易的使用比例约为 30%～50%，约 50%的基金经理使用自动化交易进行投资管理。由于在信息平台、交易网络覆盖范围、信息传输速度等方面的欠缺与落后，亚洲地区采用自动化交易的主要市场是东京证券交易所、香港交易所和新加坡交易所，所占比例分别为 9.3%、15%和 13.5%，自动化交易技术上的竞争不如欧美市场那么激烈。自动化交易使股票交易量爆炸性增长，特别是规模较大、流动性较高的蓝筹股。自动化交易将大额委托化整为零，导致市场总成交笔数增加，每笔委托的数量大幅降低。

与发达国家资本市场相比，我国发展自动化交易的发展时间还很短。国内市场投资者结构与境外市场差别较大，机构投资者交易占比较少，自动化交易还不发达。2005 年，首批 ETF 上市后，由于套利交易的需要，自动化交易开始出现。2010 年股指期货上市后，量化 Alpha 策略和期货日内交易策略越来越多，自动化交易进入快速发展阶段。

(1) 商品期货市场上自动化交易的发展。期货市场上套利交易应用比股票市场上更广泛，原因包括以下方面。首先，期货行情发送频率更快，普遍是 0.5 秒发送一次；其次，期货市场完全采用当日回转交易方式；第三，期货交易显性成本较低，无印花税，且交易佣金和经手费等较低。目前上期所等期货交易所已推出了较成熟的主机托管业务。为加强对算法交易的监管，除各期货交易所针对性地对交易细则和交易实施细则进行修改外，行业还出台了《期货交易所业务活动监管工作指引第9号——关于程序化交易的认定及相关监管工作的指导意见》，对算法交易做出专门规定。

（2）股票市场上自动化交易的发展。由于监管环境、交易制度、税费结构、账户体系、业务和技术水平等的原因，我国股票市场自动化交易应用程度与国外有较大差距，相对期货也有一定差距。股票市场上算法交易主要用于交易执行，应用比重最大的为基金公司。部分基金公司已有超过50%的订单通过算法交易的方式执行。券商的算法交易主要服务于资管、自营等内部部门。除交易执行外，算法交易也用于套利，其中ETF套利交易是股票市场上最早的算法交易方式。但由于行情发布间隔相对较长、印花税、不得当日回转、盘口总量等限制，ETF套利交易量市场占比不大，盈利水平也有限。我国的一些交易机制限制了自动化交易策略的实施，如T+1的交易制度使大量日内交易策略不能操作，且不允许卖空、缺乏做市商制度。交易质量不够完善，对高频交易、算法交易的种种限制也都制约了自动化交易策略的实施。除对机构客户和对内提供算法交易业务外，部分券商也向普通客户提供算法交易服务，但量都较小。据统计[6]，2011～2012年，沪深300成分股中使用算法交易的成交量约占整体的10%。

（3）金融期货市场上自动化交易的发展。股指期货推出后，产生了股指期货和股票现货间套利的自动化交易模式。但由于股指期货品种少，准入门槛高，而且价差收敛速度在套利者的作用下越来越快，算法交易的使用范围和影响都较小，盈利水平不够突出。但考虑到算法交易在未来将成为股指期货交易的重要组成部分，中金所已将自动化交易纳入监管范围。2010年，《中国金融期货交易所交易细则》和《中国金融期货交易所交易规则及其实施细则(修订说明)》中增加了对会员、客户采取自动化交易方式进行界定、报备和监管的内容。

随着更多金融期货产品的推出，如期权产品，自动化投资将从目前单一交易策略研究向多品种的投资组合以及产品定价方向发展，国内自动化交易策略必将日趋丰富。

3.2 典型自动化交易策略

自动化交易策略构建的依据是市场变化规律和交易者行为规律，这些规律通常由海量历史交易数据的分析得出，典型的策略包括期现套利策略、价差套利策略、流动性策略、趋势策略等。本节遴选部分典型策略，介绍它们的策略原理、特征和市场影响。

3.2.1 期现套利策略

1）策略原理

期现套利又称“指数套利”或者“基差套利”，利用现货市场价格和期货价格的差异进行套利[7]。现货指数和期货指数之间，理论上应该存在一种固有的平价关系。实际上，期货指数价格经常受到多种因素影响而偏离其合理的理论价格。一旦出现这种偏离，就会带来套利机会。如果期货价格高于合理价格，可以根据指数成分股构成及权重买进复制指数的一篮子股票，并放空价格相对高估的期货合约，在期货合约到期时，根据现货和期货价格收敛的原理，卖出股票组合，平仓期货合约，获得套利利润。这种策略也称作"正向套利"。如果容许卖空机制出现，还可以相反地采取"反向套利"，即融券卖出股指现货组合，买入股指期货。期现套利策略的实施可以分为以下七个步骤。

(1) 计算股指期货合约的理论价格。目前股指期货合约的定价模型大多由"持有成本模型"(cost of carry model)加上市场中的一些限制因素推导而来。假设不考虑交易费用、保证金等，且期现两个市场有足够的流动性使得交易者可以在当前价位成交，融券及卖空极易进行，且卖空所得资金随机可以使用，则期货合约的理论价格计算公式为：

$$F(t, T) = S(t)[1 + (r - d) \times (T - t)/365]$$

式中，t 为所需计算的各项内容的时间变量；T 代表交割时间，$T-t$ 即 t 时刻至交割时的时间长度；$S(t)$ 为 t 时刻的现货指数；$F(t, T)$ 表示 T 时交割的期货合约在 t 时的理论价格(以指数表示)；r 为年利息；d 为年指数股息率。

(2) 确定股指期货合约的无套利区间。当股指期货的市场价格与理论价格出现差距时，根据所采用的套利交易的策略，计算出套利交易的总成本(包括交易手续费、市场冲击成本、保证金成本、资金成本、持有成本以及跟踪误差成本等)。套利交易的总成本推动股指期货的理论价格向上移动形成其价格区间的上限；套利交易的总成本推动股指期货的理论价格向下移动形成其价格区间下限；在这个区间里，套利不但得不到利润，反而会导致亏损，这个区间就是无套利区间。

假设 TC 为所有交易成本的合计数，则无套利区间为：

$$[F(t, T) - TC, F(t, T) + TC]$$

(3) 寻找套利机会。通过实时监视期货合约的实际价格走势，及不断将其与无套利区间的上下界进行比较，可以发现是否存在套利机会。当股指期货的市场价格落在无套利区间内时，不存在套利机会，一旦跳出无套利区间，则出现股指期货的套利机会，具体来说就是当期货价格落在无套利区间上界之上时，出现正向套利机会；当期货价格落在无套利区间下界时，出现反向套利机会(图 3-2)。

(4) 确定交易规模。因为股指期货的标的现货指数无法直接进行交易，所以要构建一个现货组合，作为股指期货标的现货指数的替代品。而这个现货组合需要与标的指数的相关度尽可能地高，即跟踪误差尽可能地小，以保证股指期货套利交易的成功执行。在完成现货组合的构建后，需要决定套利规模以及相应的现货组合的交易数量。套利规模指套利时的股指期货合约与现货组合的总市值，一般以股指期货合约的数量为单位，价格偏离程

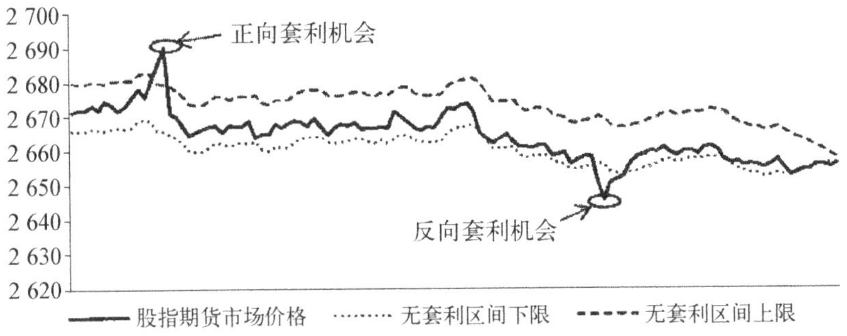

图 3-2 期现套利原理示意图

度越大，市场成交额越高，可以容纳的套利规模越大。

(5) 确定与交易规模相称的期货合约数量。交易规模确定后，与其相称的期货合约数量可以很容易地由下式确定：合约数量＝交易规模/(指数值×乘数)，由于期货合约不能拆零交易，故对于小数点后的数字采取四舍五入的方法凑整。

(6) 同时进行期指合约与股票交易。准确的套利交易意味着卖出或买进期指合约的同时，买进或卖出预期相对应的股票组合。

(7) 了结头寸。了结头寸的时机可以有三种选择：持有头寸直至交割时间；交割期前即行了结(交割期前期货合约价格就已回复至理论价格)；将头寸展延为下一个最近交割的期货合约(下一交割月期货合约的期价落在无套利区间外且偏离方向与前面的套利方向一致)。

2) 策略特征

(1) 套利交易的收益率。套利交易过程中，股指期货合约的市场价格高于或低于无套利区间的部分，就是套利的利润。根据期现套利策略的不同，可将套利收益率分为两种计算，分别为正向套利策略收益率与反向套利策略收益率，计算公式如下：

$$R_p = [F(t) - F(T) - C_f]/F(T) + [S(T) - S(t) - C_s]/S(t)$$

$$R_r = [F(T) - F(t) - C_f]/F(t) + [S(t) - S(T) - C_s]/S(T)$$

式中，R_p、R_r 分别表示正向套利策略的收益率和反向套利策略的收益率；$F(t)$、$S(t)$分别表示套利交易开始的 t 时的股指期货合约价格及其现货指数价格；$F(T)$、$S(T)$分别表示套利交易结束的 T 时的股指期货合约价格及其现货指数价格；C_f、C_s 分别表示套利过程中股指期货合约双边交易的成本以及现货指数的交易成本。

(2) 套利交易通常基于自动交易系统完成。期现套利在理论上较为简单，但在实现手段上要求很高。期现套利出现的机会稍纵即逝，依靠人工侦测、捕捉是相当困难的，因此通常需要在程式交易系统下进行。程式交易系统，是指套利交易的时机识别、买卖股票的组合、交易指令的发送、对套利情况的监控以及套利了结的时机识别与执行，全部由计算机按照交易者预先设定的程序即程式执行。

(3) 多为机构投资者使用。由于套利交易产生的利润是无风险利润，从风险与利润对称原理来讲,显然是投资者最乐于追求的东西。然而,尽管众多的套利者面对的是同样的市场及同样的期、现价差,但由于各自的条件不同,套利机会的多少也并不一样。对于那些资本充足、交易条件优越、手续费低廉的交易者来说,其机会显得比一般交易者要多。同样的差价,对那些条件优越者来说,可能已经可以产生套利利润了,然而对于一般交易者而言,很可能连成本都不够。拥有这些优越条件的交易者通常是机构大户,如大规模的券商以及专业的证券投资基金等,它们不但拥有上述优越条件,而且还因为它们往往也是大量证券的持有者,故面向反向套利机会出现时,也能从容地进行套利交易,对一般交易者来说基本是行不通的。因而,套利交易的竞争往往是在机构大户之间展开的,某种程度上可以说,期限套利是机构投资者的专利。

3)市场影响分析

期现套利使股指价格更加合理,更能反映股票市场的走势。期货市场中,在投机资金的作用下,市场价格关系常常以不合理的状态出现。正因为股指期货和股票市场之间可以套利,股指期货的价格才不会脱离股票指数的现货价格而出现离谱的价格。因此,期现套利使股指价格更加合理,更能反映股票市场的走势。

套利行为有利于股指期货市场流动性的提高。套利交易增加了期货市场的交易量,提高了期货交易的活跃程度,促进了交易的流畅化和价格的合理化。起到了市场润滑剂和减震剂的作用。期现套利行为的存在不仅增加了股指期货市场的交易量,也增加了股票市场的交易量,可以看作是股指期货对股票市场的反哺作用。这对于排除和减弱市场垄断力量,保证交易者的正常进出和套期保值操作的顺利实现具有很大的好处。

3.2.2 价差套利策略

1)策略原理

价差套利指利用期货市场上不同合约的价格差异进行的套利,可细分为跨期套利、跨市套利、跨品种套利等。

(1)跨期套利。跨期套利是利用同一股票指数的两个不同交割月份的股指期货合约之间的价差进行的套利交易。即在同一市场(即同一交易所)同时买入、卖出同类股指期货不同交割月份的期货合约,以期在有利时机同时将这两个交割月份的合约对冲平仓获利。当股指期货合约之间的价差出现较大的波动时,套利者可以通过卖出价格被高估的期货合约同时买入价格被低估的期货合约进行跨期套利。跨期套利策略包括以下三种典型策略:

① 牛市(多头)跨期套利:投资者预期未来股市将会出现牛市行情,即远月的股指期货合约的价格相对于近月合约的价格被低估,套利者可以通过买入远月合约同时卖出近月合约进行跨期套利。

② 熊市(空头)跨期套利:与牛市多头套利相反,套利者通过买入近月合约同时卖出远月合约进行跨期套利。

③ 蝶式跨期套利：是多头跨期套利和空头跨期套利策略的组合，即两个方向相反、共享中间交割月份的跨期套利的组合。参与交易的期货合约为同一标的指数的三个不同交割月合约。该策略同时进行三个交割月合约的买卖，通过中间交割月合约与前后两个交割月合约的价差的变化来获利[8]。

由于跨期套利基于对股指期货合约未来价差走势的预期，实际上并不属于无风险的套利机会，相对于股指期货期现套利来说，跨期套利属于一种相对高风险的套利策略。

(2) 跨市套利。跨市场套利是指在一个市场上买入(或卖出)某一交割月份的某种商品合约，同时在另一个市场卖出(或买入)相同交割月份的该种商品合约，将来在有利的时机分别平仓从而获得套利利润。比如新加坡中国A50指数期货和我国沪深300股指期货，由于市场信息获取的时效性、准确性及心理预期的不同，两个市场同样反映中国经济发展的整体走势，但股指期货价格的走势却可能会不尽相同，从而产生套利机会。一般这些品种在各交易所之间的价格会产生一个稳定的价差，运用金融统计工具，可以对历史上的交易进行分析统计，合理地判断出两个市场股指期货价格的波动区间。一旦这些价差发生短期变化，套利交易者就可以进行跨市套利交易，购买价格相对低的合约，卖出价格相对高的合约，等两个市场之间的价差恢复到一个合理的水平时，最后双向平仓获取收益。由于跨市场套利是在两个市场中进行，其交易成本一般要高于其他套利方式[13]。

(3) 跨品种套利。跨品种套利是对两种相互关联的商品之间的期货合约进行操作以获取收益的一种套利方式，即买进某一交割月份某商品的期货合约，同时卖出相同交割月份、相互关联的另一种商品期货合约，以在将来合适的时间将前期的合约平仓，从而获利。通常来说，跨品种套利交易操作中的两种商品多会受同一供求因素制约或具有可替代性，较广泛地运用于农产品和金融期货交易中。

股指期货中的跨品种套利主要指在两个价格联动性较强的不同股指期货合约上开立相反头的交易方式，由于目前我国只推出沪深300股指期货一个品种，所以跨品种套利对于国内投资者应用价值有限。

2) 策略特征

(1) 价差套利的杠杆及风险。价差套利利润较低，实际交易中，交易所对价差交易收取保证金和手续费。在这种情况下，价差套利者通常会利用杠杆效应提高资金利用率。若过度扩张财务杠杆，一旦价差变动与原先的设想方向相反，其损失也不小，从这个角度看，价差套利具有相当的风险。

(2) 价差套利的适用对象。由于价差套利只在期货市场上进行，不涉及股票现货市场，因而其复杂度和困难度都大大降低了，相对于期现套利的模式，价差套利的适用对象更加广泛，中小规模的个人投资者也可以参与。个人投资者甚至可以考虑参与价差的短线交易，发挥个人投资者的优势，亦可为价差交易提供更多的流动性。

3) 市场影响分析

价差套利交易对期货市场的正常运行起到了非常重要的作用，有助于扭曲的期货市场价格体系重新恢复正常水平[14]。其作用主要有以下三个方面。

(1) 有助于价格发现功能的有效发挥。由于影响期货市场价格和现货价格的因素存在一定的差异,套利者就会时刻注意市场动向,发现不正常的价格关系,利用不同期货合约价格之间的价差变化或者期货市场与现货市场之间的价格变化,随时进行套利。这种交易的结果,客观上使期货市场的各种价格关系趋于正常,促进市场公平价格的形成。

(2) 有助于市场流动性的提高。价差套利行为的存在增加了期货市场的参与人数以及合约的成交量,承担了价格变动的风险,提高了期货交易的活跃程度,扩大市场规模和深度,使得套期保值者较容易找到交易对手,自由地进出市场,从而使市场具有充分的流动性。

(3) 适度的期货价差套利能够减缓价格波动。套利交易者进行期货交易,力图通过对未来价格的正确判断和预测来赚取价差利润。当期货市场供过于求时,市场价格低于均衡价格,套利交易者低价买进合约,从而增加了需求,使期货价格上涨,供求重新趋于平衡;当期货市场供不应求时,市场价格则高于均衡价格,套利交易者会高价卖出合约,增加了供给,使期货价格下跌,供求重新趋于平衡。可见,期货套利对于缩小价格波动幅度发挥了很大的作用。

3.2.3 流动性策略

1) 策略原理

流动性交易策略是为市场提供流动性来获取利润的交易策略。做市商们为市场提供不同价位层次的订单簿,为头寸接受者提供流动性,因此被称为流动性交易策略。做市商制度是通过做市商报价形成交易价格、驱动交易发展的证券交易机制。在做市商制度下,做市商报出证券交易的买卖价格,投资者从做市商手中买卖证券完成交易,投资者之间并不直接进行交易,做市商在其所报价位上用其自有资金或证券与投资者进行交易,做市商通过买卖价差赚取利润。

2) 策略特征

在做市商制度下,证券交易的买卖价格由做市商报出,买卖交易在做市商与投资者之间完成。做市商同时充当了买者和卖者的角色,投资者把买卖指令报给做市商并与做市商完成交易,只有做市商全面及时地掌握买卖信息,随后做市商才会把成交量和价格等交易信息发布到整个市场,这时投资者才能了解市场上相关的交易信息。在竞价制度下,几乎可以实现交易信息同步传递,整个市场可同时分享交易信息。其次,在做市商制度下,做市商有义务维护市场,为了避免引起过大的波动,做市商可以推迟或者豁免发布对市场价格有很大影响的交易信息,同时由于交易是在做市商与投资者之间直接进行的,所以做市商制度在处理大额买卖指令的能力上也有明显的优势[15]。

做市商策略的风险有两个:

（1）信息不对称，如果有知情交易者掌握了做市商不了解的信息，那意味着做市商报出的价格是错误的，知情交易者可以借此从做市商身上赚钱。

（2）存货风险，做市商难免手里会有些多余出来的头寸（称之为存货），那么这部分存货的价值也会因资产价格的变化而变化，这是一个巨大的风险。因此，做市商在报价时必须兼顾到存货的问题。

3）市场影响分析

做市商制度对市场的主要贡献体现在提高市场的流动性，降低市场的波动从而稳定市场。

提高市场的流动性方面，做市商制度下，市场上的投资者按照做市商所报的价格可以立即与做市商进行交易。这样就缩短了交易者等待交易的时间成本，避免因为买卖双方供需的不平衡而导致交易中断，从而提高市场的流动性。这一点在处理大额买卖指令上体现得更为明显，也是做市商制度明显优于竞价制度的一点。在竞价制度下，由于交易信息由整个市场共享，不存在对交易信息的维护机制。同时，又因为交易是在投资者之间通过买卖指令撮合而成的，在处理大额买卖指令时需要等待交易对手的买卖盘，尤其是当买卖指令严重不平衡时有可能出现交易中断的情况，这就显示出竞价制度在处理大额买卖指令的能力上有明显的不足。

降低市场的波动、稳定市场方面，做市商制度下，与市场上一般投资者不同的是，做市商有维护市场的义务。所以，为了避免过大的波动，对于市场上容易引起价格较大波动的例如过度推高价格的过大买盘、过度推低价格的过大卖盘等买卖指令不均衡状况，做市商能够通过推迟或者豁免发布这些交易信息、及时处理大额指令、承接买单和卖单、缓和买卖指令的不平衡等措施来抑制价格剧烈波动，从而达到稳定市场的目标。

3.3 基于数据挖掘的自动化交易策略

数据挖掘技术的发展，使自动化交易策略设计时可参考更大范围的数据，更好地把握证券期货市场的规律和趋势。

3.3.1 基于模式识别的策略研究

证券高频数据能够更加准确地捕捉到证券市场发生的细微变化过程，已有大量的研究成果表明高频数据存在显著聚类特性。可尝试利用高频数据的聚类性特征，结合模式识别技术对证券的短期运行趋势进行预测。图3-3所示为高频行情模式识别流程。

模式识别是指对表征事物或现象的各种形式的信息进行处理和分析，以对事物或现象

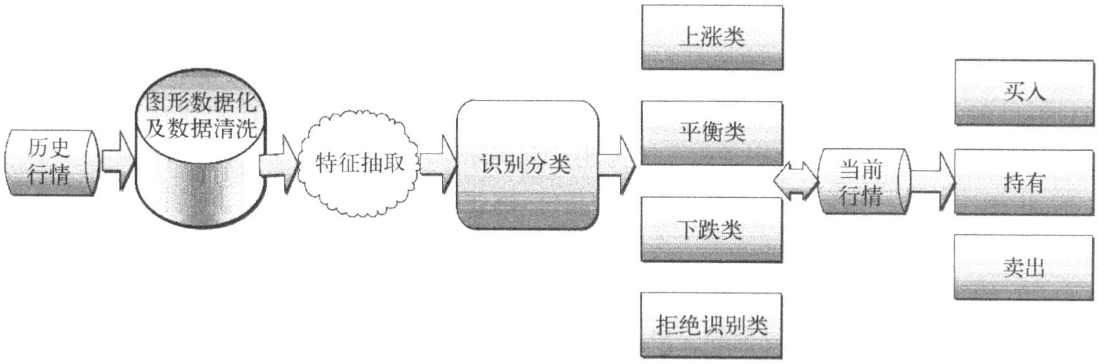

图 3-3 高频行情模式识别流程

进行描述、辨认、分类和解释的过程，是信息科学和人工智能的重要组成部分。模式识别在证券投资中的运用，是将时间序列数据挖掘方法应用于证券行情的高频数据中，利用证券行情的历史走势来预测未来趋势，目标是识别或发现能够预测证券价格上涨或下跌超过一定情况的模式聚类。具体步骤如下：

(1) 对历史高频行情序列 $X=\{X(t), t=1, 2, 3, \cdots, N\}$ 进行预处理，过滤掉其中的异常数据。

(2) 将预处理的历史高频行情序列聚成为四类（$X1$ 表示上涨、$X2$ 表示平衡、$X3$ 表示下跌、$X4$ 表示拒收绝识别类）。

(3) 训练识别样品高频行情数据，评估阶段结果，反复训练优化系统参数。

(4) 对于给定检验高频行情时间序列，$Y=\{Y(t), t=R\cdots W\}$ $N<R<W$，运用在 X 中发现的模式来预测 Y 中的事件（上涨、平衡、下跌），以此辅助投资决策。

通过对我国证券高频数据模拟分析得到，对以日为时间周期的数据，数据以 1 min 为频率抽取的识别效果较为显著。因此。选用行情数据频率为 1 min，每日 240 个数据点。根据标的证券每天行情走势图与历史行情走势图进行对比，找出最为相似的走势图，再根据历史上最为相似的那天的 N 日后涨跌幅来决定买卖，并考虑止损策略。

由于大盘蓝筹股公司运作相对规范，受市场关注度相对较高，受市场因素影响相对较少，股价运行趋势也相对平稳，因此选用大盘蓝筹股作为实证研究对象。研究得出，利用高频数据并接合模式识别技术对股票的短期预测有效性较高，通过样本外检验可以得到，应用高频数据并接合模式识别方法能够获得相对市场更为稳健超额收益，且收益波动较低。

3.3.2 基于遗传算法的交易策略

遗传算法是一类借鉴生物界的进化规律（适者生存，优胜劣汰遗传机制）演化而来的随机化搜索方法。遗传算法的主要特点是直接对结构对象进行操作，不存在求导和函数连续性的限定，具有内在的隐并行性和更好的全局寻优能力，采用概率化的寻优方法，能自动获取和指导优化的搜索空间，自适应地调整搜索方向，不需要确定的规则。遗传算法的这些性质，已被人们广泛地应用于组合优化、机器学习、信号处理、自适应控制和人工生命等领域。以下通过实证方法，使用遗传算法构建具有实际应用价值的自动化交易策略。

由于沪深300指数不具有直接交易的条件，因此选择存在多空方向并具有实际交易价值的沪深300股指期货的连续主力合约作为策略的交易标的。策略构建过程如下。

1）确定数据范围及交易类型

选择沪深300股指期货合约上市以来的分笔数据作为数据样本，样本量为千万级、数据总量达2G，每条数据包含时间戳、买一价、卖一价、买一量、卖一量、成交价和成交量。其中，2010年4月16日至2013年1月1日作为样本内数据，2013年1月4日至2014年3月27日作为样本外的检测模型数据。为了避免股指期货主力连续合约的换月影响，将模型设计成日内交易模型。交易费用为交易所手续费的5倍，该冲击成本在实际成交中大致能够容纳3 000万的规模。

2）确定遗传算法处理流程

遗传算法的框架见图3－4，深色部分为输入，包括数据、目标函数、策略的基因库（技术指标、下单类型、策略选项等）。通过最优目标函数求解，得到经过生物演化的最优交易策略。

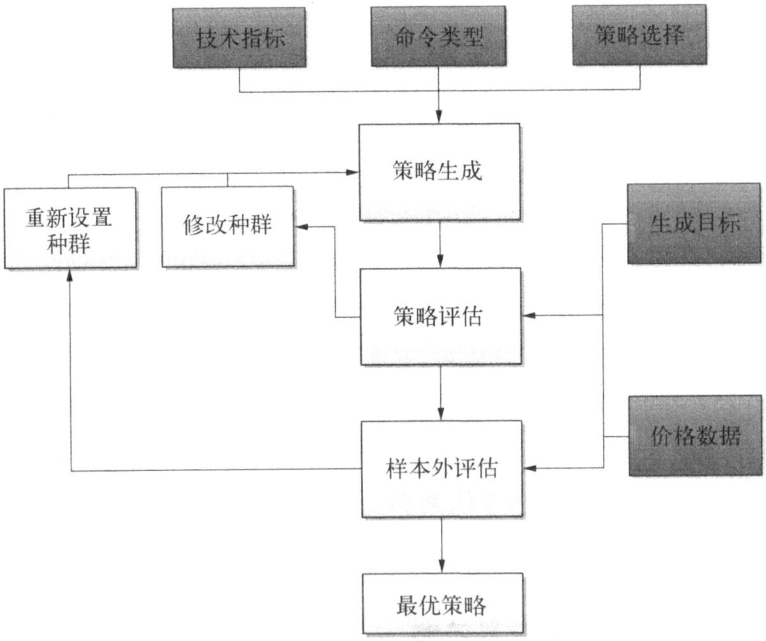

图3－4 遗传算法框架流程

（1）建立候选基因指标库等。表3－1为遗传算法指标库，涵盖多有典型交易技术指标。因为限价成交在实际交易过程中是概率成交（若限价不成交再追单会造成更多的冲击成本),测试结果存在一定的拟合性。因此,为了保证测试结果的实际应用价值,下单类型选择对价成交的方式。

表 3-1　遗传算法指标库

Simple moving average　一般移动平均值	True range　振幅
Exponential moving average　指数移动平均值	Average true range　平均振幅
Weighted moving average　加权移动平均值	Standard deviation　标准偏差
Triangular moving average　三角移动平均值	Bollinger band　布林带
Moving average convergence divergence　移动平均值的收敛和发散	Keltner channel　凯尔特纳轨道
Triple exponential moving average　三角指数移动平均值	Lowest　最低值
Momentum　动量	Highest　最高值
Rate of change　变化率	Volume　交易量
Fast K stochastic　快速 K 随机	Accumulation/distribution　累积/分布
Fast D stochastic　快速 D 随机	Chaiken oscillator　柴肯振荡
Slow D stochastic　缓慢 D 随机	Crosses above/below　交叉上限和下限
Relative strength indicator　相关权重指示	Price patterns　价格模式
Commodity channel index　商品通道指标	Day of week　周
Directional indicator　方向指示	Time of day　日
Directional movement index　方向移动指标	Absolute value　绝对值
Average directional index　平均方向指标	

(2) 寻找最优目标。综合考虑收益风险等多方面因素,建立目标函数,其中,最大利润(max_netprofit)权重为 30%,最小回撤(min_drawdown)权重为 30%,单笔盈利(max_aveTrade)权重为 30%,交易胜率(pctWin)权重为 10%。为了保证策略盈利的统计样本量,要求在样本内的交易次数(no_trade)不得低于 800 次,目标函数表示如下:

$$f = 0.3 \times \text{max\_netprofit} + 0.3 \times \text{min\_drawdown} + 0.3 \times \text{max\_aveTrade} + 0.1 \times \text{pctWin},$$
$$\text{且 } \text{no\_trade} \geqslant 800$$

(3) 确定遗传算法复杂度。包括种群大小值设为 100、遗传代数值设为 10,交叉因子和突变因子值分别设为 0.6 和 0.5,二叉树深度设为 3。其中,二叉树深度的算法中嵌入了神经网络算法。

3) 最优策略求解

由图 3-5、图 3-6 可见,在初始本金 100 万的情况下,对固定的一手股指期货合约进行无杠杆交易可以达到96.52%的收益，年化收益约24.87%。其中样本内盈利74.2万，样本外盈利22.3万。样本内胜率54.4%，单笔净利782.5万；样本外胜率53.87%，单笔净利润772.9万。可见，构建的策略对日内短期的走势预测准确性高，具有强大稳定的盈利能力。并且在样本外的范围，交易策略也具有极佳的延续性。

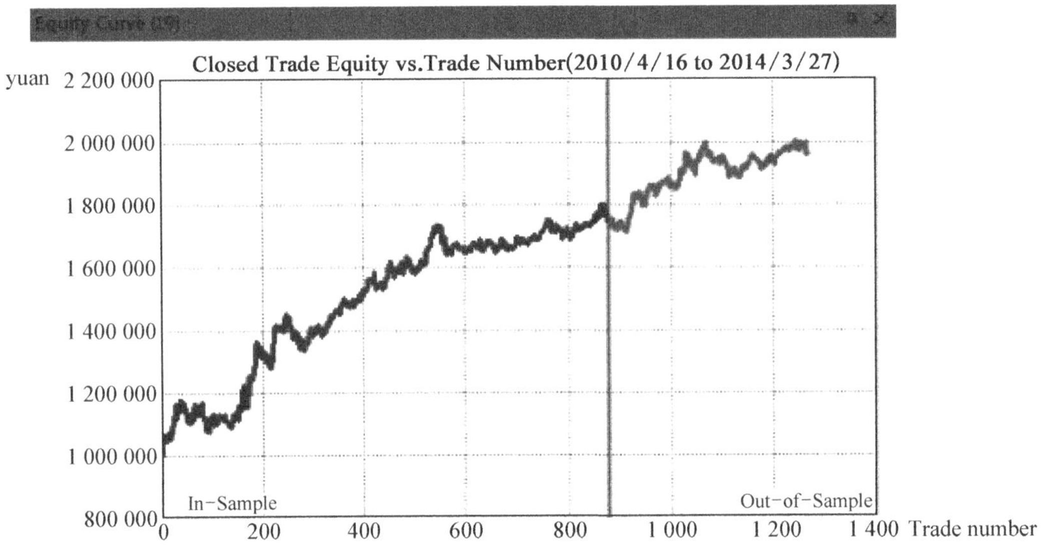

图3-5 净值曲线

Performance Report (19)

Results for Original Data and Settings, All Segments

	All Trades	Long	Short
Closed Trade Net Profit	¥965,180.00	¥216,900.00	¥748,280.00
Gross Profit	¥4,560,520.00	¥1,105,820.00	¥3,454,700.00
Gross Loss	¥-3,595,340.00	¥-888,920.00	¥-2,706,420.00
Profit Factor	1.268	1.244	1.276
Ratio L/S Net Profit	0.290		
Open Trade Profit/Loss	¥.00	¥.00	¥.00
Total Net Profit	¥965,180.00	¥216,900.00	¥748,280.00
Trading Period	2010/4/16 10:34:00 to 2014/3/27 15:15:00 (3 years 345 days)		
Starting Account Equity	¥1,000,000.00		
Highest Equity	¥2,008,540.00		
Lowest Equity	¥993,360.00		
Final Closed Trade Equity	¥1,965,180.00		
Return on Starting Equity	96.52%		

图3-6 样本内外综合回测报告

自动化交易在证券期货市场上飞速发展，本章对自动化交易及大数据技术在其中的应用进行了介绍。首先，介绍了自动化交易的国内外发展现状及其趋势；其次，遴选典型策略，介绍了策略构建原理、特征和市场影响；最后，基于高频数据和数据挖掘算法，介绍了两种自动化交易策略的构建过程。

◇参◇考◇文◇献◇

[1] 中国证监会.关于程序化交易的认定及相关监管工作的指导意见[Z].2010.9.

[2] 戴军.算法交易的历史与现状.金融工程专题报告[R].2010(9).

[3] Bennett P, Wei L. Market Structure, Fragmentation, and Market Quality [J]. Journal of Financial Markets, 2006(9): 22-44.

[4] 攀登,王逸哲,李文欣.暗池交易的发展及其启示[J].证券市场导报,2013(3): 7-18.

[5] 蔺捷.欧盟 MIFIDII 欧盟证券交易场所规制探讨[J].证券市场导报,2013(4): 16-23.

[6] 徐广斌.自动化交易现状、影响与应对策略[J].交易技术前沿,2013(3): 17-25.

[7] 姚铮.股指期货交易策略及其实证研究[D].湖南大学,2009.

[8] 许金花.中国沪深 300 指数期货的期现套利策略研究[D].天津大学,2010.

[9] 王若贝股指期货期现套利策略研究及风险管理——以 A 公司为例[D].华东师范大学,2011.

[10] 康瑞强.基于高频数据的期货统计套利研究[D].江苏大学,2009.

[11] 王晓莉,韩立岩.做市商制度分析及其对我国证券市场的启示[J].企业经济,2007(4): 156-158.

第4章

大数据与金融期货市场风险监管

随着股指期货的推出，我国金融期货市场重新开启。国债期货的推出，以及未来汇率期货、金融期权的推出将给金融期货市场风险监管带来更大挑战。为有效应对市场风险，中国金融期货交易所在现有市场风险监控系统的基础上，针对监管业务新的特征和要求，应用复杂事件处理、海量数据挖掘等大数据分析处理技术，研究并建立基于大数据技术的金融期货市场风险监控系统。

4.1 金融期货及其特征

4.1.1 金融期货及其发展历程

金融期货是以金融工具为标的物的期货和期权合约，是实现金融产品价格发现、管理价格波动风险的重要工具，是当前国际金融市场的主要交易产品之一。

金融期货交易产生于20世纪70年代的美国期货市场。1972年5月16日，芝加哥商业交易所的国际货币市场推出了外汇期货交易，标志着金融期货这一新的期货类别的产生。1983年，美国的金融期货交易量已占到其全部期货成交量的37.70%。2006年，标准普尔500指数、纳斯达克100指数和罗素2 000指数的股指期货合计日均交易额达1 100亿美元；2006年1至11月，纽约证券交易所和纳斯达克股票市场的合计日均交易额为1 150亿美元。仅上述3个期货合约的交易总值就差不多相当于美国整个股票市场的交易额。

1982年9月30日，欧洲第一家金融期货交易所——伦敦国际金融期货交易所开张，开始交易“3月期欧洲美元存款利率”期货和“英镑兑美元汇率”期货，后来又增加了德国马克、英国债券利率、瑞士法郎、日元等品种；1984年5月，又推出“证券交易所100种股票价格指数期货”交易；1987年5月，还推出了日本国债期货。伦敦国际金融期货交易所是依据1986年金融服务法设立登记的交易所，交易所的组织采取会员制形式。截至1987年底，共有会员261位。会员包括银行、股票及商品经纪人、自营商、贴现商号、欧元证券商品以及个人会员等。1992年与伦敦期权交易市场合并，1996年收购伦敦商品交易所，成为伦敦国际金融期货期权交易所。目前的交易品种主要有英镑、德国马克、美元、日元、瑞士法郎、欧洲货币单位、意大利里拉的期货和期权合约，70种英国股票期权、金融时报100种股票指数期货和期权以及金融时报250种股票指数期货合约等。该交易所虽然成立时间较晚，但发展速度惊人，截至1996年，已成为欧洲最大、世界第三的期货期权交易所。

1984年9月，新加坡政府将原来的新加坡黄金交易所改建为新加坡国际金融交易所。

随即推出了3月欧洲美元利率期货和德国马克期货；两个月后又推出了日元期货；就在1984年，新加坡国际金融交易所与美国芝加哥商业交易所实现了联网交易，交易者可在两个交易所之间进行互相对冲；1986年9月，又推出了日经225指数期货交易，首开交易国外股指期货之风。1999年12月，新加坡国际金融交易所与新加坡股票交易所合并，形成新加坡交易所。新加坡交易所开创了股指期货境外上市的先河，是目前拥有股指期货境外上市品种最多的交易所。截至2006年7月27日，在新加坡交易所挂牌交易的股指期货合约有8种，其中6种是境外上市的合约；股指期权合约有4种，全部是境外上市的合约。

4.1.2 金融期货种类和特点

随着许多金融期货合约的相继成功，期货市场焕发生机，取得了突飞猛进的发展。与金融相关联的期货合约品种很多。当前市场上交易的主要品种有以下五大类[1]。

1）利率期货

利率期货是以利率为标的物的期货合约。世界上最先推出的利率期货是于1975年由美国芝加哥商业交易所推出的美国国民抵押协会的抵押证期货。利率期货主要包括以长期国债为标的物的长期利率期货和以两个月短期存款利率为标的物的短期利率期货。

2）货币期货

货币期货是以汇率为标的物的期货合约。货币期货是适应各国从事对外贸易和金融业务的需要而产生的，目的是借此规避汇率风险。1972年美国芝加哥商业交易所的国际货币市场推出第一张货币期货合约并获得成功。其后，英国、澳大利亚等国相继建立货币期货的交易市场，货币期货交易成为一种世界性的交易品种。国际上货币期货合约交易所涉及的货币主要有欧元、英镑、美元、日元、瑞士法郎、加元、澳元、新西兰元、人民币等。

3）股指期货

股指期货是以股票指数为标的物的期货合约。股票指数期货是目前金融期货市场最热门和发展最快的期货交易。股票指数期货不涉及股票本身的交割，其价格根据股票指数计算，合约以现金清算形式进行交割。

4）外汇期货

外汇期货是交易双方约定在未来某一时间，依据约定的比例，以一种货币交换另一种货币的标准化合约的交易。它是指以汇率为标的物的期货合约，用来回避汇率风险。它是金融期货中最早出现的品种。自1972年5月芝加哥商品交易所的国际货币市场分部推出第一张外汇期货合约以来，随着国际贸易的发展和世界经济一体化进程的加快，外汇期货交易一直保持着旺盛的发展势头。它不仅为广大投资者和金融机构等经济主体提供了有效的套期保值的工具，而且也为套利者和投机者提供了新的获利手段。

5）国债期货

国债期货是通过有组织的交易场所预先确定买卖价格并于未来特定时间内进行钱券

交割的国债派生交易方式。国债期货属于金融期货的一种,是一种高级的金融衍生工具。它是在20世纪70年代美国金融市场不稳定的背景下,为满足投资者规避利率风险的需求而产生的。

与一般商品期货相比,金融期货具有以下特点。

(1)交割具有极大的便利性。在期货交易中,尽管实际交割的比例很小,但一旦需要交割,普通商品期货的交割比较复杂。除了对交割时间、交割地点、交割方式作严格的规定以外,还要对交割等级进行严格的划分。实物商品的清点、运输等也比较繁琐。相比之下,金融期货的交割显然要简便得多。因为在金融期货交易中,像股价指数期货以及欧洲美元定期存款等品种的交割一般采取现金结算,即在期货合约到期时根据价格变动情况,由交易双方交收价格变动的差额。这种现金结算的方式自然比实物交收来得简便。此外,即使有些金融期货(如外汇期货和各种债券期货)也要发生实物交收,但由于这些产品具有的同质性以及基本上不存在运输成本,其交割也比普通商品期货便利得多。

(2)交割价格盲区大大缩小。在商品期货中,由于存在较大的交割成本,这些交割成本会给多空双方均带来一定的损耗。例如,大豆的交割价为2 000元/吨,即使这一价格与当时当地的现货价是一致的。但对于按此价格的卖方来说,实际上可能只得到了1 970元/吨,因为必须扣除运输入库、检验、交割等费用;对买方来说,加上运输提库费与交割费等实际上可能要花到2 020元/吨。这两者之间相差的50元/吨便是价格盲区。在金融期货中,由于基本上不存在运输成本和入库出库费,这种价格盲区就大大缩小了。对于采用现金交割的品种而言,价格盲区甚至根本消失了。

(3)期现套利交易更容易进行。在商品期货中,投机者进行的套利交易基本上集中在跨月套利(Spread,也称价差套利)这种形式上。期现套利交易(Arbitrage)之所以很少采用,与商品现货交易额外费用高、流动性差以及难以进行有关。而在金融期货交易中,由于金融现货市场本身具有额外费用低、流动性好以及容易进行这些特点,吸引了一批有实力的机构专门从事期现套利交易。期现套利交易在金融期货中盛行,一方面促进了期货交易的流动性,另一方面也使得期货价格与现货价格之间的差额始终保持在一个合理的范围内。

(4)逼仓行情难以发生[2]。在商品期货中,有时会出现逼仓行情。通常,逼仓行情的表现是期货价格与现货价格有着较大的差价。这种差价远超出了合理范围,并且在交割或临近交割时期货价格也不收敛于现货价格。更严重的逼仓行情是操纵者同时控制现货与期货。1980年在美国的白银期货上就曾经出现过一次,1989年在芝加哥期货交易所也发生过一轮大豆逼空行情。然而,在世界金融期货史上,逼仓行情却从来都没发生过。金融期货中逼仓行情之所以难以发生,首先是因为金融现货市场是一个庞大的市场,庄家操纵不了;其次是因为强大的期现套利力量的存在,他们将会埋葬那些企图发动逼仓行情的庄家;最后,一些实行现金交割的金融期货,期货合约最后的交割价就是当时的现货价,这等于是建立了一个强制收敛的保证制度,杜绝了逼仓行情发生的可能。

4.1.3 金融期货在我国的发展

与国际惯例相似，我国金融衍生品的出现在时间顺序上落后于原生产品。遵照邓小平同志的讲话精神，从1984年1月1日开始，中国人民银行不再兼办工商信贷和储蓄业务，独立行使中央银行职能。从此我国的金融体制改革开始步入一个新的阶段[3]。股票市场、债券市场、外汇市场的不断发展壮大，为有关金融衍生品的交易提供了一定的条件。我国自1992年6月1日上海外汇调剂中心率先推出外汇期货开始，曾先后出现过国债期货、股票指数期货、认股权证交易。到1995年5月17日中国证监委《关于暂停国债期货交易试点的紧急通知》下发，仅仅经历了不到三年的时间，其中的道路是很不平坦的，这对积累相关的经验教训，为今后我国金融衍生品的发展提供了有益的启示。下面介绍几种主要品种当时的发展情况[4]。

1）外汇期货

1992年6月1日，上海外汇调剂中心率先推出外汇期货交易。当时人民币官方汇率与外汇调剂价格虽已并轨，但仍然不可自由兑换。外汇管制现象仍很普遍，买入外汇需要填写外汇用途，因此限制了承担风险的投机者的参与，使这种外汇期货交易中有套期保值者而没有投机者。市场流动性不足，难以正常运转。不久，由于多方面的原因，外汇期货交易停办。

2）国债期货

1981年，我国恢复发行国债，截止到1995年已累计发行国债4 200多亿元人民币。1988年，开办国债现货流通转让业务。到1992年底，国债累计成交额已达1 600多亿元。1992年12月28日，上海证券交易所首次设计并试行推出国债期货合约，当时国债期货尚未对公众开放，交投清淡，并未引起投资者的兴趣。1993年10月25日，上海证券交易所向社会公众开放国债期货交易。与此同时，北京商品交易所在期货交易所中也率先推出了国债期货交易。1994～1995年春节前，国债期货飞速发展。全国开设国债期货的交易所从2家陡增到14家。当时，由于股票市场低迷，钢材、煤炭、食糖等大宗商品期货品种相继暂停交易，使大量资金云集国债期货市场。国债期货1994年全年成交19 053.83亿元，是现货市场445亿元成交量的40多倍[5]。由于交易品种少，国债期货有以小搏大的功能。交易、管理方面的不规范，使在"3.27"风波爆发前的几个月中，上证"314"国债合约已出现数家机构联手操纵市场的现象，日价格波幅异常。1995年2月23日，财政部公布的1995年国债发行量被视为利多消息，"3.27"国债贴息消息也日趋明朗，致使各地国债期货市场均出现大幅上扬现象。上证所空方在行情上涨后蓄意违规，空方主力大量透支交易，以千万手一笔的仓量空单打压价格，使3.27合约暴跌3.8元，当日开仓的多头全线爆仓。"3.27"风波以后，尽管各交易所采取了提高保证金比例，设置涨跌停板等措施在抑制国债期货的投机气氛，但交易风波依然不断。5月17日，中国证监会认为中国目前尚不具备开展国债期货的基本条件，做出了暂停期货交易试点的决定。

3）股票指数期货

1993年3月10日，海南证券交易中心首次推出深圳A股综合指数期货。它的出现为广大股票投资者提供了一种规避股价波动风险的手段。由于投资者对这一类衍生工具了解甚少，再加上海南证券交易中心并非全国性市场，会员单位有限，导致开市场后，成交清淡，且投机之风盛行。到9月份，深圳平安保险公司福田证券部在开通了两天海南深股指数期货后，出现大户联手交易，打压股价指数的行为。有关方面认为当时开展股指期货会加大市场的投机性，因此9月底宣布股指期货全部平仓，停止交易。

2010年4月16日，沪深300股指期货在中国金融期货交易所上市，标志着我国金融期货市场的重新开启。2010年至2013年，我国股指期货市场规模不断增长。2011年总成交金额137万亿元，2012年总成交171万亿元，而2013年仅1～10月总成交金额就达到225万亿元；股指期货成交总金额占全市场比例也逐年上升，从上市初期的26.57%，逐步提高到2012年的44.32%，2013年更是达到52%。而海外成熟市场中，金融衍生品占期货市场比例达到85%（图4-1）。我国金融期货市场继续发展的潜力巨大。

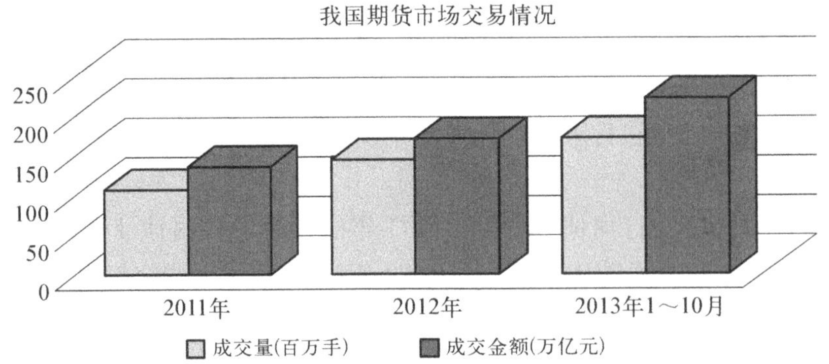

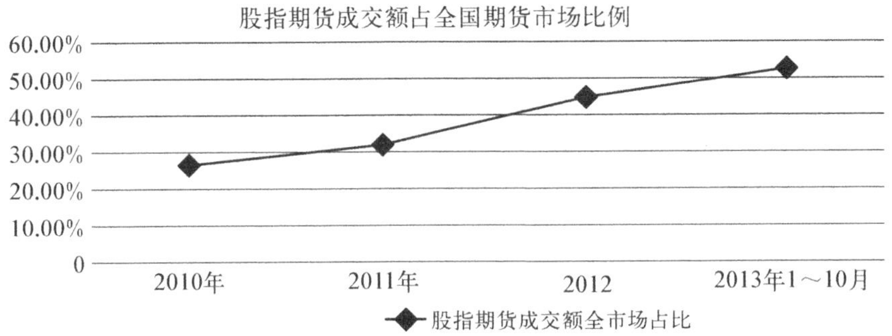

图4-1 股指期货市场发展情况

我国沪深300股指期货市场内，各级运行部门均实现了全电子化交易和结算。目前，股指期货市场交易量和持仓量增长迅速。2013年全年成交额超过280万亿元，日均成交金额超过1.1万亿元，占我国期货市场交易金额的52%，超过沪深证券交易所同期成交金额之和的2倍。

4.1.4 金融期货的风险

金融期货是一把“双刃剑”，在发挥风险规避和价格发现功能的同时，如果使用不当也会引发巨大风险。一方面，过度投机、异常交易、市场操纵等行为都可能引起金融期货市场剧烈波动；另一方面，由于金融期货与现货资产间存在高相关性，金融期货或现货市场某一环节变化都可能引发跨市场的相互传导，严重时会诱发整个金融市场的系统性风险。

最典型的金融期货风险案例是巴林银行倒闭事件，1995 年 2 月 26 日，一条消息震惊了整个世界金融市场。具有 230 多年历史，在世界 1 000 家大银行中按核心资本排名第 489 位的英国巴林银行，因进行巨额金融期货投机交易，造成 9.16 亿英镑的巨额亏损，在经过国家中央银行英格兰银行先前一个周末的拯救失败之后，被迫宣布破产。后经英格兰银行的斡旋，3 月 5 日，荷兰国际集团以 1 美元的象征价格，宣布完全收购巴林银行。

因此，只有维护金融期货市场的健康平稳运行，才能充分发挥它们价格发现和风险管理功能，为我国多层次资本市场建设做出贡献。

4.2 金融市场风险监管面临的挑战

中国金融期货交易所按照中国证监会要求，建设了集实时监控、事后分析、稽查管理等功能于一体的股指期货市场风险监控系统，分别对应市场监查部门的交易实时监控、市场运行分析和监查研究、案件稽查和会员检查等主要职能。经过使用和陆续完善，系统满足了基本的股指期货监管要求，初步具备区域性风险的监管能力。但是市场规模拓展的风险、交叉风险管理、跨市场监管等方面的风险监管能力还需要继续提高。

1）新产品亟待推出，对市场风险监控系统提出更高要求

2013 年 9 月 6 日，中国金融期货交易所推出了国债期货，计划在 2014 年内推出指数期货期权和其他指数期货产品，且正在研发外汇期货、外汇期权等产品。新产品上市将给市场风险监控业务带来许多新的挑战，主要有以下方面。

(1) 由单产品监控向多产品监控转变，带来新的业务和技术问题。多产品后，市场规模膨胀，引起交叉风险控制等复杂问题。比如，国债期货推出后，由于采用单一市场资金共用原则，在资金风险计算上，要分别度量并横向评估，为每类产品线营造充裕的发展空间，避免交叉影响；其他指数期货产品推出后，要详细评估跨产品套利交易行为对每类产品的影响，通过风险监控措施，保障流动性充裕，达到指数期权产品线整体市场功能发挥的最佳效果；指数期权推出后，更要分析期货与期权市场间的价格发现行为，避免发生市场操纵、内幕交易等行为。研究交叉风险控制问题，需要提前预判、理论与实际相结合，对建设市场风险监控系统提出了非常高的要求。

技术实现方面，由于国债、外汇等期货产品最大的客户是商业银行，产品推出后，客户规模明显提升、交易结算数据规模显著提高。监控人员面对几十倍的合约数量增长，需要大幅提高对市场热点、涉嫌违规点的发现、跟踪、分析和处置能力。沪深300股指期货产品仅4个合约，监控工作相对单一，当前的指标预警机制可以应对；多个新产品推出后，合约数量将增加至上百个，监控工作将非常繁重。一方面，需要采用更加高效、高性能的指标预警机制；另一方面，还需要提高使用体验，采用数据可视化等更直观的方式让监控人员快速掌握市场全局与微观变化情况。

(2) 国债期货、指数期权等产品具有许多新特征，需要研究与之适应的违规行为识别方法、处置原则等。国债期货产品交易采用虚拟标准券设计、通过实物交割。在市场监控方面需要更深入分析国债现货市场的交易情况，跟踪可交割券的现货流通存量和交易价格，以分析期货市场的价格发现效果，同时预防利用现货操纵期货的违规发生。在合约临近到期前，需要根据现货市场持仓情况，分析合约到期前的价格收敛特性。此外，还需要增加对实物交割的市场监控功能。这些都属于跨市场监管带来的新要求。

指数期权产品具有合约多、期权定价模型复杂、合约价格联动关系复杂、采用做市商交易等特点。市场监控方面，对一个产品需要管理上百个合约；通过定价模型计算不同到期月份、不同执行价格的买权或卖权的价格合理性；需要与指数价格、同标的指数的期货产品进行关联跟踪，发现交易异常；跟踪管理做市商的交易行为，评估做市商的义务履行情况等。

2) 自动化交易发展新趋势，对市场风险监控系统提出新要求

近年来，国内外金融市场自动化交易[6]发展迅速，其利用强大的计算机处理能力，根据交易模型算法发出交易指令，具有单笔报单量小、报单总笔数高、时间间隔短、报单撤单比高等特征。自动化交易提高了市场的流动性和价值发现效率，但也带来一系列新兴风险。在美国期货交易所中，自动化交易成交量占总交易量的一半以上。由于自动化交易普遍采用止损策略，当市场出现大幅波动时，会自动触发一系列相关金融产品的连锁交易，从而引发市场多米诺效应。最著名的案例就是2010年5月6日发生的“闪电崩盘事件”，由于一家交易公司电脑发出错误指令，导致大量自动化交易系统自动止损，道琼斯工业指数在30分钟内狂挫千点，市值损失上万亿美元。2013年4月3日，黑客劫持美联社的推特账号，发布了美国白宫发生爆炸、奥巴马总统受伤的假消息，瞬间出现恐慌性抛售，道琼斯工业指数在3分钟内下跌超过140点，市值损失近1 400亿美元。2013年8月6日，光大证券由于自动化交易平台缺陷，发送错误指令导致上证指数在26秒内狂涨100点，造成国内资本市场剧烈波动。

自动化交易的兴起，对世界各国传统的金融市场风险监控模式提出了严峻的挑战。我国金融期货市场高频数据的发布频率是微秒级，与之关联的还有跨市场产品数据、会员公司数据、结算数据等，单日累积的数据量就达TB级别，具有规模大、变化快、异构、价值密度低等大数据特征，现有风险监控系统难以保证金融期货市场在自动化交易冲击下稳定发展。目前，构建有效的风险监控系统还面临以下困难。

(1) 自动化交易的具体行为模式不易辨识，对如何规范交易行为还需要研究。自动化交易策略多样性导致交易行为模式多样，具体有哪些模式、如何有效识别和跟踪，目前还缺少研究。自动化交易中的许多行为模式，有利于提高市场流动性、提高价格发现效率。但一些自动化交易也会带来风险事件，如引起闪电崩盘等严重后果。如何有效规范自动化交易，实现安全管理，还需要深入研究。

(2) 自动化交易涉及的数据规模巨大、实时性极强，且常为市场某一事件或行为触发驱动。技术手段上，需要能够应对海量交易数据，及时准确地进行分析计算，识别和监控相关交易行为，这对风险监控的软硬件指标都提出了较高要求。

(3) 自动化交易报撤单频繁，数据规模大且密度低，需要能够高效地将低密度数据转化为高密度信息，并向风险监控人员直观展示。

(4) 金融期货市场与基础产品市场联动性强，容易造成跨市场传导，在监控自动化交易时，需要对各种不同来源、不同种类的数据进行搜集、整合、处理和分析。

4.3 基于大数据的金融期货市场风险监控

4.3.1 金融期货市场风险监控系统

随着大数据分析与处理技术的不断发展，为金融期货市场风险监控提供了有效的技术支撑。针对金融期货市场风险监管面临的挑战，中国金融期货交易所在现有市场风险监控系统的基础上，结合监管业务新的特征和要求计划建设包括实时交易数据、历史交易数据、跨市场外部数据等多来源的数据仓库，形成交易实时监控、盘后分析挖掘、后台稽查管理等市场监察子系统，构建三位一体、跨市场、跨品种、全方位、多视角的统一监管框架。系统可分为用户层、服务层、数据处理与存储层，具体结构见图 4-2。

用户层面向实时监控人员、事后分析人员以及稽查管理人员，提供相关的信息服务。

服务层包括实时风险监控、盘后分析挖掘、违规稽查三个子系统。实时风险监控子系统以提升实时处理能力和风险监控能力为目标，利用复杂事件处理技术，加强风险监控和数据挖掘能力，建设各类预警指标体系；应对自动化交易，建设具备技术处理能力和发现、处置功能的自动化交易预警功能。盘后分析挖掘子系统具备宏观市场运行风险和微观市场行为风险的盘后分析功能。违规稽查子系统以提升违规处置效率为目标，提升多市场违法违规行为处置效率。

数据处理与存储层，通过构建复杂事件处理平台、Hadoop 处理平台、数据仓库支持服

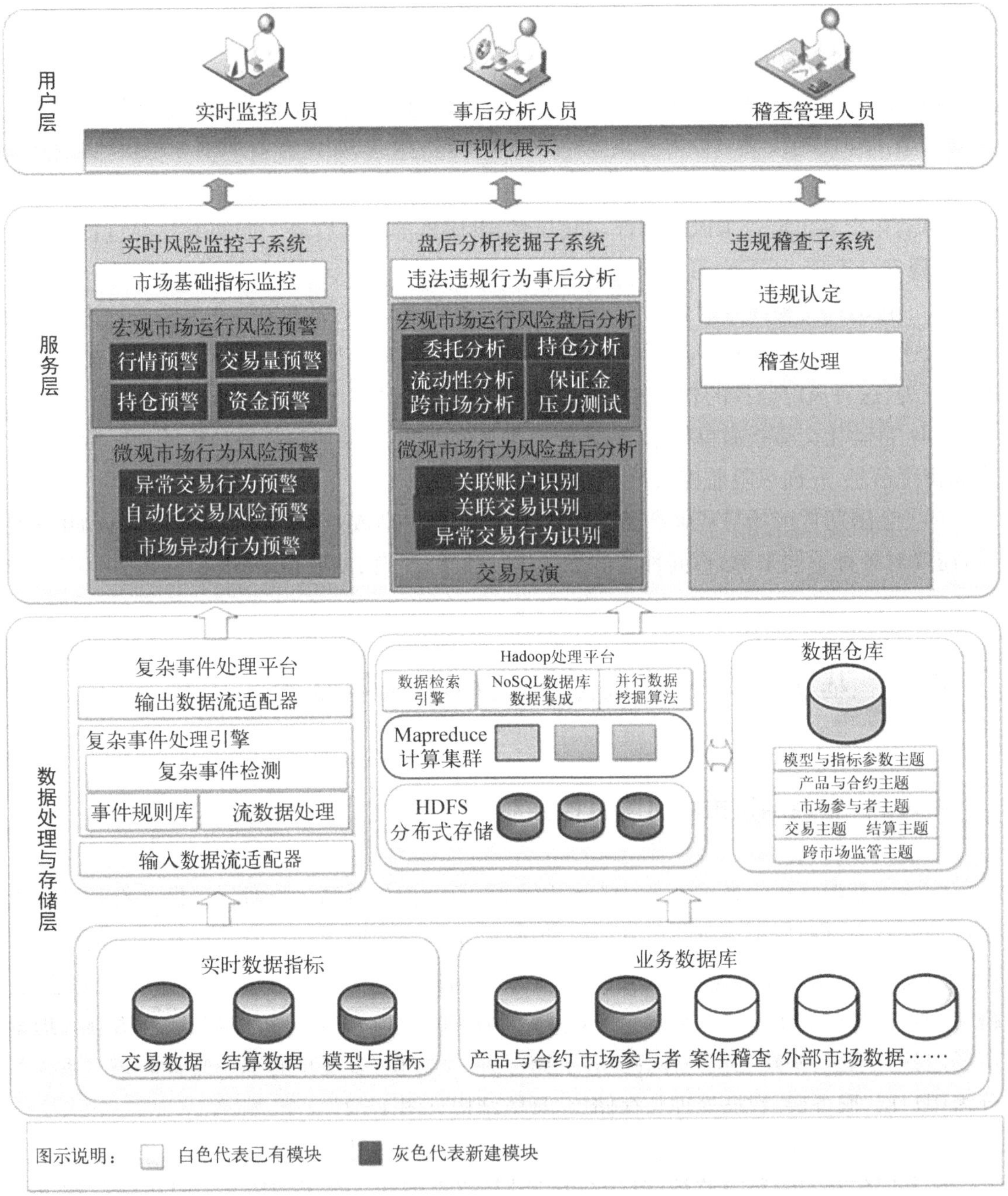

图 4-2 金融期货市场风险监控系统体系结构

务层各子系统的运行。复杂事件处理平台通过输入适配器收集行情、交易、资金等数据流，利用复杂事件处理引擎中的事件规则库检测风险事件，并通过输出数据适配器将风险事件提供给实时风险监控子系统。Hadoop 平台针对金融数据流的特征，进行定制化逻辑封装，将计算任务分配到 Hadoop 集群中的节点，支撑海量数据处理。数据仓库将业务数据抽取、清洗、转换和加载，形成交易、结算、产品等主题，为盘后分析挖掘和违规稽查提供支撑。

4.3.2 大数据技术的应用

金融期货市场风险监控系统业务流程见图 4-3，围绕相关需求，系统应用内存计算、复杂事件处理、海量数据挖掘、数据仓库、数据可视化等数据分析和处理技术，解决高性能实时规则报警、事后违规行为分析、交易过程反演、复杂模型分析等功能实现的关键技术。

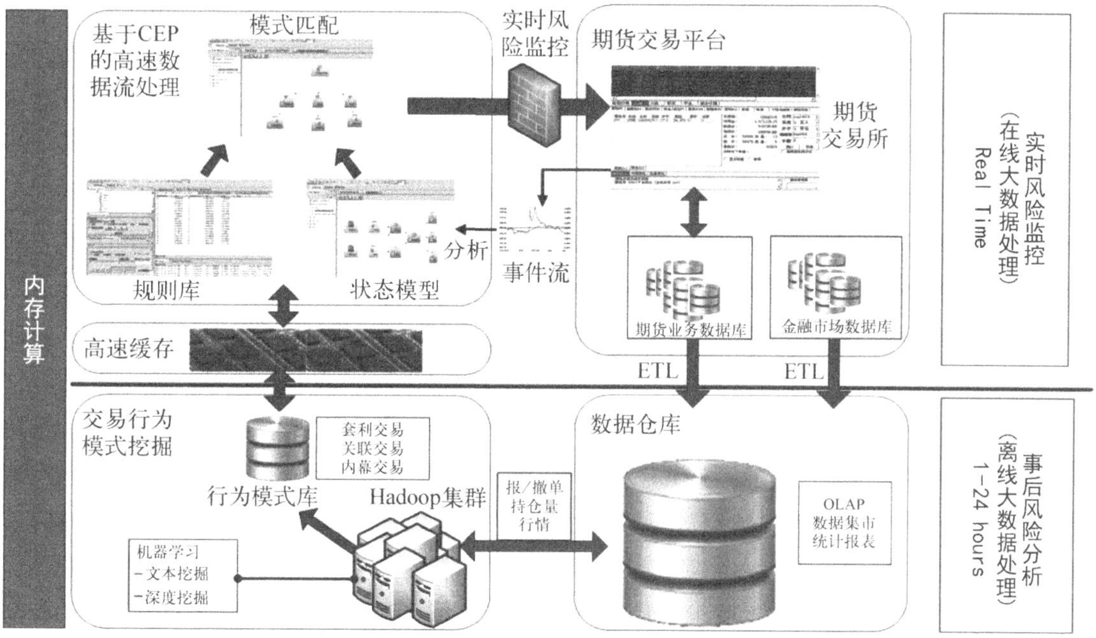

图 4-3 金融期货市场风险监控系统业务流程

1）基于复杂事件处理技术的交易实时监控

复杂事件处理引擎是能够进行复杂事件处理的系统，接收大量来自不同事件源的事件，根据指定的数据模型将这些事件转化成系统内部可以处理的形式，对这些新来的事件进行过滤、结合、聚集等操作，生成复杂事件，最后通知上层应用相应的复杂事件。复杂事件处理引擎使得事件分析过程从上层应用中分离了出来。复杂事件处理引擎的体系结构见图 4-4。

复杂事件处理引擎主要包括以下组成部分：

（1）数据输入适配器：输入适配器负责接收外部数据源的事件输入流，并根据指定的数据模型将所有事件转化为具有固定格式的事件序列，然后将事件序列传送给复杂事件处理检测服务组件。

（2）复杂事件检测组件：作为复杂事件处理引擎的核心组成部分，根据规则库中已经注册的规则对输入适配器传送过来的事件流序列进行过滤、结合、聚集、关联等一系列复杂处理操作，在匹配成功后生成新的事件序列并执行事件序列的输出操作。

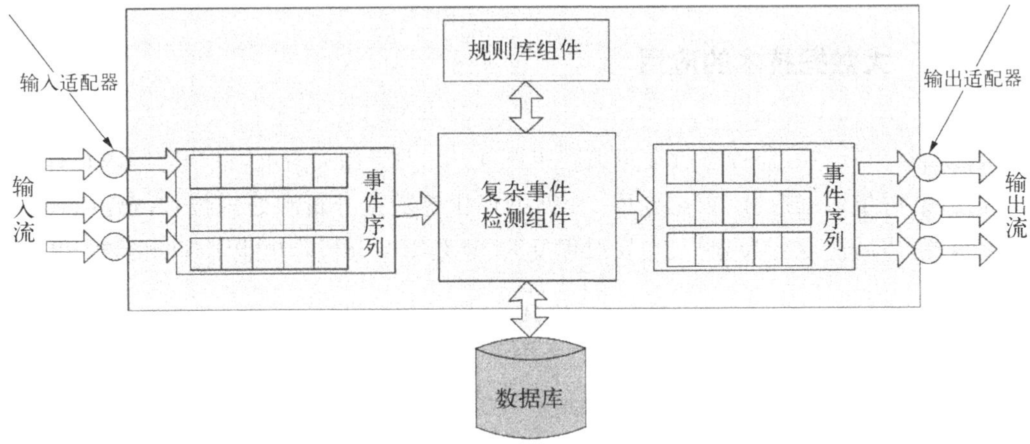

图4-4 复杂事件处理引擎体系架构

(3) 规则定义组件：经过业务抽象后，用户可以使用规则定义组件提供的事件服务处理语言来定义特定的业务规则，提取所需的业务事件。

(4) 规则库：存储已经定义好的事件服务规则。

(5) 输出适配器：将输出的事件序列转化成所需要的格式并发送给已订阅的相关用户。

将复杂事件处理技术引入到风险监控系统的实时风险监控子系统中，提取行情、交易等环节发生的事件数据，通过筛选过滤、滑动时间窗口分组、规则模式等数据流匹配方法，对实时数据流和缓存的历史数据进行分析处理，以发现由单个客户交易形成的事件间的因果关系、时序关系、聚合关系等，确定可能引发风险的客户资金使用率、客户持仓情况等复杂事件，分发至相关的应用系统，并通过可视化技术在实时风险监控系统中直观展现，为监管人员提供决策参考。实现步骤如下：

(1) 按照金融期货市场风险监控的要求，对市场行情、交易、持仓、资金等实时原始事件流进行数据预整理后，结合用户预定义的规则产生预警事件流，经过服务组分的横向扩展建立实时、合规业务风险监管模型。

(2) 按照金融期货市场异常交易行为的定义，将其转换成系统可以识别的金融风险识别模型，结合基础数据流数据进行查询、分析、模式识别等处理，辨识期货市场中的连续成交、大额成交、行情变化、自成交、关联交易、自动化交易等市场交易行为事件。

2) 基于海量数据挖掘技术的交易特征识别

由于金融期货交易的频率高、数据量大，不同性质的交易行为相互交叉、渗透，具有很强的隐蔽性，这导致监管者难以辨别不同类型的交易行为特征，更无法控制其中的风险。因此，需引入海量数据挖掘技术进行分析，其体系结构见图4-5。

海量数据挖掘算法包括并行关联规则算法、并行分类算法和并行聚类算法等，用于关联关系、依赖关系、分类、聚类、序列、异常发现、趋势发现和预测等。通过合并关联数据还原数据密度并对模型离散化，来解决分析中的难点，同时不断对模型进行完善。采用

Hadoop 框架，支持编写和运行分布式应用处理大规模数据，解决并行计算数据量问题。应用数据挖掘算法开展的分析包括以下内容。

（1）异常交易行为研究，基于持仓量、交易量、交易期、报价/成交价、申报/撤单行为、回转交易频率、收益等多个特征维度的历史数据，发现影响交易所系统安全或正常交易秩序的行为，如盗码交易、过度交易、自成交、误导市场交易等。由于判断异常行为需要一定时间窗内的客户交易行为数据，对于交易频率较高的期货市场来说，客户的行为特征往往构成了一个高维向量，系统采用结合聚类和深度信念网络的数据挖掘方法进行挖掘。图 4-6 为基于深度信念网络的异常交易行为识别图。

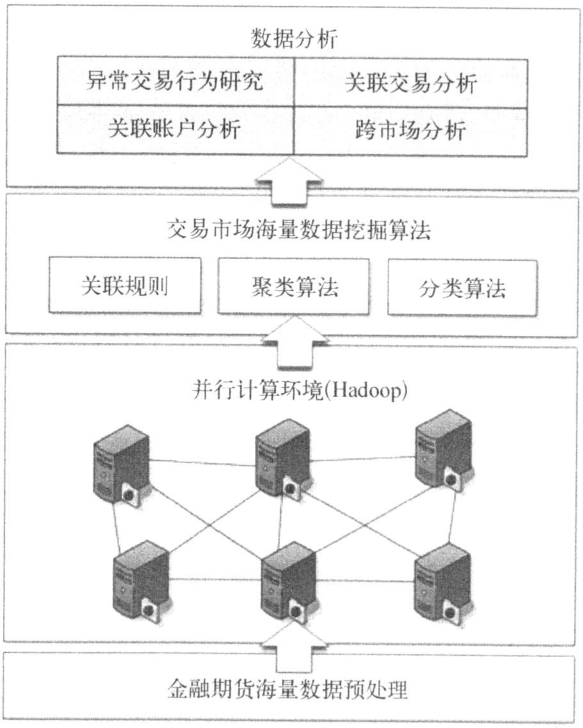

图 4-5　海量数据挖掘体系

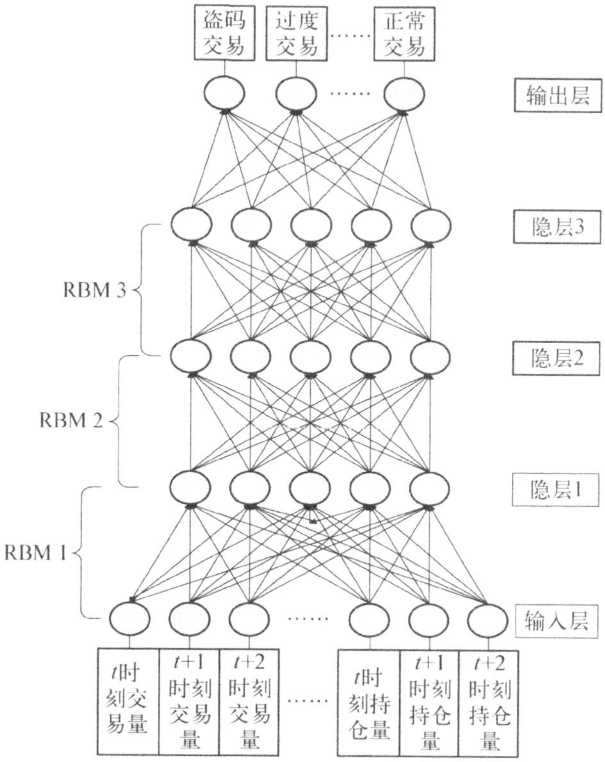

图 4-6　基于深度信念网络的异常交易行为识别

（2）多产品跨市场分析。基于中国金融期货交易、上海期货交易所、大连商品交易所、郑州商品交易所等国内期货市场的39个品种的行情数据，从交易规模、交易时间、交易价格、基差、持仓时间、交割等级及方式等维度分析期货产品的相似度，通过关联规则挖掘发现其中的联动、对冲、引导等关系；跨市场交易研究，对来自证券、期权、债券、基金、黄金等市场的交易品种的平均价格、交易总量等数据进行分析，采用时序模式挖掘找出不同市场产品在振动频率、幅度上的联动性，以及在突发事件中，各个产品间的联动关系，如期货市场与现货市场之间的关联性，股市波动与股指期货市场波动在的相关性。

3）面向金融期货大数据分析的Hadoop支撑平台构建

金融期货数据具有以下几个特点：首先，数据量比较大，以股指期货为例，其主力合约每日的委托、成交信息都在百万数量级；其次，金融衍生品的种类比较多，在指数期权推出之后，市场上可交易的品种将增长到数十个，且交易更加活跃；最后，可供分析的指标非常多，如各个时间点的行情指标，委托与撤单的比例，不同品种间的关联成交关系等。以上特点对数据存储、分析都带来了极大的挑战，首先，数据存储应当支持线性扩展；其次，数据分析应具备低时间延迟的特点。

图4-7 面向金融期货数据分析的Hadoop支撑平台

传统的基于关系数据库的存储和基于数据仓库的分析已经无法完全满足大数据应用的需求，以Hadoop为代表的大数据存储分析框架提供了高效的解决方案。结合金融期货数据的特点，通过对核心Hadoop框架的封装，构建以数据指标分析层、核心封装层和Hadoop核心层为组成部分的面向金融期货数据分析的Hadoop支撑平台。通过系统封装，简化Hadoop框架的应用难度。

（1）数据指标分析层。盘后数据分析需要对某一持续时间段内的成交量、持仓量、流动性等基础指标数据进行分析。根据金融期货风险监管和业务分析的需要，将盘后数据分析指标分为行情指标、委托指标、交易指标、资金指标、持仓指标、风险指标六大部分。其中每一类指标均可以使用核心封装层提供的数据模型进行灵活定制，如根据行情模型制定某一段时间内的价格振幅、价格波动率、基差等监控指标。

（2）核心封装层。包括指标分析接口、金融期货数据模型、任务分解组件、任务执行监控等组成部分。指标分析接口是提供给数据指标分析层的对外接口，目的是隔离底层封装与上层应用的耦合性，防止因底层变动对上层应用造成的影响。金融期货数据模型是根据业务特点对数据进行建模，为数据分布存储和任务分解提供必要的依据。任务分解组件主要实现了对核心层并行计算框架的封装。依据需要计算的指标数据，结合金融期货数据模型组件对数据存储的定义，将指标分析分拆为多个并行的计算任务。在并行计算任务结束后，对任务进行汇总得到最终的计算结果。任务执行监控对核心层的任务执行情况进行监控，如任务进度百分比、预计剩余时间等，并可在错误发生后决定重新执行任务还是丢弃任务等。

（3）Hadoop 核心层。主要完成分布式数据存储和并行任务计算等基础任务。Hadoop 构建了以 HDFS 为基础的分布式数据存储框架，根据金融期货数据的特点，可将不同交易日、会员、产品的数据分散在多个数据存储节点上存储，不仅可以降低每个节点的存储压力，也为数据规模变大后的线性扩展提供了可能。MapReduce 是 Hadoop 的并行计算框架，它通过将任务映射到多个计算节点计算，提高了计算的效率，通过汇总多个节点的结果，得到最终的计算结果。Hive、Mahout 等工具是建立在 Hadoop 之上的基础工具，提供了初步的任务分解和汇总能力。

4）基于数据仓库技术的海量数据处理

为了更全面、更高效地对金融期货自动化交易、跨市场监管等情况进行分析，引入数据仓库技术。然而，一般的数据仓库架构已无法满足海量数据加载及海量历史数据的分析应用，例如无法使用到多个节点进行同步加载和处理，大数据量的读写也对底层的磁盘 I/O 造成很大负担。因此引入海量数据仓库架构理念，为新一代数据仓库和大规模分析处理功能提供有效支持。数据仓库体系架构包括数据源层、数据处理存储层和数据应用层，体系结构见图 4-8。

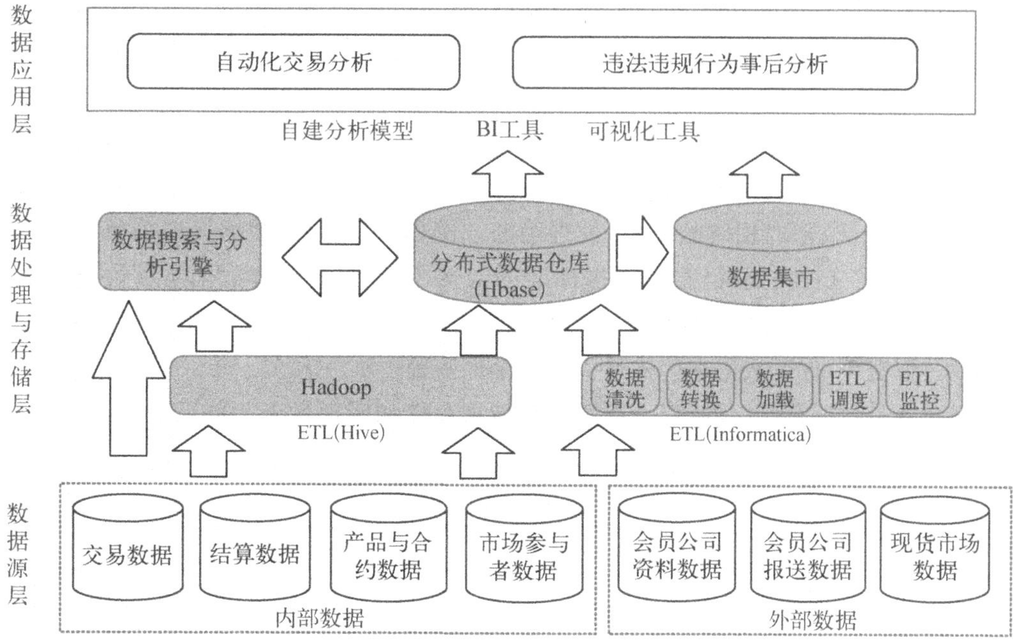

图 4-8 数据仓库的体系结构

(1) 源数据层。金融期货市场风险监控数据仓库的数据来源包括两个方面：自有生产数据和外部公司数据。自有生产数据包括：产品与合约数据、市场参与者数据、交易数据和结算数据。内部数据源主要特征为：多为时间、数字以及文本类型的数据，数据量大，信息密度低，数据噪声大。外部公司数据包括：会员公司资料数据、会员公司报送数据、证券市场数据、国债市场数据。外部数据源主要特征为：异构数据，结构不统一，格式不相同，保密要求高。

(2) 数据处理与存储层。传统数据仓库架构中，数据首先通过复杂且耗时的数据提取转化加载(Extraction Transformation Loading，ETL)过程存储到数据仓库中，在OLAP服务器中转化为星型模型或者雪花模型。执行分析时，又通过连接方式将数据从数据库中取出。这些代价在TB级时也许可以接受，但面对大数据，其执行时间至少会增长几个数量级。此外，传统的数据仓库假设主题是较少变化的，其应对变化的方式是对数据源到前端展现的整个流程中的每个部分进行修改，然后再重新加载数据，甚至重新计算数据，导致其适应变化的周期较长。这种模式比较适合对数据质量和查询性能要求较高，且不太计较预处理代价的场合。但在大数据时代，分析处在变化的业务环境中，这种模式将难以适应新的需求。

面对上述问题，采用Hadoop分布式技术实现数据处理和数据存储。使用Hive来进行ETL，这是一种可以存储、查询和分析存储在Hadoop中的大规模数据的机制。Hive定义了HQL，它允许用户查询数据。同时，这个语言也允许处理内建的Mapper和Reducer无法完成的复杂的分析。通过MapReduce分布式计算模型处理这些海量源数据后，采用HBase分布式数据库存储处理后的海量数据，以此来实现对海量期货交易数据的存储管理。此外，引入海量数据搜索与分析引擎，以最快的速度从海量数据中获得价值，并存储进数据仓库中。

对于一般数据，数据处理层采用ETL调度平台实现ETL全流程自动化调度管理，控制ETL执行的顺序、相互依赖关系、执行状况及通知，以达到ETL程序自动化的功能。针对数据源的不同特征，采取相应的ETL处理策略。例如，采用通用数据接口采集异构数据，包括数据库类型、文件类型等；根据数据标准的定义，对源数据设定数据质量检查规则，例如传输完整性、格式正确性、取值范围合理性等；在ETL服务器上执行数据的加密、压缩、传输、解压、解密等，保证数据在传输过程中安全保密等。

数据仓库是数据存储层的核心，通过主题域来存储和管理各个业务系统的同一类业务数据，并且保留历史，为后续应用的统计分析提供数据基础。根据金融期货市场风险监控需求，确定主题包括：模型与指标、产品和合约、市场参与者、交易、结算、跨市场监管等主题。

数据集市是面向某个应用领域的分析主题，数据来自数据仓库，可以确保其数据质量和数据一致性。对于实时性要求非常高的报表，也可以通过数据集市为其提供数据服务。

(3) 数据应用层。数据应用层是在数据仓库或数据搜索基础上执行查询与统计，主要采用自建模型和数据挖掘模型完成计算，使用的统计软件为 SAS，最后采用数据可视化技术将生成的数据结果以多种方式展现。

基于数据仓库的分析主要包括自动化交易分析和违法违规行为事后分析，从统计周期上分为定期和不定期两种。定期分析是向证监会期货监管部门定期提交的分析报告，报告内容与格式相对固定，包括：市场质量分析报告、规则效果评价报告、市场监管研究报告等，主要对流动性、市场绩效、深度、宽度等进行分析。不定期分析是公司内部监管需要开展的统计，包括：成交分类统计、成交结构分析、持仓分类统计、持仓结构分析、价格波动性分析、参与会员分析、大中小户分析等。

4.3.3 风险监控系统建设的意义

利用大数据技术，建设具有高性能实时风险监控预警、盘后异常行为分析和违规稽查等功能的金融期货市场风险监控系统，对我国金融期货市场具有重要的现实意义。

(1) 实现从单产品、单市场监管到多产品、跨市场监管的转变，提升交叉监管能力。我国“十二五”规划明确提出，继续加强金融期货市场建设，在确保股指期货平稳运行的基础上，适时推出国债期货，积极稳妥发展其他权益类金融期货期权产品，以及利率、外汇期货期权产品等金融衍生品。在我国衍生品市场日趋繁荣的背景下，需要继续完善证监会及其派出机构、四家期货交易所、期货业协会、期货保证金监控中心“五位一体”的期货监管机制，加强金融衍生品市场与现货市场的跨市场监管。系统的应用将促进金融期货市场监控方式升级，完善监控工作的广度及深度，使中金所市场风险监控工作由简单查询式向智能预警式转变、由盘后被动监控向事中乃至事前主动监控转变、由粗放式监控向规范流程化监控方向转变。

(2) 通过量化监管手段，提升金融期货市场监管水平。以量化监管为基础，以快速适应金融期货市场风险控制业务变化为引领，基于海量、高频的金融期货市场和证券市场数据，完成复杂事件处理、海量数据挖掘、Hadoop 平台等技术在金融监管领域的应用攻关，有效防止市场操纵、内幕交易等多种扰乱市场行为，保护广大投资者利益，保障金融期货市场平稳运行。

(3) 变被动为主动，提高风险识别与监控能力，适应自动化交易的新趋势。随着交易电子化发展和金融产品不断丰富，交易模式也在不断演化，自动化交易兴起，金融市场间的联系日趋紧密。提高异常交易行为和自动化交易风险的识别与监控能力，有助于显著降低金融市场系统性风险的发生概率。

(4) 夯实金融期货市场监管基础，为多层次资本市场建设创造条件。以金融期货监管业务的需求为出发点，结合中国资本市场的发展要求，在保障股指期货产品平稳运行的同时，着力解决制约金融期货市场功能发挥和质量提升的风险管理问题，推动上海国际金融中心建设。

大数据技术的使用，使金融期货市场风险监控系统能够有效保障市场公平、提升市场效率、发挥市场功能，减少由于异常交易行为、自动化交易造成的损失。系统将在我国金融期货交易市场开展应用，提升市场监控效率及准确性，在保障股指期货市场平稳运行的同时，支持金融期货新产品的平稳推出，促进我国金融衍生品市场适应金融体制改革和金融市场国际化的需要。

◇参◇考◇文◇献◇

[1] 耿琳.中国金融期货交易的历史与现状[J].现代商业，2008(6)：81-82.

[2] 任红.论我国金融期货市场风险的法律监管[D].重庆大学，2009.

[3] 任熠.中国发展金融衍生产品市场问题研究[D].首都经济贸易大学，2008.

[4] 郑秀君.我国金融衍生品的发展历程分析及启示[J].江苏商论，2008(7)：167-169.

[5] 胡继之.金融衍生产品及其风险管理[M].北京：中国金融出版社，1997：311-313.

[6] 中国证监会.关于程序化交易的认定及相关监管工作的指导意见[Z].2010，9.

第5章

大数据与证券网络舆情

随着互联网的普及，以微博、博客和论坛等为代表的社会化媒体被广泛应用，网络舆论逐渐成为影响人们情绪、态度和行为的重要因素。在金融投资领域，越来越多的股票投资者参与网络舆论表达自己的投资情绪，同时其投资决策也受到网络舆论的影响。信息抓取、特征挖掘、情感分析等技术的发展为证券网络舆情的监测和分析提供了手段和方法。

5.1 网络舆情及其特征

2014年1月16日，中国互联网络信息中心在京发布第33次《中国互联网络发展状况统计报告》(简称《报告》)。《报告》显示，截至2013年12月，中国网民规模达6.18亿，全年新增网民5 358万人，互联网普及率为45.8%。其中，手机网民规模达5亿。《报告》显示，以微信、博客、微博、社会化新闻和网络论坛为主的社会化媒体正以迅猛的速度充斥着整个互联网空间。据统计，全国微信用户数量已超6亿，103家微博和博客网站的用户账号总数已达12亿。互联网从一个简单的信息发布技术平台演变成为社会化媒体的主要载体，成为一个交互式的信息发布、共享、交流与协作的社会化网络，成为网络舆论发生、发酵和爆发的平台。在社会化媒体中，每个人既是信息的发布者、传播者，也是媒体的受众。社会化媒体不仅改变了信息的发布和传播方式，也引导着人们社会生活方式的改变。

网络舆情[1]是指在互联网上传播的公众对某一焦点所表现出来的有一定影响力、带有倾向性的言论和意见。随着网络媒体的发展，网络舆论表现形式也更趋多样化，如论坛、贴吧、博客、微博等。网络舆论产生于不同的源头，依靠不同的路径在公众中传播，对不同人群产生影响。区别于传统媒体，网络舆论以短文本信息为主，情感表达更加直接简明。与报纸、电视广播和公开信息披露等传统媒体的信息传播不同，网络舆情表达快捷、信息多元、方式互动，具备传统媒体无法比拟的优势。网络的开放性和虚拟性，决定了网络舆情具有以下特点：

1) 直接性

通过BBS、新闻点评、博客、微博和微信，网民可以立即发表意见，下情直接上达，民意表达更加畅通；网络舆情还具有无限次即时快速传播的可能性。在网络上，只要复制粘贴，信息就得到重新传播。相比较传统媒体传播的局限性，网络舆情具有无限次传播的潜能。

2) 随意性和多元化

网络舆情不同于传统媒体的另一特点是缺乏媒体“审核人”的角色。在网络上，任何一个人都能轻易直接发布信息。网民在网上或隐匿身份，或现身说法，纵谈国事，喜怒笑骂，交流思想，关注民生，多元化的交流为民众提供了宣泄的空间，也为搜集真实舆情提供了素材。

3）突发性

网络舆论的形成往往非常迅速，一个热点事件的存在加上一种情绪化的意见，就可以成为点燃一片舆论的导火索。

4）隐蔽性

互联网是一个虚拟的世界，由于发言者身份隐蔽，并且缺少规则限制和有效监督，网络自然成为一些网民发泄情绪的空间。在现实生活中遇到挫折，对社会问题片面认识等，都会利用网络得以宣泄。因此在网络上更容易出现庸俗、灰色的言论。

5）偏差性

互联网舆情是社情民意中最活跃、最尖锐的一部分，但网络舆情还不能等同于全民立场。随着互联网的普及，网民们有了空前的话语权，可以较为自由地表达自己的观点与感受。但由于网络空间中法律道德的约束较弱，如果网民缺乏自律，就会导致某些不负责任，甚至违反法律的言论，比如热衷于揭人隐私，谣言惑众，反社会倾向，偏激和非理性，群体盲从等。

近年来，网络舆情对政治生活秩序和社会稳定的影响与日俱增，一些重大的网络舆情事件使人们开始认识到网络对社会监督起到的巨大作用。同时，网络舆情突发事件如果处理不当，极有可能诱发民众的不良情绪，引发群众的违规和过激行为，对社会稳定造成严重威胁。几何级数增长的信息量，区别于传统媒体的信息传播机制与人际关系网络交织在一起所带来的直接效果就是影响力急剧扩大。《2013年中国企业网络舆情报告》指出，2013年网络舆情危机事件总数近1 200个，比2012年超出近300个，其中最具影响力的20个舆情事件见表5-1。舆情事件受到社会的极大关注，热点事件参与人数达到千万级，微博等新兴媒体渠道已逐渐成为舆情传播的主要途径。

表5-1　2013年国内排行前20的热点网络舆情[1]

序号	事件/主题	天涯社区	凯迪社区	强国社区	新浪微博	腾讯微博	合计
1	薛蛮子涉嫌嫖娼	51 200	14 200	5 130	45 732 027	19 200	45 874 287
2	李天一案	538 000	378 000	113 000	10 389 729	3 295 600	15 549 829
3	薄熙来案	983 500	1 190 500	146 300	2 852 045	2 682 700	8 357 145
4	斯诺登“棱镜门”	179 000	13 400	21 500	4 212 248	154 000	5 640 971
5	芦山地震	151 000	16 730	7 180	5 025 063	335 800	5 584 883
6	厦门公交大火	154 770	10 140	13 980	1 199 877	2 849 300	4 241 116
7	上海法官集体嫖娼	125 000	10 300	43 900	2 727 812	310 000	3 259 562

[1] 资料来源：人民网。

（续表）

序号	事件/主题	天涯社区	凯迪社区	强国社区	新浪微博	腾讯微博	合计
8	农夫山泉“质量门”	123 000	2 940	1 340	2 744 724	10 600	2 917 014
9	曾成杰被执行死刑	18 900	5 780	2 330	2 570 964	165 600	2 810 834
10	新快报记者被批捕	18 900	198 000	901	1 298 943	524 700	2 433 327
11	“光盘行动”	427 000	13 200	11 500	1 187 297	545 600	2 330 317
12	黄浦江死猪漂浮	23 900	3 470	3 566	2 178 661	65 300	2 283 667
13	夏俊峰被执行死刑	116 000	174 000	8 910	1 428 963	15 015	1 788 088
14	陕西神木“房姐”	12 900	11 420	18 380	1 347 473	134 400	1 539 613
15	南方周末事件	300 000	86 800	5 720	520 770	7 200	1 338 580
16	海南万宁校长开房	32 700	3 740	2 930	738 307	122 300	918 147
17	长春盗车杀婴	3 390	354	128	153 264	124 300	286 689
18	甘肃初中生发帖刑拘	29 981	18 570	2 671	37 905	60 700	163 179
19	罗昌平举报刘铁男	7 170	2 060	1 670	5 796	22 900	41 404
20	香港“限奶令”	5 250	589	378	705	22 300	31 369

5.2 网络舆情与资本市场

5.2.1 资本市场舆情管理

在金融投资领域，越来越多的投资者利用互联网获取投资信息、交流投资经验、讨论投资策略和表达对股票市场走势的情绪态度等。我国已成立相关机构并建立了相应的平台对网络舆情进行监测。人民网舆情监测室自2010年开始发布《央(国)企网络声誉研究报告》、《企业网络声誉研究报告》和《企业家网络声誉研究报告》，从网络舆情的传播机制及应对措施的建立等方面为政府和企业提供舆情参考。据统计，2013年企业热点舆情事件总件数超过200个。

网络舆情所引起的投资者情绪的变化，在市场羊群效应的推波助澜下，会对相关上市企业造成不同程度的影响。2012年资本市场发生的具有典型意义的上市公司事件中，以“万科安信地板事件”和“酒鬼酒塑化剂风波”关注度位居前两位。

【案例1】 万科地板事件

2012年2月16日，一位自称为国内某建材专业杂志副主编的网友在论坛爆料：中国房地产行业龙头企业万科企业股份有限公司，近年来在10多个城市的上万套全装修房项目中，大量使用甲醛严重超标、劣质的安信品牌地板。有的批次甲醛释放量超过合同约定标准5倍，成为生命健康的杀手，是名副其实的“毒地板”，而且这些劣质地板面层厚度严重不足，使用寿命仅为合格产品的2成。该消息在网络上引起轩然大波。舆情事件发生后，万科积极应对，陆续对万科在全国各地项目中使用的地板进行监测，并召开发布会公布结果。

【案例2】 酒鬼酒塑化剂风波

2012年11月19日，有媒体报道称，北京中糖酒类有限公司购买了4瓶售价为每瓶438元的50°酒鬼酒，经上海天祥质量技术服务有限公司检测，发现3种塑化剂成分超标2.6倍，该报道在网络上引起很大反响。面对各方质疑，酒鬼酒在第一时间对媒体的塑化剂超标“指责”予以了“坚决否认”。对此，湖南省质监部门在事发第二天对报道中涉及的50°酒鬼酒进行了抽检。11月21日，湖南省质监局向国家质检总局报告：经湖南省产商品质量监督检验院对50°酒鬼酒样品进行检测，结果证实酒鬼酒塑化剂超标。之后，酒鬼酒发表声明，就塑化剂事件造成的影响表示歉意。

万科对舆情危机高度重视和积极应对，大大降低对了事件对资本市场的影响。而酒鬼酒公司面对媒体或公众的质疑，重视程度不够且应对消极，对其资本市场的影响迅速显现，股票价格大幅度下跌。

2013年，资本市场发生了不少令人记忆犹新的舆情事件。中国上市公司舆情中心梳理了2013年全年引发高度关注且具有一定典型意义的上市公司舆情案例。统计结果显示，在2013年资本市场众多舆情事件中，光大证券交易系统“乌龙指”、中国石油高层地震、昌九生化有关赣州稀土借壳传闻以及上海家化陷入人事内斗等事件，由于影响较大或持续时间较长，关注热度位列前茅，前十大舆情关注事件见表5-2，表5-3所示为2013年A股上市公司热门舆情事件应对能力排行榜。

表5-2 2013年A股上市公司舆情事件关注度排行榜①

序号	上市公司	事件	热度
1	光大证券	交易系统出错“乌龙指”事件	97.8
2	中国石油	高层地震引发连锁反应	96.1
3	昌九生化	赣州稀土借壳传闻	95.6
4	上海家化	人事内斗，集团董事长被撤换	94.3

① 资料来源：证券时报网。

（续表）

序 号	上市公司	事 件	热 度
5	江淮汽车	江淮汽车被央视315批评	92.6
6	同仁堂	部分药品被指朱砂含量超标	90.5
7	金螳螂	控制人卷入高官腐败案	88.6
8	华谊兄弟	热门电影先后引风波	86.5
9	白云山	乙肝疫苗有效性引争议	86.2
10	森马服饰	被质疑溢价收购“假洋品牌”GXG	83.9

表5-3 2013年A股上市公司热门舆情事件应对能力排行榜①

序 号	上市公司	事 件	应对能力
1	江淮汽车	江淮汽车被央视315批评	95.1
2	森马服饰	被质疑溢价收购“假洋品牌”GXG	85.4
3	同仁堂	部分药品被指朱砂含量超标	82.0
4	上海家化	人事内斗，集团董事长被撤换	80.7
5	天坛生物	乙肝疫苗致死事件受牵连	80.5
6	华谊兄弟	热门电影先后引风波	74.2
7	汉森制药	被媒体质疑含一级致癌物槟榔	72.6
8	汉森生物	高溢价并购引发质疑	70.8
9	白云山	乙肝疫苗有效性引争议	68.1
10	国腾电子	实际控制人涉案被调查	67.6

从应对速度、应对方式、应对态度、应对传播四个维度对舆情应对能力进行相对量化分析，在关注度较高的公司事件中，江淮汽车、森马服饰、同仁堂等公司在事发后迅速反应、积极应对、充分沟通，展现出良好的舆情危机管理能力。与此相对应的是昌九生化、光大证券等公司，面对舆论风暴时，或者未能进行及时有效沟通，或者是没有引起足够的重视而陷入了被动，最终舆情管理收效欠佳，进而导致资本市场收益受损。

由于信息技术发达，美国和欧洲资本市场对舆情事件的反应更为迅捷。2013年4月23日，美国股市开盘后，标准普尔500指数约上涨1%，至1 578点，此时，美联社的Twitter账号发出一则爆炸性的“突发新闻”：“白宫发生两起爆炸，奥巴马受伤。”消息一出，美国资本市场强烈反弹。道琼斯工业平均指数从当地时间13点07分的14 697.79点急剧下跌至

① 资料来源：证券时报网。

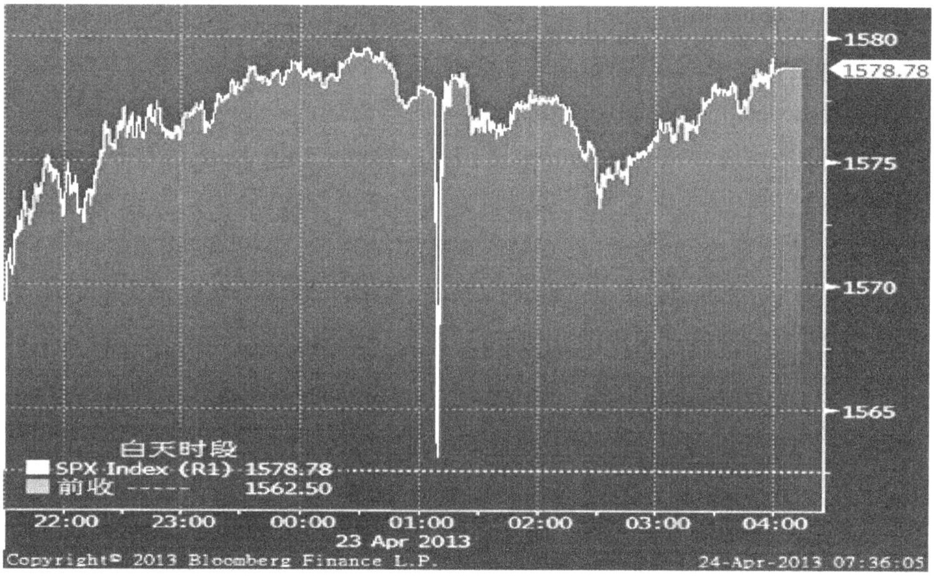

图 5-1 奥巴马受伤事件中道琼斯指数变化情况

14 566.94点，3 min 跌去 130 点。标准普尔 500 指数也直线下挫，当天涨幅几乎全被抹去，2 min 内蒸发 1 360 亿美元。纳斯达克综合指数和纽约油价也出现较大跌幅。与此同时，大量资本涌入风险相对较低的国债，10 年期公债收益率一度降至 1.643%，为 2012 年 12 月 12 日以来最低盘中水平。当地时间 23 日 13 点 10 分，这条消息很快被撤掉，美联社表示其 Twitter 账户遭受黑客攻击，关于白宫遇袭的消息是假的，市场迅速反应，数秒钟后股指直线拉升回调，收盘时道指涨 152.29 点，至 14 719.46 点，涨幅为 1.05%。标普指数、纳斯达克综合指数也回复到假消息发布前位置，原油价格也回升到原来的水平。美联社是美国最大的通讯社，在国际上具有重大影响力，发送这条假消息时，美联社的 Twitter 粉丝超过 190 万。美联社的权威性加上庞大的粉丝基数，使这条新闻被迅速传播，而社交媒体所具有的即时传播能力，更让这条爆炸性的假消息呈几何级数扩散。

5.2.2 基于网络舆情的股票市场行情预测

互联网从一个简单的信息发布技术平台演变成为社会化媒体的主要载体，成为一个交互式的信息发布、共享、交流与协作的社会化网络，为投资者情绪测量提供了廉价且丰富的数据来源。

投资者情绪会对股票价格产生系统性影响。当情绪好的时候，投资者倾向于采用简单启发式来辅助决策，并在信息处理中较少采取批评的模式；而当情绪差的时候，投资者更倾向于采用更加周密的分析活动，但是投资者普遍存在错误归因效应，常把自身的情感归咎于错误的来源而导致错误的判断。Lowenstein 等[2]通过心理学实验发现情绪与人类判断和行为存在着联系，尤其是在涉及风险和不确定性时，投资者进行决策时容易受到情绪波动的影响。进一步发现，投资者决策时受其情绪波动的影响，对股票价值的评估常常与传统金融学的最优决策模型发生偏离，更容易做出满意的决策而并不是最优的决策。投资者群体的情绪变化及由此产生的非理性行为，通过证券市场的反馈环原理引发的放大机制对股价推波助澜，是导致股票市场波动的重要因素。谢竹云等[3]通过对投资者情绪的内涵、投资者情绪对股票市场的影响机理以及测量方式的全面探讨，认为投资者情绪是一个影响风险资产市场收益的系统性因子。已有的研究观点表现出一定程度的趋同性，把投资者情绪视为影响投资者的决策行为一个系统性因素，投资者个体情绪变化会在群体中蔓延传染并得到不断强化，最终形成具有倾向性的群体情绪，进而对股票市场产生不同方向的影响。

投资者情绪变化也会受到股票市场变化影响。投资者在进行投资决策时，其心理因素会随着股票市场的变化而发生着微妙的改变。人类固有的思维模式会不自觉地影响到投资者的情绪，尤其是当股票市场面临着许多不确定性的时候。投资者开始总是试图进行理性投资，并希望规避风险，但是当投资者发现由于自己有限的认知无法确定投资行为的可靠性时，投资者就会不自觉地求助于媒体信息、专家建议或自身的感觉、经验等。投资前景不确定性越大，投资者的心理求助感就会愈明显，人类特有的认知偏差的弱点就会显现，即投资者尽管心理健康且具备良好判断能力，仍有可能会出现认知偏差，从而产生种种非理性行为。由股票市场的不可确定性引发投资者情绪变化，并最终导致投资者非理性的行为。

投资者情绪与股票市场价格相互作用、相互影响。在股票市场的运行中，最初由各种催化因素引起的价格上涨，通过媒体信息有意识或无意识的传染，影响到投资者的情绪变化。这种变化在潜移默化中使投资者决策行为受到过度自信或从众心理等认知偏差的影响，推动价格的进一步上扬，第二轮的价格上涨又反过来影响投资者情绪。这就使得投资者情绪与股票市场价格相互反馈、相互加强。如果此类作用没有受到其他负面干扰而被继续放大，可能形成股票市场投机性泡沫。然而，投资者情绪与需求不可能永远放大。当需求停止时，价格的增长也将停止，投机性泡沫的破灭即将来临。投资者认为股票价格不会继续上涨，情绪开始回落，导致负反馈的发生，从而引发股市价格的持续下跌。当价格下降到不可能继续下跌时，投资者认为市场重新出现投资价值，情绪有所改善，股市价格恢复常态。

美国和欧洲的资本市场，已有大量投资者应用舆情分析结果指导股票投资等证券的投资。

印第安纳大学信息科学及计算技术副教授约翰博伦以“用 Twitter 情绪预测市场”为主题，通过文本分析对微博帖子的情绪进行分类。研究结果显示，网络平静状态的变化反映在市场变动中，与道琼斯工业平均指数涨跌具有强烈的预测相关性。

在巴黎，三位拥有行为金融学背景的交易员经营着一家对法国 CAC40 指数提供情绪分析的企业。他们每天早晨会在工作开始之前，花两小时在网页上浏览法国股票的看涨或看跌迹象，然后，公布一项基于算法的牛-熊市指数，预测当天股市的可能走向。

位于伦敦的小型对冲基金 DCM 资本从 Facebook 和 Twitter 等社交媒体收集信息，将人们对某个金融工具的情绪进行打分，并向零售客户发布预测，辅助投资者做出投资决定。

美国对冲基金开始从 Twitter、Facebook、聊天室和博客等社交媒体中提取市场情绪信息,开发交易算法。一旦从中发现有自然灾害或恐怖袭击等意外信息公布,便立即抛出订单,奥巴马受伤事件就是一起典型案例。

精神病专家彼得森 2008 年筹集了 100 万美元在美国加州圣莫尼卡建立了名为 MarketPsy Capital 的对冲基金,通过追踪聊天室、博客、网站和微博,确定市场对不同企业的情绪,并据此确定基金的交易策略。截至 2010 年,该基金回报率超过 40%。

国内的数据服务公司,如大智慧、同花顺等都建立了证券市场舆情系统,既包括市场整体情绪分析,也可每日推送与客户关注上市公司相关的正负面新闻、研究报告等资料。证券公司的研究机构也通过建立舆情指数等方式,预测当日或未来的股市走势。例如,长江舆情指标是长江证券研发的网络文本挖掘系统,用于自动浏览财经网站和财经报刊,通过程序判断财经新闻的多空方向,汇总统计,编制指标。该指标的取值在 0～100,其中,0 表示极度看空,50 表示完全中性,100 表示极度看多。其中,舆情指标为 50 有可能是所有文章都是中性,也有可能是看多和看空的文章正好数量相当。因此又派生出了"舆情分歧指标",该指标位于 0～50,用于刻画舆情的分歧程度,数值越高,表明分歧越大。财经网站的统计范围为前一日 7:00 到当日 7:00 的财经新闻,财经报刊的统计范围为当天最新一期的财经新闻。

归结起来,基于网络舆情分析,把握投资者情绪,预测股市走势或证券市场形势具有以下优势[1]:

(1) 普遍性。更多的投资者倾向于通过网络发表自身对于上市公司及股市的评价信息。网络媒体尤其是新兴的社交网络使得信息源的数量骤增,拓宽了投资者情绪信息生长的土壤。

(2) 真实性。社会化媒体上公开发表的文字评论比起传统手段,信息表达更具有主观性和自由度。相对于传统调查手段,网络评论由于其速度快、便利性、一对多等特点和不具有面对面的人为压力,而更可能第一时间传播投资者的真实情绪。

(3) 覆盖性。信息规模和容量比传统口碑大得多。对于投资者来说,在网络上自由发表自己的主观评价信息的成本很低,评价主题不受限制,可以在任何时间、任何地点很方便地表达和传播从不同渠道获得的有关评价对象的特征信息和情感倾向,信息容量比其他媒体要大得多。

(4) 交互性。与传统媒体的单向传播方式不同,通过网络这一媒介,网络评论信息实现了评论主体和客体之间的双向沟通交流。不仅信息与情绪可以前所未有的低成本、规模和速度在评论主体之间传递,更重要的是,普通投资者的情绪表达第一次能够直接通过网络渠道直接为上市公司所知。适时获得评论信息反馈,能够为上市公司及时、准确地了解投资者对于自身的主观评价意见,从客观上真正发挥了投资者的外部监督职能。

(5) 可测性。相对于传统媒体的传播方式,网络客户主观评论中真实情感比较容易获取。在网络社会化媒体出现之前,主观评价大多是消费者之间的口耳相传,是无形的,难以捉摸和记录，对它的获取和测评也非常耗时费力，在大多数情况下甚至难以满足数据分析需要。在网络社会化媒体极为盛行的时代，数据挖掘技术将社会化媒体的主观评价信息的获取和量化变为现实，为研究者测评投资者情绪提供了便利。

5.3 基于大数据的投资者情绪分析

应用网络舆情分析投资者情绪，需要从大量文本信息或非结构化数据中挖掘有价值的资料。传统的结构化数据处理方式不适合网络舆情分析。文本挖掘等大数据技术的发展，为投资者情绪分析，以及股市走势预测提供了技术支撑。通过网络舆情对股市进行分析的过程见图5-2。

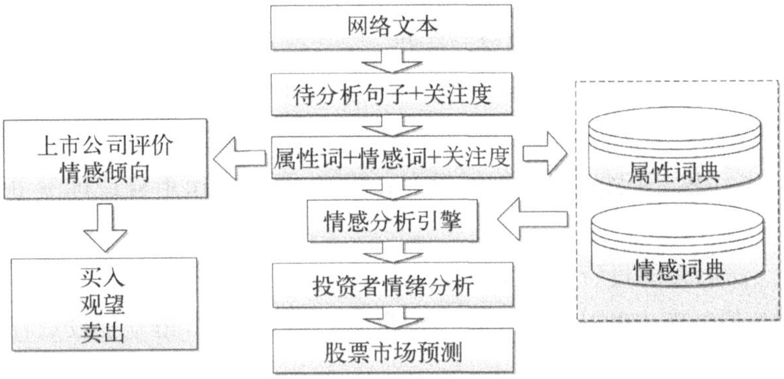

图5-2 基于网络舆情的股市预测过程

首先，应用文本挖掘技术，从杂乱无序的网络媒体信息中获取有价值的信息，把非结构化的文本信息转化为结构化文本信息，从文本信息中提取投资者情绪测评指标，结合属性词典和情感词典，应用情感分析引擎，获得投资者情绪分析结果。然后，可支撑两方面的应用：一是基于投资者情绪分析结果，以及情绪与股票市场走势之间的关联，对市场行情进行预测；二是基于文本信息中的上市公司属性和投资者情感倾向，预测各类上市公司的股票价格走势，为买入、观望、卖出等决策提供支撑。

投资者情绪分析需应用网页抓取技术、信息预处理技术、特征挖掘技术和情感极性分类技术等[5]，下面逐一介绍。

5.3.1 网页抓取技术

目前，使用最多的文本采集技术是网络爬虫。网络爬虫又称为网络蜘蛛，是一个自动抓取网页的计算机程序，作为搜索引擎的重要组成部分来使用，为搜索引擎从互联网下载网页。通用网络爬虫的原理如下：从一个或若干初始网页的URL开始，获得初始网页上的URL列表，在抓取过程中，不断地从当前页面上抽取新的URL放入队列，直到URL的队列为空或满足某个爬行终止条件。主题爬虫的工作流程较通用网络爬虫复杂，需要根据一定的网页分析算法过滤与主题无关的链接，保留有用的链接并将其放入等待抓取的URL队列中。然后，根据一定的搜索策略从队列中选择下一步需要抓取的网页URL，并重复上述过程，直到满足系统设置的某一停止条件。有别于传统网络爬虫，主题爬虫主要解决三个问题：一是对抓取目标的描述或定义；二是对网页或数据结构的分析与过滤；三是确定对URL的搜索策略。这一过程所得到的分析结果还将对以后的抓取过程提供反馈和指导。

优秀的网络爬虫工具应当具备抓取速度快、抓取准确率高、更新及时、可扩展性强、具备分布式抓取等特点。目前比较流行网络爬虫抓取工具包括：Heritrk、WebSphinx、MetaSeeke等，目前有较多的开源网络爬虫软件包。

5.3.2 信息预处理技术

信息预处理技术的主要作用是将非结构化的文本信息转化成为满足挖掘和分析需要的结构化文本信息，包括网页解析技术和中文分词技术。

1）网页解析技术

该技术通过运用网页采集和抓取程序，能够将网络页面的海量信息数据抓取回本地。但这些文档的结构与普通文档结构不同。国内绝大多数网页设计都使用HTML格式，少数采用XML与XHTML格式。要想从已有文档中获取有用信息，首先要进行网页解析。HTML文本是通过HTML命令组成的描述性文本，可用来说明文字、声音、动画、图形、表格以及链接等。HTML的语言结构包括头部(HEAD)和主体(BODY)两大部分，其中头部用来描述浏览器所需要的信息，主体包含所要说明的具体内容。XML，称为可扩展标记语言，与HTML类似，也是标准通用标记语言。XML是互联网环境中跨平台的、依赖于内容的技术，是当前处理结构化文档信息的一种有力工具。它是一种简单的数据存储语言，使用一系列简单标记来描述数据，而这些标记可以用比较方便的方式建立。

HTML文件的解析过程实际上是进行结构化的过程，也就是根据语法定义，对HTML文件中的各个元素进行语法、词法分析，最终形成DOM树的过程。DOM树是一个以HTML为根的语法树，根据HTML语法、词法结构，BODY与HEAD是HTML语法树的节点。以此类推，DOM树的叶子节点就是网络文档的内容。同HTML文档一样，XML文档同样可以被描述为DOM树，因此可以使用MSXML类及其方法访问XML的文档内容。以HTML文档为例，可以把解析过程分解为如下三个步骤：一是解析根元素，任何HTML文档都包含一个根元素的HTML，其中包含Head和Body两个子元素，它们分别通过〈HTML〉、〈Head〉和〈Body〉标签进行标识；二是解析HEAD子元素，根据HTML语法规定，HEAD又包含一些子元素，如TITLE、ISINDEX等；三是解析Body子元素，根据

HTML语法规定，Body也包含一些子元素，如P、H、TABLE等，当子元素解析过程完毕后，父元素的解析结束，返回上一级继续解析。

2）中文分词技术

中文分词（Chinese Word Segmentation）也称为切词，指的是把一个汉字序列切分成一个个单独的有意义的词汇。语言研究一般主要包括三个方面：语法、语义和语用。语法即语言的构成规则；语义即语言表达的意思；语用意指语句的使用环境（语境），也就是我们通常所说的“上下文”。一篇文章一般由若干段落组成，段落又由句子组成，句子由词组成，词由字组成。词被认为是最小的语义单位，计算机在处理语言文字前，首先要以一种合适的形式来表示语言文字。在英文的行文中，单词之间是以空格作为自然分界符，而中文只是字、句和段能够通过明显的分界符来简单划界，唯独词没有一个形式上的分界符。虽然英文也同样存在短语的划分问题，不过在词这一层上，中文比英文要复杂得多、困难得多。中文分词是中文文本预处理过程中的一个必不可少的步骤，也是网络文本数据挖掘的基础工作。对于抓取得到的一段中文信息，要先进行合理的中文分词，以便计算机能够自动识别语句含义以备文字的后续处理。

当前分词算法主要分为三大类：基于字符串匹配法、基于理解的分词法、基于统计分词法。按照是否与词性标注过程相结合，又可以分为单纯分词法和分词与标注相结合的一体化法。到底哪种分词算法的准确度更高，目前并无定论。对于任何一个成熟的分词系统来说，不可能单独依靠某一种算法来实现，需要综合不同的算法。通常，先使用常用词词典对一部分词进行字符串匹配分词，同时使用统计方法识别一些新的词。这样不但有使用字符串匹配方法的优点，而且兼顾了使用统计方法的优点。例如，ICTCLAS（Institute of Computing Technology，Chinese Lexical Analysis System）中文分词系统就具备这个特点，它是由中国科学院计算技术研究所研制开发的汉语词法分析系统，主要功能包括中文分词、词性标注、命名实体识别、新词识别等，同时又支持用户词典、繁体中文、Gb2312、GBK、UTF8等多种编码格式，是目前最常用的中文分词系统。

5.3.3 特征挖掘技术

特征挖掘技术也称为属性挖掘技术，功能是从结构化的文本信息中提取评论者关注的属性词，属性词通常由名词和名词短语构成。例如“中国平安资本实力显著增强”，在这一文本信息中，“资本实力”就是投资者所关注的属性（词）。产品具有多个属性，也称为产品特征。一般情况下，一篇产品评论信息可能涉及产品的多个特征。相应的，上市公司也具有不同属性，在股吧评论信息中涉及上市公司不同的属性。例如：高管、产品、业绩、利润等。评论者会针对其所关注的上市公司属性发表包含不同情感的看法。

产品特征可分为显性特征和隐性特征两类。显性特征是指出现在句子中可以作为产品特征的词汇或短语，而隐性特征是指没有在句子中直接进行特征描述，需要对句子进行语义理解后才能得到特征。如宾馆设施比较陈旧;宾馆的服务很周到;这个宾馆附近有多路公交车站。第1和第2句中的"设施"和"服务"是显性特征,而第3句中语句的字面语义是宾馆附近公交车站多,提示了宾馆的交通这个隐性特征。提取隐性特征需要自然语言的完全理解技术,而该技术还不成熟。因此,目前的评论挖掘中产品特征提取均只考虑显性特征。因此,在股吧评论信息中也只能识别上市公司的显性属性,进而判断投资者对不同显性属性的情感倾向。

特征挖掘是技术框架中的重要内容,目前基于此问题所提出的技术方法有两大类:一类是人工定义的方法,这是目前比较流行的方法,主要有以下几种模式:

(1) 先应用文本特征表示,再建立挖掘模型,类似于文本关键词提取的方法。

(2) 先建立概念模型,再根据评论信息中的语言进行模式匹配。

(3) 建立领域知识模型,比如某些研究中挖掘出抽象属性就是应用了事先建立的领域知识模型。

(4) 建立本体模型,这一类研究和概念模型比较接近,就是事先建立一个关于产品的相关概念及关系的本体。目前在这一领域应用比较多的英文词网(Word Net)就相当于一个通用的语言本体。

另一类是自动提取的方法,该类方法主要通过词性标注、句法分析、文本模式等自然语言处理技术对评论信息进行文本分析,自动发现文本特征,这种方法具有很强的可移植性。

从挖掘效果来看,自动提取的方法结果通常查全率比较理想,但是查准率与人工定义的方法相比还有一定差距。

下面介绍一类自动提取方法,能够进行关联挖掘的Apriori算法。该算法提出后,对于关联规则挖掘方法的研究迅速成为研究热点,相继出现了多种基于Apriori算法的研究成果。利用分类关联挖掘方法进行特征分类的具体实现方法,包括分类关联规则的挖掘方法和分类器的构造方法,其中规则产生部分主要以Apriori算法为主。基于关联挖掘算法的英文相关研究相对比较成熟,而对于中文评论信息,基于这种方法的研究成果相对较少。下面首先对Apriori算法做一个简单介绍。

算法的核心是基于两阶段频繁项集思想的递推算法。所使用的关联规则在分类上属于单维、单层、布尔关联规则。这里的频繁项集,是指所有支持度大于最小支持度的项集,也称为频集。算法的基本思想是:首先找出所有的频繁项集,这些项集出现的频繁性至少达到预先定义的最小支持度。然后由频繁项集产生强关联规则,所谓的强规则是指必须满足最小支持度和最小可信度的关联规则。最后,使用第一步找到的频繁项集产生期望的规则,产生只包含集合项的所有规则,其中每一条规则的右边只有一项。一旦这些规则被生成,则只有那些大于预先给定的最小可信度的规则才能被保留下来。其中,为了生成所有频繁项集,使用了递归的方法。总体看,Apriori算法主要分为两步:

① 发现所有频繁项。

② 从频繁项集中产生关联规则。

基于算法思路，上市公司属性关联挖掘算法如下：对评论语料进行词性标注，把句子中的名词和名词短语按照固定模式提取出来，利用关联规则挖掘方法从评论语料中提取出满足最小支持度的名词或名词短语生成事务集。应用Apnori算法对事务集进行数据挖掘，从中找出所有的频繁项，这些频繁项中就存在需要的属性词。如果词项集文本评论信息中的概率大于最小支持度，该词项则被识别为频繁项目。其中专业术语有：

① 支持度，即关联性规则的一个关键指标，对于项集的形成有很大的影响，用于描述项集出现频度的指标。

② 最低支持度，是指对于达到指定频度的项。若指定最低支持度为小于1的值，那么关联规则只对频度达到1%的项集起作用。

③ 最大支持度，是指定项集出现频度的上限，超过上限的项集关联规则也不起作用。

④ 关联规则，是指描述数据库中数据项之间所存在的关系的规则，即根据一个事务中某些项的出现可导出另一些项在同一事务中也出现，即隐藏在数据间的相互关系。

并非所有的由关联规则产生的频繁项都能成为真正的属性词，首先要去掉三个词以上的名词短语，然后再对候选特征集中的候选特征进行修剪，目的是为了移除一些非属性词，通过修剪去掉至少包含两个词的候选特征但又不常连接在一起的短语。关联规则挖掘算法不光考虑词在句子中的位置，对于在自然语言句子中出现在一起并且具有一定顺序关系的词，也很有可能具有特定的意义。进一步，通过“冗余词修剪”移除那些仅有单个词而这个词又包含在其他的候选属性词中，并通过独立支持度对那些被包含的单个词进一步挑选。如果一个单词的独立支持度大于指定词，则该词就被保留为属性词，否则就删除。如候选特征“业务”和“主营业务”，其中的“业务”的独立支持度小于指定的最小值，则认为用户对“业务”没有特别关注，故不把“业务”作为属性词，而把“主营业务”作为属性词来看待。

5.3.4 情感极性分类技术

情感极性分析作为文本分类技术的一种，主要是分析主观性文本、句子或者短语的褒义或泛义，即判定它们的极性类别。情感倾向分类是有指导的机器自动分类，一般分为训练和分类两个阶段(图5-3)，可以分为以下步骤：

(1) 确定情感分析单元。情感分析单元即情感极性的分类对象，情感分析单元是由研究目的所决定的，情感分析单元选择是否合适，直接对文本信息的情感分析效果产生较大影响。

(2) 文本表示训练文本。文本表示将决定选用什么样的文本特征来表征文本信息。就目前的文本分类系统来看，绝大多数都是以词语或者词语组合作为特征项来表征文本信息。

(3) 挑选分类方法并训练分类模型。已有的文本分类方法可以分为：统计方法、机器学习方法等。在对待分类样本进行分类前，需要确定分类方法，利用训练文本进行学习训练并获得分类模型。

(4) 运用分类模型对测试集进行极性分类，评价所建立的分类模型的分类效果。

(5) 使用获得的分类模型对待分类文本进行分类。

下面对重点步骤做具体介绍。

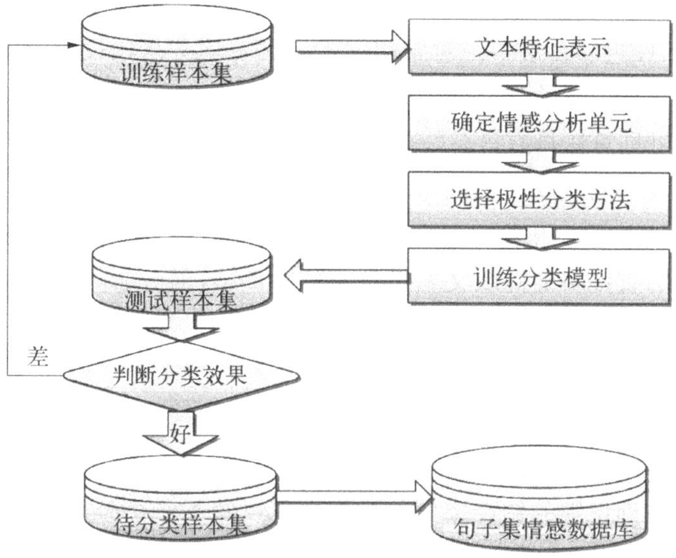

图 5-3 情感极性分类流程图

1）确定情感分析单元

由细到粗，情感分析单元可分为：词汇短语级、句子级和文档级三个粒度层面，以下分别介绍不同粒度情感分析单元的分析思路。

(1) 词汇、短语层。研究主要集中在单个词语或者短语的语义倾向性，采用的方法主要包括基于语料挖掘的方法和基于极性词典扩展的方法。

(2) 句子层。情感可以由主题、意见持有者、情感描述项和褒赔倾向性四个部分来描述，即意见持有者针对主题表达了具有某种褒贬倾向的情感描述。语句的情感分析重点是在语句文本中自动确定这些元素以及它们之间的关系的过程。

(3) 文档层。文档层情感分析一般首先计算或判断词汇或词组的褒跃倾向性，再通过对篇章中极性词语或词组计数或对其褒歷程度值求和或均值或结合句法分析等获得句子或篇章的总体情感极性。

2）极性分类算法

情感极性分类算法可以分为两类分类方法：基于语义的情感分类方法和基于机器学习的情感分类方法。

基于语义的情感分类是指通过对文本信息语义分析的方式建立情感分类器，主要有两种方式。第一种是从情感分析单元中先抽取出带有情感倾向的形容词或动词，称为情感词，以及和这些情感词具有修辞关系的程度副词或否定副词，然后对这些情感词进行情感倾向计算，并得到他们的情感倾向值，最后对情感词的情感倾向值求和，得到情感分析单元的情感倾向值。第二种是建立一个包含情感字典的情感倾向语义模式库，然后把情感分析单元按照这个模式进行模式匹配，计算出情感倾向值，最后对这些短语模式的情感倾向值求和，得到该情感分析单元的情感倾向。

基于机器学习的分类主要算法包括：朴素贝叶斯算法、最大熵算法、决策树、人工神经网络、支持向量机、K近邻算法等。对常用文本分类算法分析比较发现，支持向量机、K近邻、朴素贝叶斯是三种较好的文本分类算法，其中支持向量机具有最高的分类精度，但分类速度最慢，朴素贝叶斯算法具有最高的分类速度但精度最低。

基于语义的极性分类算法和基于机器学习的极性分类方法取各有利弊：基于语义的极性分类算法，更加接近现实的语义特征但分析效果依赖于对语义模式的正确归纳；基于机器学习的分类算法，直接明确提取文本信息情感特征项，但分析效果依赖于语料库或训练文本信息的代表程度。

3）文本信息分类效果评价

文本分类中普遍使用性能评估指标包括查准率（Precision）和查全率（Recall）。查准率反映了一个分类器对于类别的区分能力，查全率越高，表明分类器识别出的正确分类数与总分类数差距不大，即识别的错误率较低。查全率反映了一个分类器的泛化能力，查全率高说明这个分类器能够把正确的类别识别出来，但并不关心识别出的总个数。

为了判断属性词所在文本信息的情感极性是否符合人工标注的真实极性，可以归结为一个二值分类，评估选择使用二维列联表。判断情感极性的过程中可以通过列联表进行展示，如表5-4所示。这里真正属于该类的极性数即在进行人工标注中得到的情感极性数，判断为属于该类的文档数即在情感分析中得到的情感极性数。衡量挖掘性能度量的查全率和查准率计算方法如下所示。

$$\text{precision}=\frac{A}{A+B}$$

$$\text{recall}=\frac{A}{A+C}$$

表5-4 评估极性分类性能的列联表

	情感极性句子数	非情感极性句子数
挖掘出来情感极性句子数	A	B
未挖掘出来的情感极性句子数	C	D

如果算法的准确率高而召回率低的话，虽然分类效果的可靠性高，但对于新语料进行分类时很多正确的类别就不能识别，因此推广性不强。同样，假如算法的召回率高准确率

低的话，虽然能够对新语料中正确的类别识别效果很好，但分类结果中错误的数量可能会较多。由此分析，单独使用准确率和召回率中的一个指标来评价分类算法是比较片面的，应用是需要综合考虑。

本章介绍了网络舆情特征及其与证券市场的关联，通过跟踪网络舆情，分析投资者情绪，能够对未来股票市场的走势进行预测。大数据技术的应用，提高了证券市场网络舆情的分析效率。通过投资者情绪研究，一方面可以为证券投资决策提供支持；另一方面，通过舆情监控，监管机构提前预测市场动态，对可能的系统性风险提前准备，提升监管效率和市场风险管理水平。

◇参◇考◇文◇献◇

[1] 浑伟. 网络舆论概念及特征[J]. 湖南社会科学，2003(5)：188－190.
[2] Loewenstein G. Emotions in economic theory and economic behavior[J]. The American Economic Review, 2000, 90(2): 426－432.
[3] 谢竹云，茅宁，许良虎. 股票市场投资者情绪研究[J]. 软科学，2009，23(9)：120－123.
[4] 金晓鸥. 互联网舆情信息获取与分析研究[D]. 上海交通大学，2008.
[5] 崔亮. 投资者情绪的统计测评及其应用研究[D]. 成都：西南财经大学，2013.

第6章

大数据与银行客户关系管理

近年来，随着民营商业银行的涌现，利率市场化的推进，以及互联网金融的兴起，国内商业银行的竞争态势日趋激烈。为了争取更大的市场份额、获得更多的盈利空间，商业银行争相开始战略转型，经营模式从"以产品为中心"向"以客户为中心"转型，营销模式从"粗放营销"向"精准营销"转型，服务模式从"标准化服务"向"个性化服务"转型。而对客户需求的及时、全面和真实的掌握正是实现上述战略转型的关键所在。利用大数据技术提高客户信息获取和分析能力，可以帮助商业银行切实掌握客户的真实需求，并根据客户需求快速做出应对，实现更有效的客户关系管理。

6.1 银行客户关系管理

客户关系管理是指企业通过收集客户信息，了解并影响客户行为，最终达到提高客户获得、客户细分、客户保留、客户忠诚和客户创利的目的。商业银行客户关系管理，既是一种先进的发展战略和经营理念的体现，又是一种新型的商业模式和管理实践活动。目前，大数据在银行应用已经有了许多成功案例。利用大数据改善客户关系管理主要体现在以下几个方面[1]。

1）客户渠道扩展

在银行的产品和渠道方面，由于客户的喜好经常变化，实时全面的数据分析可以帮助银行不断改善产品和服务。大数据时代商业银行的渠道不仅包括传统的渠道，而且还要整合日益互联互通的各种渠道，并增加社交网站等新的客户接触点。商业银行应整合门户网站、网上银行、电话银行、手机银行、ATM等电子渠道，利用微博、微信、社交网站等新媒体，打造在线综合金融营销服务平台，进行产品推送、意见收集、客户服务和营销服务。例如，招商银行推出信用卡微信账单，图文并茂，环保高效。光大银行在新浪微博开发了缴费平台，客户可通过微博进行缴费。浦发银行将在全国推出NFC(Near Field Communication)手机支付，打造移动金融领先银行。位于香港的建行亚洲设置了专业团队分析12个主要银行的网银产品和服务对比，同时在产品、渠道、网点、客户增加的数量、产品销售和速度方面做了详细的市场数据收集。

2）个性化服务

个性化的金融产品和服务将成为银行业务发展的主要目标。个性化服务包括互联网化的电子渠道全景体验、个性化产品推荐、LBS位置营销、面向客户个体的深度观察等。商业银行通过收集并分析社交网络数据，聚类出不同的客户群体，如高影响力的客户、存在严重不满情绪的客户、转行倾向的客户，然后向这些客户群采取更有针对性的服务。例如：花旗银行利用大数据分析，提供个性化服务。招商银行通过对目标客户的购物习惯、上网习惯等进行细分，为年轻人推出“凡客卡”、“魔兽卡”等。处理客户的反馈也是大数据应用的重要方面，以往这些反馈内容虽然被记录下来，但由于不是规律的数据，所以很少被分析，现在利用大数据分析工具来分析客户反馈，用以改善往后的服务。例如，美洲、汇丰等银行都应用大数据进行客户关怀，避免客户流失。

在客户服务方面，对客户提供个性化服务已成为业内共识，现在已进一步关注到用户体验上，由关注客户关系提升到关注客户满意度。通过客户数据分析，了解客户在不同生命阶段的生活模型。比如客户开始在社交网络上谈论跑车时，银行就根据这一数据为他提供买车方面的贷款优惠服务。不同的生活模型对应很多不同的销售类型，这种数据应用在很多行业被开展，而在银行业，由于客户数据收集全面，被应用得更广泛。银行可以通过数据分析了解客户的期望，比如在40岁之前期待建立自己的公司，银行就提供贷款。

3）精准营销

通过客户行为分析并预测需求实现精准营销是典型的大数据应用。精准营销包括目标客户的精准定位、传播途径的选择、营销活动执行趋势分析和异常监控、营销活动的传播效果和市场效果评估。商业银行应用大数据分析用户影响力、用户聚集区域和日常活动轨迹、用户基础银行业务使用的规律、用户关注点来实现客户营销。例如：花旗银行采用IBMWatson产品分析金融以及经济数据，对客户进行针对性营销。西太平洋银行利用社交媒体数据对客户进行情感分析来实现精准营销。西班牙对外银行推出的ATM机ABIL，不仅比传统的ATM更安全、更便利，还具有记忆功能，不但能记住客户习惯的取款金额、取款频率，还能够根据客户的账户情况给出取款建议。新加坡花旗银行根据客户的刷卡时间、地点，结合客户的购物、餐饮习惯等个人信息，可以精准地向客户推荐商场及餐厅优惠信息。

6.2 数据挖掘在客户关系管理中的应用

在客户生命周期的过程中，各个不同阶段包含了许多重要的事件，数据挖掘可以用于判断客户所处的生命周期状态，并可以预测客户进入到客户生命周期下一阶段的时间以及预测客户的行为，包括争取新的客户，让已有的客户创造更多的利润，保持住有价值的客户等。银行对客户各个阶段的准确把握与管理，有利于根据客户的状态采取相应的交叉销售或增值销售等市场活动，从而实现对客户生命周期的有效管理。利用数据挖掘技术在商业银行客户关系管理方面的应用主要包括以下几个方面[2]。

1）客户分类

又称为客户细分，是指把一个庞大的消费群体划分为一个个细分的客户群，同一细分群中的客户具有某些相似的特征。与通常所做的单纯按照性别、年龄等进行的固定分类不同，这里的细分是数据挖掘工具基于客户实际做过的事情（即消费、行为数据），集合客户各方面的信息自动分析产生的。通过客户细分，可以使银行准确地把握现有客户的状况，采取不同的服务、推销和价格策略来稳定有价值的客户，转化低价值的客户，消除没有价值的客户。客户分类的根本目的是为了提供个性化服务，其好处不仅仅在于提高客户满意率，更能使服务的总体成本大幅下降。

2）客户价值分析与预测

对于商业银行来说，也许有的客户每年在银行的资金流动达到几亿甚至几十亿，但他们未必是能够给银行带来更多利润的"大客户"，有的客户也许每年与银行之间仅仅有几十万或几百万的资金流动，但对银行利润的贡献度却很大。通过不同的角度来分析客户对银行业务构成的贡献，计算客户的价值度，利用分类或聚类的方法划分出不同价值的客户群，找出对银行最有价值和最有盈利潜力的客户群以及他们最需要的银行产品和服务，从而帮助银行更好地配置资源，取得最大的收益。

3）客户偏好分析

银行所掌握的客户信息，尤其是以前购买行为的信息中，可能正包含着这个客户决定他下一个的购买行为的关键，甚至决定因素。通过分析客户的交易行为与其他属性（如客户的年龄、性别、教育程度等）的关联关系，可以总结出不同客户的偏好与特性。根据客户的偏好，采取相应的交叉销售或增值销售等营销策略，或者提供个人理财等金融服务，来实现一对一的个性化、差别化服务。

4）客户信用分析

通过收集和分析客户的财务数据、信用和背景记录，归纳总结出"好客户"和"坏客户"的背景特征，并能准确计算出不同属性值的客户群所具有的消费能力、还款概率，从而建立起有效分辨客户质量的数学模型，帮助银行有效避免坏账，防范信用风险。

对于银行既有的客户，数据挖掘技术则能跟踪和监控每个客户的行为、消费和还款数据，并根据相应的模型，智能化地调整客户的信贷额度，对可能出现的拖欠、破产也能提前进行预警。对已经出现的坏账，由数据挖掘技术建立的模型则能根据客户的背景、信用记录，对该笔坏账的催收成本、回收的概率进行分析计算，帮助银行采取正确有效的措施。

5）欺诈检测

欺诈检测是孤立点分析的典型应用。通过对数据仓库中的客户数据设定一些智能分析机制，对客户交易状态进行管理，即对一些非正常的交易金额，即大额的提款和大额的存款进行专门的处理。一旦有客户状态异常的情况发生，数据仓库会自动做出相关统计，并将统计的结果提交给营销部门人员，由营销人员及时与客户进行接触，找出客户状态异常的原因，有效遏制欺诈。

6.3 基于决策树方法的客户贷款风险预测

根据银行客户基本资料数据，通过建立决策树模型，可以对客户群体的贷款风险进行预测，找出分类规则。实现过程中，详细描述了实验数据预处理的方法和步骤、数据库模块、决策树生成模块，以及验证和预测模块。其中，针对ID3算法要求属性离散化这一特点，将连续属性进行区间划分，并对数据进行预处理，使数据能够满足算法的要求。针对在算法实现过程中所遇到的识别性问题提出了一种属性标识方法。在此基础上，结合商业银行的特征，建立了一个银行贷款风险预测模型，对模型进行验证，并从该模型产生出相应的规则。模型可应用于银行客户关系管理中客户贷款风险的控制，利用规则得出的结论结合客户的实际信息来实现对客户贷款风险的预测。

1）决策树

决策树由节点、分支和树叶节点三个基本部分组成，其中的节点是一个测试条件，这个测试条件将决策树分为多个分支，每个分支代表了该测试条件的每个可能答案，位于决策树最顶端的节点为根节点。每个分支会连接另一个节点，或者连接决策树的末端（即树叶节点），决策树建立起来后，需要预测的数据对象从根节点出发，根据所经过节点的测试条件选择要经过的分支，并最终到达树叶节点。树叶节点的值或类别也就是要赋予该数据对象的值或类别。

2）决策树ID3算法

ID3算法的核心是在决策树各层节点上选择属性时，通过计算信息增益来选择属性，使对每一个非叶节点进行测试时，能获得关于测试记录的最大类别信息。具体方法包括：检测所有的属性，选择信息增益最大的属性产生决策树的节点，由该属性的不同取值建立分支，再对各分支的子集递归调用该方法建立决策树节点的分支，直到所有的子集仅包含同一类别的数据为止。最后得到决策树，它可以用来对新的数据集进行分类。ID3算法的具体描述如下：

输入：训练数据集samples，候选属性的集合attributes_list。

输出：一棵决策树。

算法：

① 创建节点N。

② 若samples都在同一个类C中，则返回N作为叶节点，以类C标记。

③ 若attributes_list为空，则返回N作为叶节点，标记为samples中最普通的类。

④ 选择attributes_list中具有最高信息增益的属性test_attributes。

⑤ 标记节点N为test_attributes。

⑥ 对于每一个 test_attributes 中的已知值 A，划分 samples。

⑦ 有节点 N 长出的条件为 test_attributes＝A 的分枝。

3）决策树技术在银行 CRM 中的实证研究

（1）任务提出。在传统存贷款业务中主要包括三类，即个人、单位和同业存款。其中个人储蓄主要形式是活期和定期等形式，在个人存款客户关系管理中，由于客户分散，数量较多，利用决策树技术对客户进行分类，并找出各类客户的特征，使其有目标、针对性地开展客户营销活动，降低客户营销成本，提高银行新的利润增长点。

（2）数据分析。在客户关系管理的数据挖掘系统中，并不是所有的数据格式都能直接被用于数据挖掘，一般用于数据挖掘的数据有以下特点：

① 所有的数据应该放在单一的表格中。

② 每行应该与一个实体相对应，例如客户。

③ 带有单一数值的列应被忽略。

④ 对每列带有不同数值的列应被忽略。

⑤ 对于预言性建模，目标列应该被识别，并且所有的同义列要除去。

因此，必须对数据进行预处理。

4）实验结果

决策树的生成过程采用从上到下的策略。随着迭代深度的增加，算法考虑的数据集数将不断减少，使得在较深层次的数据集划分中，专注于训练数据集的某个子集的统计信息，而忽视各类数据集的整体分布情况，造成对噪声的敏感。所以，虽然完整的决策树能够非常准确地反映训练数据集中数据的特征，但因失去了一般代表性而无法用于对新数据的分类或者预测，出现过度匹配的现象。鉴于上面的原因，在生成决策树时采用预剪枝技术，使决策树的最大层数不超过七层。生成的决策树解决了过匹配问题，并有效预测了客户风险，见表 6－1。

表 6－1　决策树表

标识号码	节点	层	兄弟总量	数值	子女总量	子节点	父节点名称	父节点标识号码
1	LOAWAMOUNT	0	0	0	33	0	null	0
2	AGE	1	3	0	3	0	LOAWAMOUNT	1
3	CULTURE	2	3	0	3	0	AGE	2
4	1	3	3	0	0	1	CULTURE	3
5	ISPHONE	3	3	1	2	0	CULTURE	3
6	1	4	2	0	0	1	ISPHONE	5
7	0	4	2	1	0	1	ISPHONE	5

（续表）

标识号码	节点	层	兄弟总量	数值	子女总量	子节点	父节点名称	父节点标识号码
8	0	3	3	2	0	1	CULTURE	2
9	ISPHONE	2	3	1	2	0	AGE	3
10	TEADE	3	2	0	3	0	ISPHONE	9
……								

实验结果发现，基于决策树的客户分类，可以通过对客户信息的分析，预测客户所属类别，从而采取与之适应的经营策略。通过预测，既可以提高银行服务的服务水平，开发客户资源，避免客户流失，又能够节约资源，利用最小的投入，获得较大的收益。在银行贷款业务中，判断贷款对象是否有风险，贷款方案是否可行，可采用决策树算法，将客户按照银行的实际需求进行分类。

6.4 大数据在银行客户关系管理领域的应用案例

6.4.1 中信银行信用卡业务创新

中信银行信用卡中心通过挖掘不同客户消费场景下的庞大客户数据，形成了客户价值链，从而进行服务创新设计，为客户提供差异化的创新增值服务[3]。

1) 以用户生活场景组织大数据

中信银行信用卡中心把大数据的重心放在了业务应用架构上，建立了一个先进的大数据采集平台体系，见图 6-1。该体系将构建用户关系作为发现客户场景的重点，建立了

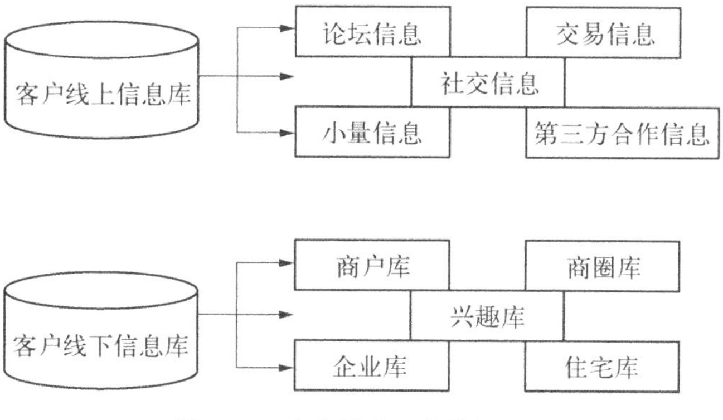

图 6-1 商业模式的大数据基础

O2O(Online To Offline线上到线下)型的大数据。其中,客户线上信息库的框架既全面,又前卫,充分整合了网上多种类型的战略性信息资源;客户线下信息库,则充分发挥了银行实体资源广泛的优势,深入到实体经济内部挖掘有用的信息资源。

2) 基于大数据的服务改进

大数据为"卡中心"围绕用户需求进行服务改进提供了以下可能：一是服务产品定位更准确,也就是通过大数据分析,精准定位客户;二是信用卡消费信贷服务更快捷,通过大数据实现秒速贷款,做到"即申,即审,即批核";三是用户体验更满意。

在技术实现方面,需要执行以下几个步骤。

第一步,利用移动互联网技术,定位功能确定商圈。

第二步,利用用户活动轨迹追踪,确定高价值商圈,根据活动轨迹进行业务布局。

第三步,利用大数据进行客户需求的体验分析,既包括客户的需要,也包括客户的体验(即用户需要相对于用户意义、目的、情感的关联),最终实现用户体验的Like曲线。

通过一个实际场景,可以看到将上述各个环节联结起来,可以达到的商业效果。例如,通过数据挖掘信用卡中心发现,在周末18:00之前加油的客户,有60%会去吃饭;结合LBS信息,分析客户就餐区域,发现其中70%有去中心城区吃饭的习惯。于是信用卡中心与中心城区的汉拿山烤肉店合作,在每个周末17:30的时候,向驶出加油站的客户,打出这样的手机广告:"物超所值,美味、环境优雅,价格适中,朋友聚会的理想场所,持中信卡可享五折优惠",这种贴心服务确实让用户感受到了客户关怀。

通过该案例可以看出,银行合理利用大数据进行业务模式创新,能够为银行带来新的竞争优势。中信银行借助互联网对客户关系网络等前沿方向上进行整体业务创新和设计,同时,也有项目组整合了线下业务资源和线上业务资源,通过基于大数据的整体架构为商业模式创新打下坚实基础。

6.4.2 交通银行呼叫中心精准营销案例

1) 交通银行呼叫中心背景介绍

呼叫中心是为了客户服务、市场营销、技术支持和其他特定的商业活动而接收和发出呼叫的一个实体,技术的发展和企业的需求共同推动了呼叫中心的发展。大多数银行早期呼叫中心的职能是以提供客户服务为主,很大程度上还是一个成本中心。

随着银行的转型发展,呼叫中心早就不再是企业中的从属角色,它正在逐渐由幕后的配角成为台前的主角。原来消耗成本的售后服务电话中心正在成为一个带来效益的销售中心和提升品牌的体验中心。作为提供优质客户服务的有效手段,呼叫中心能为银行带来更好的售后服务、信息咨询和技术支持,以提高银行的竞争力[1]。

交通银行利用先进的技术手段充分挖掘呼叫中心的潜力,由被动接入电话发展到主动出击，使呼叫中心成为赢利中心。该银行呼叫中心的主要职能包括以下方面。

(1) 满足客户主动需求的服务平台(服务中心)。

(2) 客户咨询的平台。

(3) 业务受理的平台。

(4) 受理客户投诉的平台。

2) 呼叫中心在营销中的角色

近几年来，交通银行呼叫中心的作用也发生了巨大的变化，从最初单一的客服电话功能，逐渐成为能够带来利润的销售渠道。呼叫中心在营销中的角色主要体现在：获取和分析消费者的购买习惯，挖掘潜在客户的价值，根据客户的偏好进行分群，提高顾客回应率，为客户生命周期的业务成长提供支持。呼叫中心的营销对策见图 6-2。

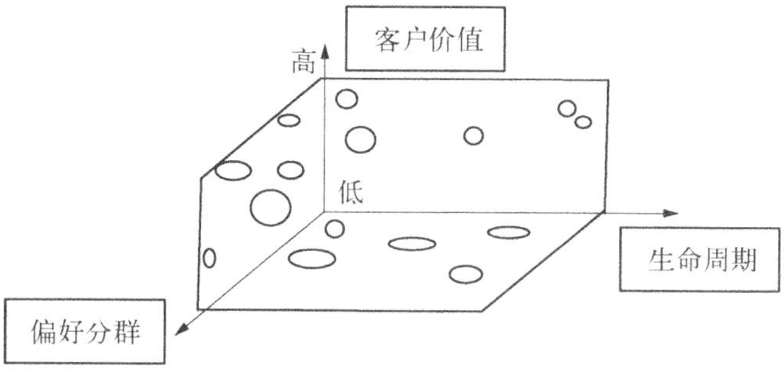

图 6-2 基于不同层面客户的营销对策

图 6-3 客户偏好划分

(1) 对客户消费行为偏好分群，采用聚类的方法根据客户的消费行为进行聚类，针对每个类别的客户特点进行命名，如图 6-3 所示。

(2) 客户生命周期的营销策略。根据生命周期划分方法，可以将客户的生命周期划分为客户获取、客户提升、客户成熟、客户衰退、客户流失等阶段，在不同阶段所面对的重点问题也不同，因此，呼叫中心的主要职能定位也各有不同，见表 6-2。

表 6-2 客户生命周期各阶段呼叫中心的职能

	阶段 A 客户获取	阶段 B 客户提升	阶段 C 客户成熟	阶段 D 客户衰退	阶段 E 客户流失
不同生命周期阶段需考虑不同问题	如何发现并获取潜在客户	如何把客户培养成高价值客户	如何使客户使用新商业银行产品； 如何培养顾客忠诚度	如何延长客户的生命周期	如何赢回客户

（续表）

	阶段 A 客户获取	阶段 B 客户提升	阶段 C 客户成熟	阶段 D 客户衰退	阶段 E 客户流失
呼叫中心的职能	解答疑问	推销产品	提供服务 关系维系	处理投诉	挽留客户
	发现尚未使用公司产品或正使用竞争对手产品的客户； 通过有效渠道提供合适价值定位获取客户	刺激需求的产品组合服务	交叉销售； 针对性营销； 高价值客户的差异化服务	高危客户预警机制； 高危客户挽留举措	高价值客户赢回方法

针对不同客户群，制定不同的对策，如图6-4所示。

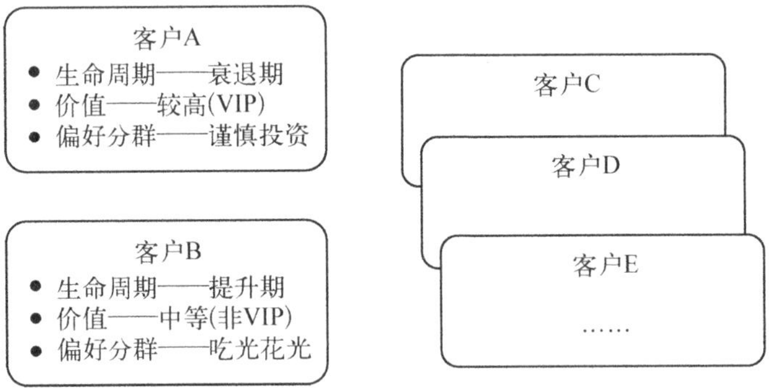

图6-4 客户策略制定模式

3）识别客户价值的方法与技术

识别客户价值主要包含两个步骤：

（1）信息收集与整理。

（2）统计分析与数据挖掘（图6-5）。

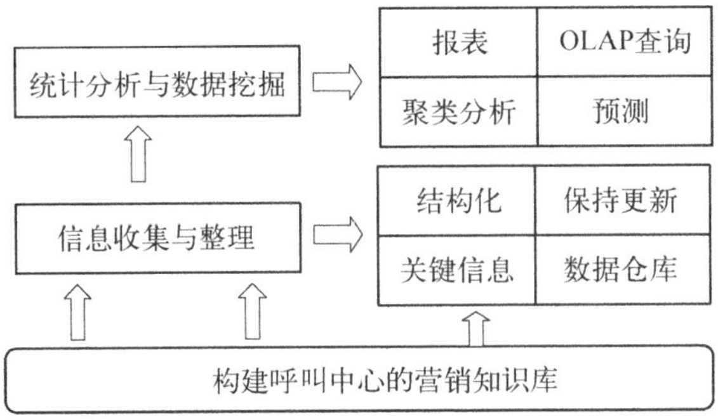

图6-5 客户价值识别过程

4）客户行为细分模型

客户、产品、渠道之间的关系千丝万缕，单维度或几个维度的细分无法满足营销需求。交通银行存储了各类客户数据，包括客户基本信息数据、客户消费数据、客户交易数据、客户转账信息、存款与借款信息、客户的理财方式、客户的网上交易等诸多信息(图 6-6)。如何将这些信息进行整合，并对客户行为进行细分是重要的现实问题。

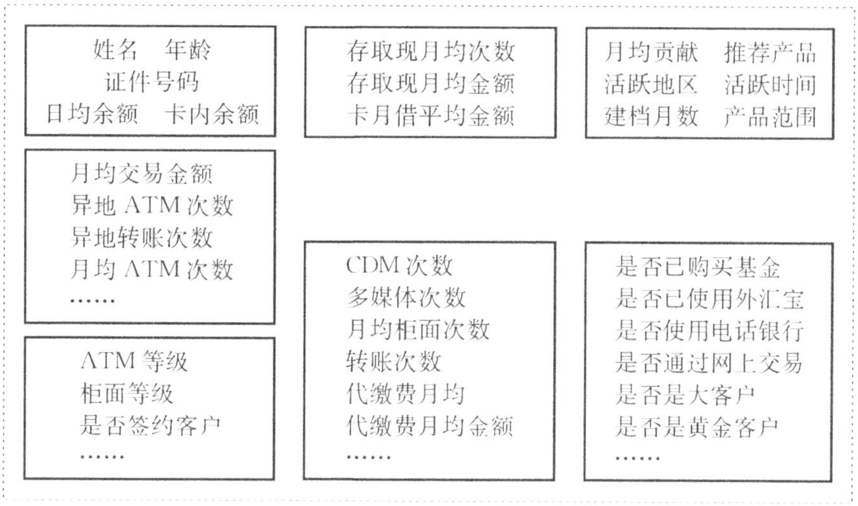

图 6-6 客户相关的各类数据

交通银行呼叫中心通过针对交易行为数据的挖掘，从 70 多个观察角度(衍生变量)对交行的私金客户进行深入、客观的市场细分。并建立客户行为价值模型，包括：客户信用评分模型、客户交叉销售模型、客户流失倾向预警模型、营销效果预测模型、价格敏感度模型、客户终身价值评估模型等，确定对不同客户的服务水平和服务顺序，从而为客户提供更加恰当的业务和服务，有针对性地培养潜在高价值客户，以提升客户的价值(图 6-7)。

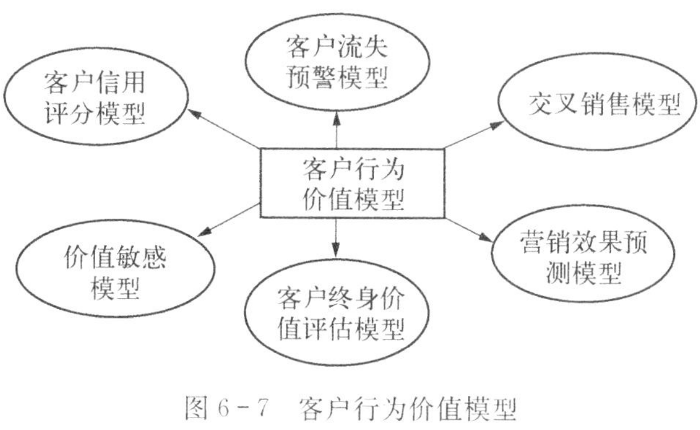

图 6-7 客户行为价值模型

(1) 产品交叉销售模型。交叉销售就是发现现有客户的多种需求，并通过满足其需求而实现销售多种相关的服务或产品的营销方式。通过交叉销售模型，可以发现产品之间的正关联与负关联，以及用户—产品关联结果。表 6-3 表明八种服务按四类来交叉销售将会

表6-3 交行产品交叉销售推荐

关联率	关联规则
73.7	普通借记卡—贝尔卡—卡消费
70.24	贝尔卡—代发业务—卡消费
67.67	普通借记卡—贝尔卡—代发业务—卡消费
61.45	贝尔卡—卡消费
55.01	普通信用卡—客服签约—卡消费
54.48	客服签约—代发业务—卡消费
46.9	代发业务及代扣业务—卡消费
44.81	普通信用卡—代发业务及代扣业务—卡消费
44.33	普通信用卡—外币整存整取—卡消费
41.99	客服签约—代扣业务—卡消费

给客户带来最大利润。

可见，交通银行依据客户的交易行为特征、产品购买特征、优势弱势人群的不同特点等因素，能够找出具有潜在实力的客户，同时给出简明扼要的市场建议，并以灵活的图表方式展现。在数据挖掘分组基础之上，用户可以通过筛选客户的工具，将筛选结果直接生成营销分组，进而组织和开展一场营销活动。通过近期客户数据，预知客户可能同时或相继采用哪些业务，归纳此类客户特征以寻求新的有效解决方案。

（2）客户流失预警模型。由于银行业的竞争加剧，因此可通过数据挖掘手段，预测客户流失概率。对于客户流失预测，从两个方面来看：一个是客户流失预警，一个是流失客户特征分析。客户流失预警模型中定义相应的规则，将银行客户行为数据与预警数据进行匹配，从而预测流失概率。流失客户特征分析主要通过决策树算法，分析流失客户特征，然后通过这些特征得到当前在客户中匹配流失概率高的客户数据。通过客户流失分析获得流失客户数据和潜在流失客户数据，从而将这些数据分配给客户服务部门，整合销售服务资源，根据客户的需求，设计个性化的营销策略，快速反应，以此达到召回流失客户，挽留流失概率高的客户，实现对客户的保留。客户流失预警模型的运行结果见图6-8。

（3）精准营销[5]。交通银行总结前期营销经验的基础上，积极转变观念，制定并实施精准营销策略，通过模型及系统的应用将服务渠道转变为主动营销渠道。下面以华夏债券基金营销为例，对精准营销的应用进行说明（图6-9）。

华夏债券基金具有如下特点：风险低、本金安全性高、盈利可预期、分红收益不纳税等，比较适合的人群是稳健型、中小型以及中长线投资者。为了从交通银行中寻找合适的客户，需要根据客户行为分组，并根据客户行为进行聚类，将客户划分为强势组、普通组、弱势组、休眠组，见表6-4。

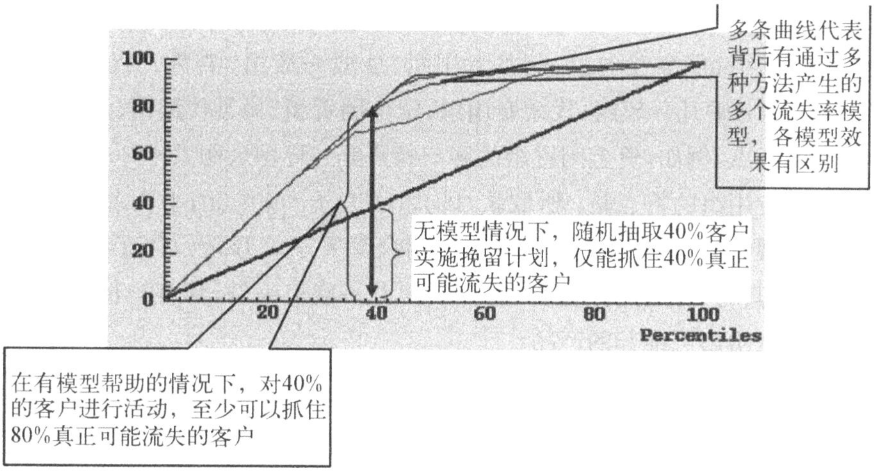

图 6-8 客户流失预警模型

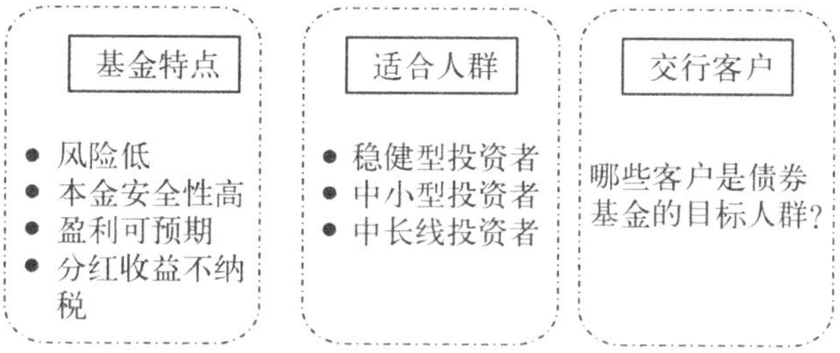

图 6-9 华夏债券基金营销思路

表 6-4 客户行为分组及贡献率

分组类型	组号	组　名	人数（人）	占总体比例(%)	人数比合计(%)	贡献额（元）	贡献额占比(%)	贡献比合计(%)
强势组	10	大额取款组	1 071	0.52	3.44	5 905 293.08	18.11	45.98
	11	现金钱包组	19 631	0.96		768 981.28	2.36	
	13	储蓄专用组	11 649	0.57		2 502 393.52	7.67	
	4	炒股一族组	8 806	0.43		431 002.73	1.32	
	5	消费一族组	9 644	0.47		972 729.77	2.98	
	9	实力一族组	10 176	0.50		4 417 757.43	13.54	
普通组	12	平凡一族组						
	2	代缴专用组						
	3	资金闲置组						
	6	另类代缴组				……		
	8	潜力一族组						
弱势组	1	行为弱势组						
休眠组	14	休眠组						

根据客户的具体消费行为，如日均余额、月均余额、代付费用、取款次数等行为，又将强势组分为大额取款组、现金钱包组、储蓄专用组、炒股一族组、消费一族组，以及实力一族组。普通组细分为：平凡一族组、代缴专用组、资金闲置组、另类代缴组、潜力一族组。每组客户具有不同的特点，例如，资金闲置组的客户特点是：日均余额大于20万元，卡内余额大于10万元；储蓄专用组的特点是：所取款月均余额大于8 000元，卡内余额大于7万元；现金钱包组的存取现金的月均次数大于3次，卡内余额大于3万元。对每组客户的轮廓进行总体描述，并结合其特点推荐合适的产品。以实力一族组为例，其客户特点见图6-10，根据该组客户的特点给出可推荐的产品。

实力一族组

本组客户突出特点是转账和大金额取款，平均年龄为37岁，月平均转账次数达到5.3次，平均转账金额和取款金额高达14万元以上，由此表明他们可能是生活比较富裕的一群，也有可能是购房族和经商者；他们卡内余额和日均余额的均值在4万～5万元。经济实力非常出众，转账和取款行为表明他们是乐于经常调动资金的一族，不愿意将资金沉淀在储蓄账户中。

适合产品类型如下：

1. 适合推广各类投资型产品。
2. 个人贷款或质押贷款等贷款品种。
3. 信用卡。

图6-10 实力一族客户特点

在客户组群分析的基础上，找寻活动对象，通过分组多维查询来缩小或扩充分析对象。随时根据分组结果，对症下药，开展活动。采用该模型进行精准营销，提高了服务的整体质量，也提升了营销成功的比率，营销效果见图6-5。

表6-5 精准营销效果

所属批次	反馈信息	反馈类型	最终反馈客户数	最终反馈客户占比(%)
历　史	营销成功	良　好	2	50.00
历　史	有意向购买	良　好	1	25.00
第1批	营销成功	良　好	3	42.85
第1批	营销失败	不　好	2	28.57
第1批	产品不错	良　好	1	14.28
第1批	有意向购买	良　好	1	14.28

(续表)

执行人业绩									
所属批次	执行人名	分配客户人数（人）	联系客户人数（人）	资费电话次数（次）	良性反馈客户数（户）	良性反馈客户占比（%）	营销成功次数（次）	营销成功比率（%）	累计成交金额（元）
历史	Evelyn	3	3	4	2	66.66	1	33.33	1 000.00
历史	Kevin	1	1	1	1	100	1	100	5 000.00
第 1 批	Mickle	1	0	0	0	0	0	0	0
第 1 批	Kevin	199	7	12	5	71.42	3	42.85	12 000.00

本章分析了大数据在渠道扩展、个性化服务以及精准营销等银行客户关系管理领域的应用价值，介绍了银行业大数据处理中主要采用的数据挖掘方法，并讨论了中信银行信用卡业务创新以及交行呼叫中心精准营销等案例。银行应利用大数据技术和思维，对相应的管理理念和管理模式进行对比、检验，改善客户关系，实现管理升级，推动发展模式的战略转型。

◇参◇考◇文◇献◇

[1] 贺本岚. 大数据时代数据挖掘在银行客户关系管理中的应用研究[A]. 中国管理现代化研究会、复旦管理学奖励基金会. 第八届(2013)中国管理学年会论文集(选编)[C]. 中国管理现代化研究会、复旦管理学奖励基金会，2013：6.

[2] 李璠. 银行数据挖掘的运用及效用研究[D]. 武汉大学，2012.

[3] 郑岩. 创新即服务——与中信银行信用卡中心销售部总经理张明对话信用卡业务创新[J]. 金融电子化，2009(1)：21－22.

[4] 黄华卿，张维，熊熊. 数据挖掘技术在商业银行客户关系管理中的应用分析[J]. 哈尔滨商业大学学报(社会科学版)，2006，03：40－43.

[5] 王强. 我国手机银行基于数据库的精准营销战略研究[D]. 哈尔滨工程大学，2011.

第7章

大数据与银行风险管理

风险管理是银行的生命线，随着全球化的深入和信息技术的发展，风险和数据为商业银行带来的机遇与挑战日趋明显。从宏观经济发展和商业银行的经营环境来看，监管力度逐渐严格，市场变化日益加速，来自电商及其他非传统金融机构的竞争不断增强。在这样的大环境下，商业银行要保持竞争力，维护自身的生存与发展，必须更好地发现风险与数据所能提供的价值，并积极地运用各种技术及管理手段，最大化地实现这些价值。

7.1 银行风险管理体系

从时间维度看，巴塞尔银行业监督管理委员会自 1974 年成立以来，从维护全球金融稳定发展、促进国际银行业竞争、增强国际银行业风险敏感性出发，高度关注银行业风险管理。全面风险管理体系发展经历了几个发展阶段(表 7-1)。

表 7-1 银行业全面风险管理发展历程

1988 年	发布《统一资本计量和资本标准的国际协议》(巴塞尔Ⅰ)，为提高风险敏感性对信用风险提出监管资本要求，标志着国际银行业的全面风险管理体系基本形成
1997 年	年底将市场风险资本要求纳入巴塞尔资本协议
1998 年	4 月对协议进行修订补充，1999 年 6 月发布《统一资本计量和资本标准的国际协议：修订框架》征求意见稿，3 次修订
2004 年	6 月正式出台(巴塞尔Ⅱ)
2010 年	11 月 20 国集团首尔峰会批准了巴塞尔委员会起草的《巴塞尔协议 III》，要求各成员国从 2013 年开始实施，2019 年前全面达标。协议显著提高了国际银行业资本和流动性的监管要求，在新的监管框架下，国际银行业将具备更高的资本吸收损失能力和更完善的流动性管理能力

《巴塞尔协议Ⅲ》构建了全球银行业全面风险管理体系的三大支柱，见表 7-2。

表 7-2 银行业全面风险管理体系

第一支柱	● 信用风险计量方法的创新，提高了对信贷资产的风险识别和区分能力； ● 确立了全面风险管理的思想，大大扩充了资本对于风险的覆盖面； ● 为不断提高风险计量和风险管理水平提供更好的激励工具； ● 精确的计量方法提供了资本上的优惠

（续表）

第二支柱	● 强调监管的重要性，同时提高了监督的灵活性； ● 确立各银行的差异性，在差异化监督适当的情况下准许采用灵活的监督方法
第三支柱	提高了市场的作用，信息披露的显著完善使得每家机构的风险水平和管理信息的透明度大大提高

从内容维度看，商业银行全面风险管理是由若干风险管理要素组成的一个有机体系。巴塞尔全面风险管理体系包括：风险治理架构体系、风险管理政策目标、风险识别量化技术、风险处置管理体系、风险内部控制体系、风险监控报告体系等。该体系要求银行通过上述风险管理模块有效管理自身面临的信用风险、市场风险、操作风险、流动性风险、集中度风险、利率风险等。一般情况下银行全面风险管理框架如图 7－1 所示。

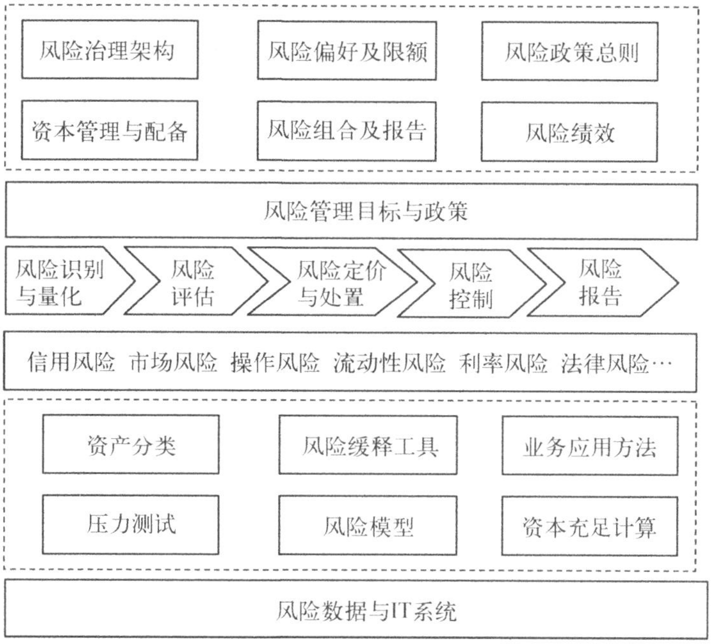

图 7－1 银行全面风险管理体系

（1）风险治理架构体系。从风险管理组织结构来看，风险管理部门应实现从单纯后台到监管的角色转换，风险管理的触角应全面延伸到各项业务经营部门和过程控制。从纵向看，风险管理部门应实现自上而下的垂直管理；从横向看，风险管理部门在各业务部门设立风险管理窗口，各业务部门的风险管理窗口人员直接由同级行的风险管理部门进行考核、聘用与管理。从风险管理文化来看，要营造全员风险管理文化，使风险管理目标、理念和习惯渗透于每个业务环节，内化为每位员工的自觉行为。

（2）在风险管理目标与政策。风险管理目标与政策的设定必须要以战略目标为依据，在最高层面风险管理目标的设置过程中确定明确的风险偏好和容忍度，并将风险容忍度贯彻到中观层面和微观层面的目标设定过程中。同时，根据风险偏好，对不同信用等级客户的信贷业务设定不同的经济资本分配系数；以各项经营目标为标尺、风险报告目标为手段，建立对责任人的激励约束机制，对新增业务的预期损失进行提前计提，并在责任人的任职期间或所经办贷款的生命周期为奖惩的考核依据，逐步过渡到经风险调整的资本收益（RAROC，Risk Adjusted Return on Capital）考核方式。

（3）风险识别与量化。在风险监测与识别方面，高管层应当根据风险偏好、容忍度和设定的风险管理政策，制定风险识别管理要求和工作流程，确定风险识别的精度、频度、深度和广度，设计风险识别、风险评估和风险应对管理办法。在风险识别上全面覆盖对单一与组合资产、宏观与微观以及内部与外部层面事件的有效识别和职责分工，并明确差别化的风险识别模式和反应机制。

（4）风险评估。信用风险方面，通过实施"信用风险内部评级工程"，开发和改进对公信贷的风险评估工具，分别建立各业务条线的信用风险的评分系统；在市场风险评估方面，开发系统化的市场风险评估工具，设置以风险价值为核心的市场风险限额体系，初步建立并逐步优化市场风险情景分析和压力测试模型；在操作风险评估方面，初期应建立操作风险评分卡，每半年进行一次评估计量，逐步创造条件建立操作风险内部衡量法。

（5）风险定价和处置。通过风险应对规划，明晰各类风险的应对政策，根据风险偏好、容忍度以及各类风险的特性，明确各风险应对措施的适用范围。在信用风险领域，明确客户及项目准入标准，全面梳理审批政策，制定清晰统一的信贷政策；在明确的市场风险容忍度边界下，明确各类市场工具、产品及其组合的应对策略；引入并启动操作风险和灾难性事件风险应对管理机制和决策流程。要补充细化、提炼和归纳风险应对策略的具体措施，通过在全行范围内收集成功的风险应对方案，对既往经验进行提炼和归类，形成具体应对措施方法体系，建立并逐步优化风险应对决策程序，提高风险应对过程的科学性。例如，对于预期风险，可通过风险定价和适度的拨备来抵御，对于非预期风险银行必须通过资本管理来提供保护，对于异常风险可采取保险等手段解决。

（6）风险控制。通过建立内部控制的"参与约束"，对各业务层面、业务单元的关键风险点实施有效过程控制。在系统清理过去的规章制度，识别规章制度中的有效部分的基础上，全面梳理业务和管理活动的过程网络，解决过去制度中矛盾、重复、交叉的内容，建立一整套系统的、透明的、包括操作要求与控制要求在内的体系化文件。逐步改变以公文为载体发布各种程序化业务和管理活动的模式，把所有的经营管理活动都纳入这种体系化、文件化内控管理。同时，要细化、分解、落实总行的制度体系，在关键制度不变的情况下，分支行可以根据自身业务特点对一些制度、流程做些适当的变更。

（7）风险信息处理和报告。建立包括信贷信息、市场风险信息、操作风险损失等在内的数据库，通过信息处理系统保持数据库更新，及时反应内外部风险信息等内容。银行要建立科学灵敏的风险报告制度，对银行的风险现状进行汇总、分析，对各种风险管理政策的实施效果进行分析，形成定期、不定期综合及专题报告，按照一定程序报送行内董事会和高管层的各级风险决策机构。同时，要针对不同类型的风险来区分不同的报告渠道和风险报告的职责分工。

通过整合信用风险、市场风险数据，实施集中化的信贷风险和市场风险数据库；建立操作事件档案，初步建立操作风险事件案例库和数据库；改进完善风险报告制度，明确风险报告的频度、深度和职责，针对信用风险、市场风险和操作风险的不同特点，制定差别化的风险信息传导机制，建立纵向报送与横向报送相结合的矩阵式风险信息交流线路；出台对外信息披露管理办法，对信息披露的内容、格式、频度及职责等进行规范，建立系统化、透明度高、及时性强的信息披露机制。

上述银行风险管理体系可以将风险和收益、风险偏好和风险策略紧密结合起来，增强风险应对能力，尽量减小操作失误和因此造成的损失；可以准确判断和管理交叉风险，提高对多种风险的整体反应能力。最终，能根据风险科学分配经济资本，确保银行各项业务持续健康发展。

7.2 基于大数据的银行风险管理模式

正如业界常说，银行的业务就是风险，而数据则是银行最有价值的资产。如果将风险比作银行的灵魂，那么数据则当之无愧地是银行的血液，两者相辅相成，维系着银行的运作。数据和风险从来就是银行的两大要素。随着全球化的深入和信息技术的发展，风险和数据为商业银行带来的机遇与挑战日趋明显[11]。就宏观经济发展和商业银行的经营环境而言，监管力度逐渐严格，市场变化日益加速，来自电商及其他非传统金融机构的竞争不断增强。具体表现如下。

(1) 外部风险来源多样化。目前，银行业外部风险来源包括小贷公司、典当行、担保机构、民间融资、非法集资、影子银行，以及与银行业金融机构有各种业务合作关系的金融同业、工商企业等。与银行业原来的信用风险、市场风险、操作风险等等传统风险比，外部风险事件呈现来源多样、形式复杂、防范困难的特点。而这些公司(领域)发生的风险事件，往往会传递至银行业，最终对银行的业务经营产生不良影响。

(2) 外部风险事件对银行业的影响越来越大。在云计算的条件下，银行、企业、中介服务机构之间的联系愈发紧密，一时一地、一个单位的局部风险，可以迅速扩展为系统性、全面性风险。如“钱荒”的起因仅仅是一起小小的同业违约事件就是明证。此外，大数据时代的信息来源广、传播速度快，银行的负面舆情通过微信、微博被迅速传递，甚至被放大，银行声誉的风险增大。

(3) 电子银行网络安全面临挑战。近年来，网络安全事件频繁发生，银行业面临客户信息、账户信息和交易信息以及信息系统的安全挑战。一旦信息体系破坏和黑客侵入、网络中断等原因，导致信息资源的扭曲和传输障碍，将带来不可估量的损失。针对银行客户资金的网上欺诈、电话欺诈日益泛滥，呈现集中化、长期化、复杂化的特点。电子银行的交易安全和反欺诈工作必须引起高度关注。

(4) 风险管理由控制内部向防范外部转变。风险管理一直是各商业银行的重点工作，普遍实现了“横向到边，纵向到底”的风险，重点从提高审批质效、加强资产监控、降低资本占用、专业队伍建设等方面入手，通过风险管理的“前移”、“下沉”，实行集中化全程管理，取得良好成效。但是，必须看到在银行内部风险得到较好控制的同时，外部风险对商业银行的影响越来越大。

在这样的大环境下，商业银行要保持竞争力，维护自身的生存与发展，必须更好地发现数据所能提供的风险管理价值，并积极地运用各种技术及管理手段，最大化地实现这些价值。

1) 大数据与信用风险管理

目前，银行在进行信用风险决策时，主要依据客户的会计信息、客户经理的调查、客户的信用记录以及客户抵质押担保情况等，通过专家判断进行决策。这种决策模式具有一定的弊端：一是这种模式只适用于经营管理规范、会计信息可靠、信用记录良好的大公司或有充分抵质押物并经营良好的中审批人员的主观判断，缺乏足够的客观证据；二是信息不对称、标准不统一、业务流程复杂、效率低下；三是决策所依据的主要是企业过去的静态信息，而不是实时的动态信息，时效性、相关性和可靠性不足，风险不能得到有效控制。

尽管信用风险计量已经有成熟的模型与方法，例如以违约概率为核心变量的客户风险评级模型，以及以违约损失率为核心变量的债项风险评级模型等。在模型开发中，各银行所面临的共同问题是缺乏相关数据。一是数据来源有限，尤其是客户的相关信息，银行通常仅能获得客户主动或被动提供的基本信息数据及财务信息数据；二是数据可靠性不足，数据的获得路径长，缺乏有效的验证手段；三是数据覆盖广度不够，比如客户的市场行为、与第三方对手间的交易往来等有价值的信息数据，或根本无法收集，或被湮没在大量的信息噪声中而无法及时发现，从而不能在建模中充分利用。

银行可以通过大数据体系的建设有效地解决上述问题。一方面，通过多种传感器、多个渠道采集数据，可以帮助银行更全面、更真实、更准确、更实时地掌握借款人信息，降低信息不对称带来的风险；另一方面，利用大数据技术可以找到不同变量间新的相关关系，形成新的决策模型，使决策更准确、更统一、更公正。此外，银行业通过构建大数据平台，帮助银行加强风险建模，大数据提供了功能广泛的风险分析和管理工具。以IBM大数据平台为例进行说明。IBM大数据平台与银行现有系统的整合，可以使银行在继续传统数据处理的同时迅速从大数据分析中受益。利用大数据的相关技术，所有的平台功能将完成预先整合集成，保证银行能加速改善大数据环境，获得更佳价值时效。

此外，银行可以利用大数据提高欺诈检测，创新信用风险管理模式。商业银行通过应用大数据，结合实时、历史数据进行全局分析，每天评估客户的行为，并对客户风险等级进行动态调整，实现对客户授信的精细化管理。商业银行通过共享各业务分支机构的相关信息，并针对不同风险点实施相应的控制措施，及时获取、挖掘有效的风险预警信息，发现经营中存在的问题，建立全面的风险管理预警体系，增强风险识别和防范能力。例如，摩根大通在业务交易中引入信用卡和借记卡数据进行诈骗检验。中信银行信用卡中心借助大数据分析技术每天评估客户的行为，并对客户的信用额度随时进行调整。此外，大数据还有助于银行确定客户运营状态变化规律，建立运营状态变化路径，按变化路径设置风险控制点，逐点计算对应的客户价值，在客户价值的基础上评估信用风险，从而形成新的客户信用风险动态计算体系以及管理模式，形成新的利润增长点。

2）大数据与操作风险管理

巴塞尔新资本协议提出了衡量操作风险的各种方法和原则，当前国际金融界实际采用的衡量方法确实存在相当大的差异，一些风险管理能力强的金融机构已经能够符合新资本协议中提出的基本指标法或标准法等较高水平的衡量方法的要求，而国内银行在操作风险的衡量方面还较为落后，究其原因，主要是由于银行缺乏操作风险计量模型以及计量所需要的损失数据。建模数据的不足，造成银行模型开发困难，开发和校准工作周期长，主观随意性强，模型验证难，模型的使用效果不能保证。因此，对银行业而言，系统全面地收集和管理历史数据，为模型和工具的正确使用提供数据支持，从而为操作风险度量和控制提供更有意义的指引。

大数据平台为银行建立完善的风险量化体系提供了保障。一是拓展了数据源的广度。大数据平台可以极大地扩展数据来源，利用大数据平台，银行能从互联网、移动平台等多种非传统渠道中及时捕捉以前无法获得或无法使用的风险事件数据（包括非结构、半结构、流数据等），并通过与传统数据的快速整合、关联补充，为操作风险的度量提供充分的数据保障；二是增强了数据源的时效性。利用大数据平台，可以实时地收集操作风险事件数据，即时监控可能发生的事件，并提供实时或准实时的风险计量服务，以配合业务管理对效率的要求；三是促进了风险管理的前瞻性。风险计量体系要能提前捕捉风险预警信号，为主动性风险管理提供技术支持，而大数据平台为实现该目标提供了可能。

3）大数据与实时风险监测

任何银行业务的风险管理均分为事前、事中、事后阶段，然而国内银行大部分对业务操作的管理是事后监督。例如，欺诈交易风险管理最重要的环节是事前的监测和识别，而由于时间的滞后，现行的事后监督难以发挥主动监督的作用，难以对风险业务发挥实时控制的作用。

此外，银行日益增长的需求已远非传统的智能业务应用所能满足。银行需要不间断获取情报的能力，从而能够分析大流量的实时事件，并迅速洞察风险事件，即时且自动化地对风险事件进行响应。也就是说，关键是能够对持续大流量的实时数据进行分析并快速响应。

流式计算是2011年开始大规模兴起的实时计算技术，被称为Hadoop之后的第二代“实时”云计算。流式计算的核心思想是实时整合来自多种异构数据源的数据，对海量“运动”中的数据进行连续实时的处理，捕捉可能对用户有用的信息并把结果发送出去。流式计算系统中，海量数据源源不断进入系统，系统直接在内存中对实时数据进行处理，流式计算与 MapReduce 的处理机制一样，把数据包分割成小块，然后通过并行计算的方式将这些数据快速处理，并保存数据处理后的相关结果。业界主流的流式计算系统包括开源的 Twitter Storm、商用的 IBM StreamBase 及学术界开源的 Borealis 等。

7.3 基于大数据的银行风险管理案例

7.3.1 基于大数据处理的交易欺诈侦测

业务的发展和欺诈风险的变化，以及欺诈威胁的全球化和集团犯罪趋势，加大了欺诈犯罪的隐蔽性，增加了欺诈风险识别的难度。过去使用基于规则引擎的交易欺诈侦测，当一条交易提交给规则引擎时，规则引擎将其与加载在引擎中的业务规则进行匹配，看是否属于欺诈交易，然后根据判断结果激活那些符合当前数据状态下的业务规则，最后根据业务规则中声明的执行逻辑，触发应用程序中对应的操作。然而规则引擎无法对数据之间的关联性进行分析，只能对单笔交易进行分析判断，无法实现多笔交易的连续行为分析，对多笔连续交易之间的关系并不能做出有效的分析判断。因此，中国银联电子支付研究院引入 CEP 解决上述问题[2]。

CEP 是一项用于构建和管理信息系统的新兴技术，它通过定义事件操作代数对底层的原始事件进行聚合，并通过在规则或查询语言中引用事件代数操作不断过滤连续到达的事件流，利用事件间的关联、事件提取以及事件分层等技术，从而由原始事件查询，从多个事件中提取有意义的、符合应用需求的复杂事件，供系统的不同使用者提取各自需要的信息。简单来讲，复杂事件处理就是从大量动态的简单业务事件流中，利用业务规则，提取出更加有用、少量、组合的复杂事件。在欺诈侦测系统中，大量的实时或者历史交易数据作为事件源源不断地接入事件处理总线，CEP 引擎通过指定的规则，处理这些数据和缓存的历史数据，并通过事件处理总线将欺诈交易事件提供给事件消费方也就是业务处理单元，进而对欺诈交易做进一步的处理。

Esper 是一个 Java 开发的事件流处理(Event Stream Processing，ESP)和 CEP 引擎。在构建基于实时大数据处理的交易欺诈侦测系统时，考虑将 Storm 与 Esper 进行结合，通过 Storm 解决复杂事件处理的分布式问题，而 Esper 则解决事件规则编写的问题。Storm 与 Esper 结合后的实时交易欺诈侦测模型如图 7-2 所示。

(1) 通过各种渠道获取实时交易数据，实时交易流进入发布好的 Topology，Spout 作为交易流分发节点，保证交易按时间顺序依次进行分发。

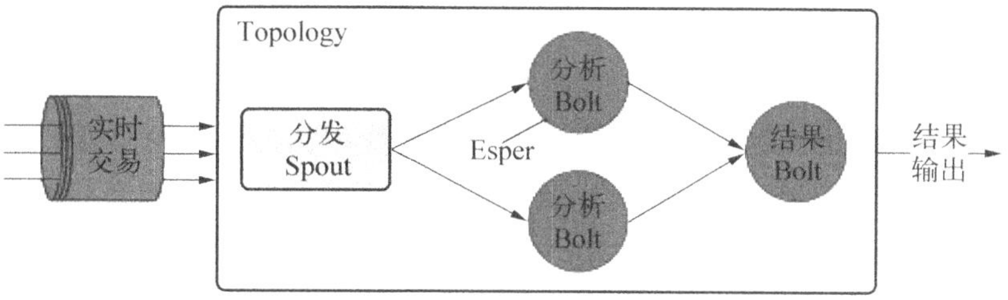

图 7-2 实时交易欺诈侦测模型

（2）分析 Bolt 接收来自分发 Spout 的实时交易数据，在 Esper 模块中按事先编辑好的欺诈规则对上一笔交易、当前交易进行欺诈规则匹配，然后将交易信息、匹配结果存入内存，同时发送至结果 Bolt。

（3）最后由结果 Bolt 汇总交易信息、匹配结果，将结果输出，并按不同结果对不同的业务逻辑进行处理。

可以借助 Storm 与 Esper 对历史交易进行欺诈侦测以及欺诈规则的回归验证，流程如下。

（1）从 HBase 中获取历史交易数据，历史交易流进入发布好的 Topology，Spout 作为交易流分发节点，保证交易按时间顺序依次进行分发，可按照发卡机构＋卡性质、收单机构＋MCC等不同规则进行分发交易数据，同时可按不同的时间规则进行分发，见图 7-3。

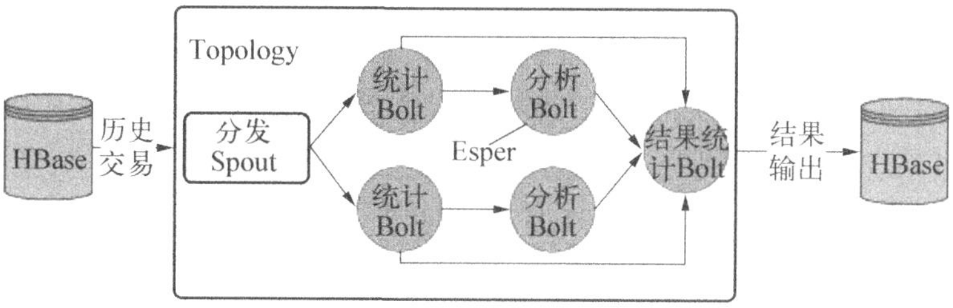

图 7-3 历史交易欺诈侦测模型

（2）统计 Bolt 接收从分发 Spout 出来的交易数据，可结合上一笔交易数据对当前交易数据进行计算统计，保存当前交易数据、统计结果等信息并维护上一笔的交易数据信息，如果是单维度的分析，可直接将交易数据、统计结果发送至结果统计 Bolt；如果是多维度的分析，则将当前的交易数据、统计信息发送至分析 Bolt 以进行下一步的分析。

（3）分析 Bolt 接收从统计 Bolt 发出的交易信息，对交易数据进行各种统计计算，同时可在 Esper 模块中按事先编辑好的欺诈规则对当前交易进行欺诈匹配，保存当前交易数据、匹配结果、计算结果等信息并维护上一笔的交易信息，最后将当前交易数据、匹配结果、计算结果等信息发送至结果统计 Bolt。

（4）结果统计 Bolt 接收来自分析 Bolt 或者统计 Bolt 的交易数据，在获取交易欺诈规则匹配结果的同时，可获取交易的整体触发率、规则的触发率分布等信息，同时可针对相同规则在不同参数下的触发情况，及时调整规则及参数。

(5) 将统计结果保存至 HBase 中。通过实时大数据处理技术，使银行对各业务操作中发生的可疑行为进行实时监测、自动识别、分类和预警，及时处理潜在的欺诈风险，可极大地提高欺诈风险管理的效率，从而降低由欺诈带来的直接经济损失和银行的名誉损失。同时，先进的信息技术不仅能使银行通过分析数据来识别新的欺诈模式，重新定义欺诈预警引擎，还能有效管理潜在的和新出现的欺诈模式。

7.3.2 基于数据仓库的银行风险监管系统

商业银行进行风险管控需要依靠完备、持续性的数据体系才能进行科学决策，数据质量已成为银行可持续性发展的生命线。为加强对银行的风险监管，银监会要求银行以监管报表的形式将财务、会计、风险等银行经营管理的各方面信息及时、准确、真实地报送给外部监管部门。随着监管要求的提高，监管指标日趋复杂，例如资本金监管指标体系包含资本充足率、流动性覆盖率、净稳定融资比例等指标，不仅需要专业解析，还涉及压力场景设置和对未来的判断。这些数据无法像以往一样依靠手工填报，或简单逐级汇总得来，必须采用全行监管数据大集中的模式统一加工生成。

中国农业银行为适应新形势下监管与报送的工作要求，在监管数据大集中模式下提出了基于数据仓库的监管报表系统体系架构，满足风险监管的时效性、准确性等要求[3]。在架构层面，系统具有数据存储量大(年增量达数十 TB)，数据加工任务繁重(数十亿条记录的加工)、处理时间有限(8 小时内完成)等特点。因此，架构设计需要考虑如何实现性能的提升，如何保证系统的安全可靠。在数据层面，由于数据自动加工率是衡量报表质量状况(完整、准确、一致)的重要指标，为提高监管报表自动化加工水平，需要考虑如何实现更全面的数据采集能力、更有效的数据清洗方法、更科学的数据模型设计、更准确的数据质量监测分析。在功能层面，为实现监管报表的统一开发、统一运行、统一展现、集中管理，需要提供完善的报表设计、生成、展现、管理功能，特别是要满足全国所有支行、分行、总行用户在月初 2 小时内完成数十张报表的补录工作，支持用户高并发场景，实现监管报表的按时报送。

1) 系统架构

银行系统架构主要包括逻辑架构、数据架构和物理架构。

(1) 逻辑架构。银行监管报表系统的逻辑架构如图 7－4 所示。整个架构由三部分组成：源系统、数据仓库和监管报表系统。其中，源系统是数据仓库的数据来源，包括银行的各类业务源系统；数据仓库是监管报表系统的基础，全面采集银行的业务源数据，进行数据的集中加工处理、存储，形成全行级的统一数据视图，通过建立监管数据集市，支持系统进行数据查询、分析、监测等；监管报表系统则为满足外部监管报送的具体需求，提供了报表配置、报表填报、报表查询、报表生成、报表组装、监测预警及系统管理等功能。

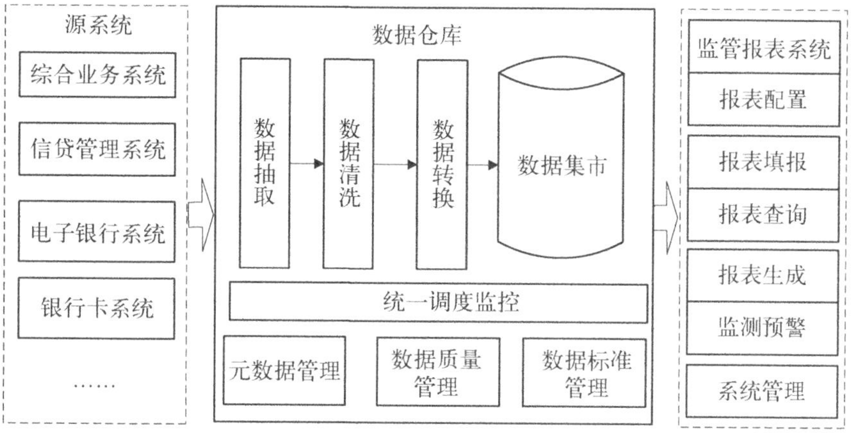

图 7-4 银行监管报表系统逻辑架构

(2) 数据架构。为了建立全行统一的监管统计数据架构,实现客户、机构、账户等基础信息的口径一致,以及不同主题业务应用的数据共享,同时可灵活定制指标以应对报表需求变化,银行监管报表系统数据架构如图 7-5 所示。

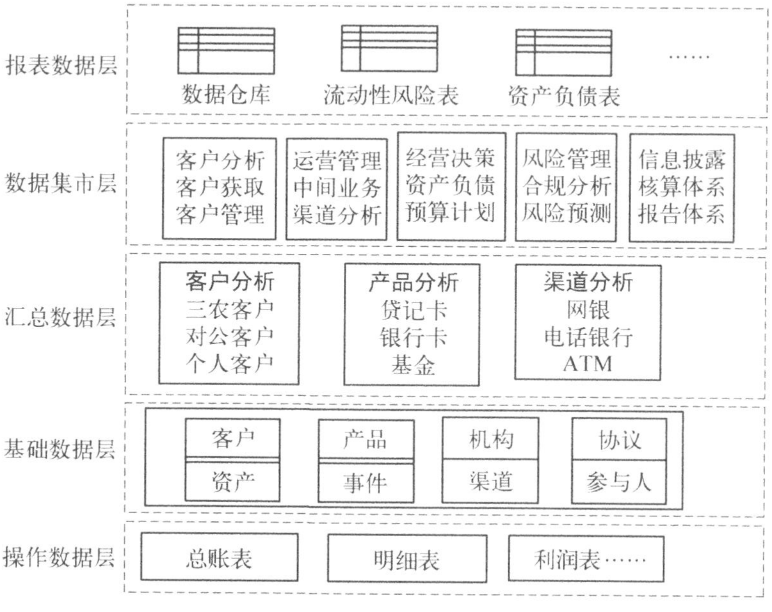

图 7-5 银行监管报表系统数据架构

操作数据层:对于加载的源系统文件进行简单的清洗处理,尽量保持业务数据原貌,保留源系统的原始和历史数据,基本上直接按照源系统数据结构建模。

基础数据层:基于第三范式规范,按客户、产品等主题进行数据建模,形成企业级的统一数据视图。

汇总数据层:对来自操作数据层和基础数据层的基础明细数据进行预关联、预计算、预汇总,形成数据元模型,同时提炼不同应用的共性需求,形成标准统一、口径一致、可复用的基础指标。

数据集市层：面向具体应用需求，按需进行模型设计，形成应用指标模型。

报表数据层：针对不同的报表需求，解析报表维度、度量及包含的指标项，形成报表数据模型。

(3) 物理架构。银行监管报表系统物理架构如图7-6所示。其中，数据仓库的组成主要包括ETL服务器、数据仓库处理服务器、备份服务器与磁带库、数据管控服务器和调度服务器；监管报表系统自身包括数据库服务器、Web应用服务器集群和负载均衡设备。在此架构方案中，充分考虑系统的高可用性，监管报表系统与数据仓库所使用的数据库服务器互相独立，由此保证两者在加工处理时不会相互影响。

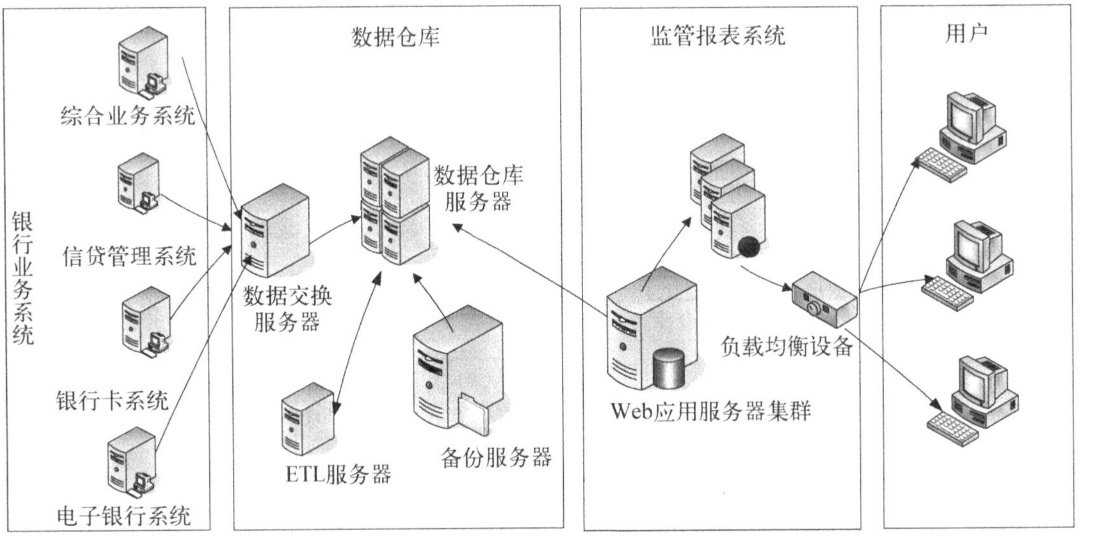

图7-6 银行监管报表系统物理架构

数据库服务器均采取双机热备份机制，Web应用服务器采取集群架构，确保系统稳定运行，关键数据不丢失。为应对全行用户高并发访问的压力，使用负载均衡设备，将用户访问压力均匀分配到每台应用服务器上，提高系统整体并发能力及平均响应时间。此外，在可扩展性方面，可以通过增加系统的CPU、内存提升处理能力，通过增加服务节点扩充Web应用服务器集群架构。

2）数据仓库及报表数据模型[4]

(1) 数据仓库。数据仓库的数据主要有两种组织方式：一是基于关系数据库的维表-事实表结构的多维表形式；另外一种是基于多维数据库的超立方体结构形式。考虑数据处理的性能及数据集成的方便，这里采用维表-事实表结构来实现多维数据模型。多维数据模型由事实表和维表组成，事实表存储实际的数据，维表存储事实表中对象的属性，事实表和维表的关联关系呈星型结构。一个多维数据模型的事实表数据是经过机构、币种等维度汇总之后的标准数据，具有通用性。而维度通常分为固定维度和自定义维度，时间、机构和币种是固定维度,其他如贷款分类等维度是自定义维度。在数据仓库中,数据是面向主题进行组织的。主题是在较高层次上将企业信息源中的数据综合、归类并分析利用的抽象。在监管报表系统中,共建立了总账类、存款类、贷款类、流动性风险类、假币类、支付结算类、最大类等七大类业务主题的多维数据模型。以贷款余额为例,其多维数据模型如图 7-7 所示。

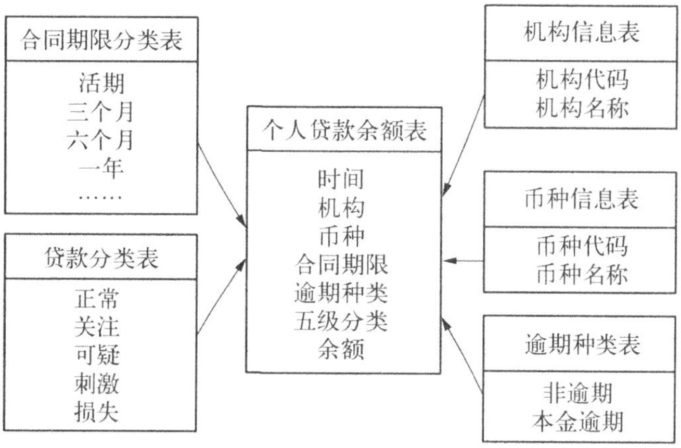

图 7-7 贷款余额表多维数据模型

(2) 监管报表数据模型。银监会、人民银行、外汇管理局等监管部门的报表需求各异、表样不一,例如按展现方式可分为行列固定报表、行固定列不固定报表、列固定行不固定报表等。对于这些纷繁复杂的报表需求,通过建立报表数据模型,对报表进行层层解析,从而明确报表含义、加工规划及数据来源,最终完成报表的加工实现。

在报表数据建模过程中,报表可视为由一个个应用指标组成。应用指标一般是指对一类统计对象,按照一定维度进行分类之后的计算加工结果。在指标定义过程中,业务人员可以根据业务相似或应用相同数据字典等因素,选择报表的表样填报区中的一项、一列、一行,或者一个矩形框范围内的所有项定义为一个指标,该指标是用户想最终应用的数据,即应用指标。典型的监管报表数据模型如表 7-3 所示。

表 7-3 监管报表数据模型

<table>
<tr><th colspan="2" rowspan="2">项　目</th><th>A</th><th>B</th><th>C</th><th>D</th><th>E</th></tr>
<tr><th>年初余额</th><th>冲销</th><th>卖出资产</th><th>准备金转回</th><th>其他变化</th></tr>
<tr><td>1</td><td>1. 贷款损失准备</td><td rowspan="4">应用指标 1</td><td rowspan="4">应用指标 2</td><td rowspan="4">应用指标 3</td><td rowspan="4">应用指标 4</td><td rowspan="4">应用指标 5</td></tr>
<tr><td>2</td><td>1.1</td></tr>
<tr><td>3</td><td>1.2</td></tr>
<tr><td>4</td><td>1.3</td></tr>
</table>

（续表）

项目		A 年初余额	B 冲销	C 卖出资产	D 准备金转回	E 其他变化
5	2. 资产减值准备					
6	2.1	应用指标 6	应用指标 7	应用指标 8	应用指标 9	应用指标 10
7	2.2					
8	2.3					
9	2.4					
10	3.0					

在明确应用指标后，可以进一步进行应用指标解析。每个应用指标由基本指标和基本维度组合而成，基本指标是最小的业务含义度量单位，不包含信息的类别、类型、状态、标识、分层等性质的描述性语言，例如贷款余额。基本维度是最小的业务加工和汇总规则，例如风险分类、资产类别等。

通过对报表及应用指标的解析，可以获得应用指标的编号、名称、定义等基本属性，以及应用指标所包含的基本指标、基础维度在银行信息系统中所对应的信息项（字段）及信息项取值规则，最终完成报表的加工实现。报表数据建模流程如图 7－8 所示。

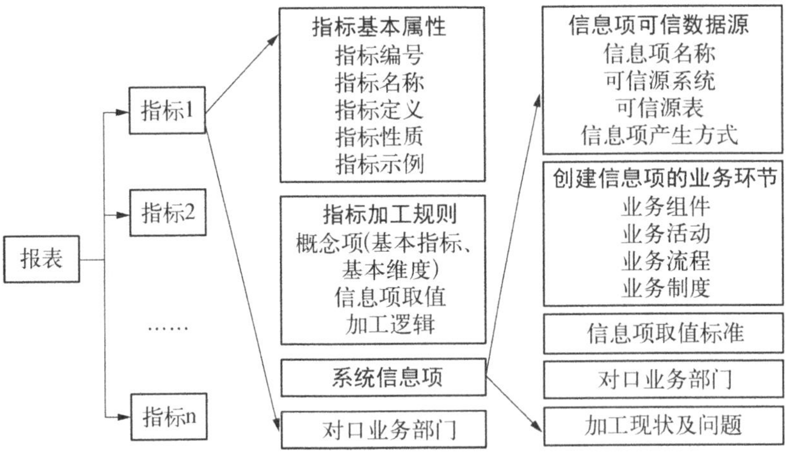

图 7－8 报表数据建模流程

中国农业银行提出的基于数据仓库技术的银行监管报表系统，通过合理的架构设计、科学的数据建模，实现对监管数据的集中存储、加工，以及监管报表的生成、组装、审核、报送。实验结果表明，该系统能够有效满足新形势下的业务发展需求，对于促进银行监管报送和数据集约化管理水平的提升，搭建数据统筹管理和决策支持服务的长效机制框架具有十分重要的意义。

7.3.3 银行开展全面风险管理的对策建议

在大数据时代，商业银行要积极做好应对工作，加强数据采集与整合能力，建立量化分析数据中心，提升风险量化能力，从而为银行开展全面风险管理提供坚实的基础[5]。量化分析的基本思路如图 7－9 所示。

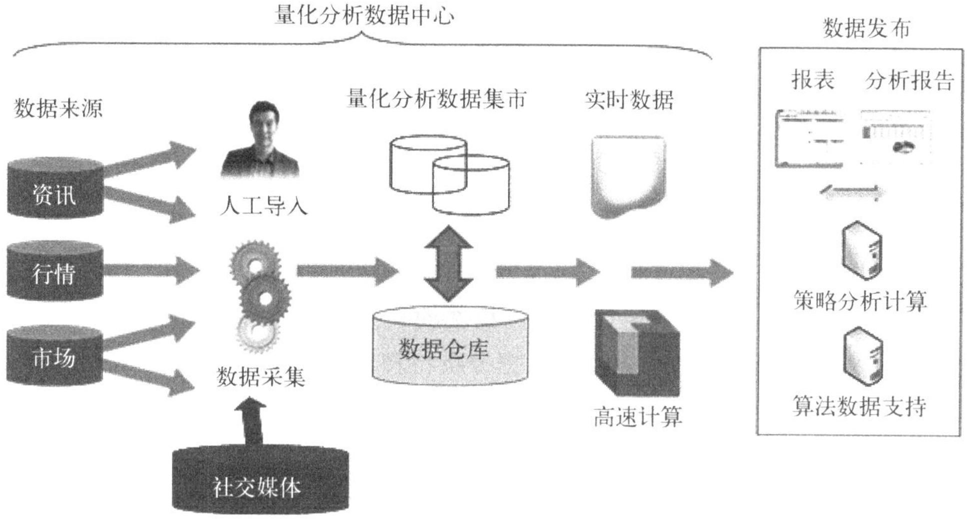

图 7－9 量化分析数据中心

第一，加强对数据的收集与管控规范。首先，商业银行在日常经营中产生的大量数据是形成整个社会大数据的重要组成部分，因此，要对数据管控、数据处理和数据结果反映做出正确处置。一是确定主要的数据采集渠道，主要可以划分为资讯数据，行情数据以及市场数据。数据管控上要依照标准化采集，统一化处理，时效化完成，分级化查阅。坚持做到采集的数据准确，结果可视，使数据应用性大大提高。二是数据处理时一定要科学、依照规则，特别要杜绝以假乱真、以次充好现象。三是处理后的结果，要依照规定展示，并且严格按照国家法律法规进行使用，避免影响商业银行声誉的风险事项产生。

第二，建立多元化的数据获取渠道。商业银行要注重利用社交媒体的数据，拓展渠道获取客户信息。学会使用各类媒体，不但为客户服务，而且为优化商业银行自身形象服务。积极参与网络工具形成的各种运作方式，并研究在运作方式中融入商业银行工作目标。真正使媒体、网络工具成为维系、拓展客户的桥梁和重要的通道。

第三，提升大数据处理与分析的技术水平。在银行数据大集中的基础上，采用数据仓库技术作为银行海量数据提取的实现方法，将数据集中到银行数据仓库中去，然后在此基础上进行各种数据的统计分析及数据挖掘。针对多元、高速、高噪声数据，银行必须制定出整合、清理和分析的解决方案。这些数据包括结构化数据（如客户财务信息、交易信息等）、非结构化和半结构化数据(如邮件、客户信函、代理票据和语音文档等)。

第四,增强对实时数据的处理能力。银行需要即时获取外部风险事件的能力,从而能够分析大流量的实时事件,并迅速洞察事件原委,实时整合来自多种异构数据源的数据,对海量"运动"中的数据进行连续实时的处理,捕捉可能对用户有用的信息并把结果发送出去。因此,需要对持续大流量的实时数据进行分析并快速响应。流式计算把数据包分割成小块,然后通过并行计算的方式将这些数据快速处理,并保存数据处理后的相关结果。因此,银行需要制定流数据分析方案,通过分析社交媒体等流数据,迅速了解客户行为,发现风险并及时预警。

第五,增强大数据平台的投资与建设。大数据时代将带动整个社会交易方式的变化,服务日趋虚拟化,更多的服务将由网络来承担,强大的大数据平台及网络系统是商业银行未来经营管理的利器。因此,商业银行需要投入大量资源用于适应大数据技术的需要,优化系统的体系架构,使系统具有可拓展性和灵活性。对资源的投入一定要有相当的前瞻性,并兼顾当前实际。争取在过渡期内,尽可能地实现资源利用最大化。

第六,商业银行要高度重视适应大数据技术的人力储备。美国就曾预计,为适应大数据时代到来,未来美国需要60万名拥有数据分析特长,又懂行业知识的复合型人才。这类人才仅仅经过大学培养远远不够,还需要丰富的实践经验。我国商业银行对此类人才的储备相当不足,抓紧人力资源准备更为迫切。

本章分析了银行业全面风险管理的发展历程,以及全面风险管理的体系架构,提出了大数据环境下的风险管理模式,即如何利用大数据进行信用风险管理、操作风险管理,以及实时的风险监控。通过基于实时数据的交易欺诈监测方法,以及基于数据仓库的银行监管报表的案例,分析了如何利用大数据提升风险管理的效能,对国内银行发展全面风险管理具有借鉴意义。

◇参◇考◇文◇献◇

[1] 周继述,王雪松. 大数据助推银行全面风险管理[J]. 金融科技. 2013(14): 69-70.

[2] 邱雪涛,赵金涛. 基于实时大数据处理的交易欺诈侦测的研究[J]. 软件产业与工程,2013,22(4): 36-40.

[3] 马宁,曹震,李军. 基于数据仓库的银行监管报表系统研究[J]. 软件导刊,2013,4(1): 137-141.

[4] 刘静如. 大数据:金融企业的盾与剑——浅谈风险管理与消费智能[J]. 中国金融电脑,2012,09: 83.

[5] 方方. "大数据"趋势下商业银行应对策略研究[J]. 新金融,2012,12: 25-28.

第8章

大数据与小微企业信贷

我国尚未形成与小微企业相匹配的金融市场和银行体系，在当前小微企业普遍缺乏抵押资产和有效担保的情况下，小微企业经营状况的高风险性与银行类授信机构放贷的审慎性原则显著冲突。因此，授信机构普遍对小微企业的贷款申请持非常谨慎的态度，一般对没有抵押物担保的信用类贷款客户设置更高的准入门槛和资质要求。利用基于大数据的挖掘和智能学习技术，可实现对海量数据的分析和处理，也可大量、深度地挖掘社交媒体，同时极大地拓展贷款人的变量，从而建立基于大数据模型的信用评估体系，使贷款批准更有效率，同时风险控制也进一步改善。

8.1 小微企业信贷及其风险

小微企业是对小型企业、微型企业、家庭作坊式企业、个体工商户的统称。国内对小型企业的定义主要来自国务院2002年下发的《中华人民共和国小微企业促进法》，文件规定了小企业的划分标准由国务院相关部门根据企业职工人数、年销售额、资产总额等指标结合企业所在行业特点制定[1]。

2011年6月，工信部、国家统计局、发改委和财政局又联合制订了《关于印发中小企业划型标准规定的通知》(简称《通知》)，根据行业特点将中小型企业进一步细分成微型、小型、中型三类，并根据企业的从业人员数量、资产总额、年营业收入等指标制定了具体的划分标准。相对同时废止的《中小企业标准暂行规定》，该文件对中小型企业的分类更加细化，在中小企业类型外增加了微型企业的企业类型。而在划分标准方面，《通知》不再以企业的销售额为划分依据，而通过衡量企业的营业收入对企业进行划分，这个指标更适用于各个行业。

根据官方数据统计，截至2012年，全国工商登记在册的小型微型企业合计达到1 300万户，加上个体工商户共计4 000万户一起构成了庞大的小微企业群体。小微企业这个群体的企业数量占到了我国企业总数的99%，合计上缴的税收超过国家税收总额一半以上。而最近五年小微企业累计解决了4 500万城镇人口的新增就业问题，占新增就业总数八成以上，是吸纳劳动人口就业的重要渠道，对于国家科技创新发展，小微企业也发挥了重要作用。

信贷资产是商业银行的主要资产，开展信贷业务产生的风险即信贷风险。信贷风险具体是指由于债务人信用等级下降或违约及金融市场因子变化等因素导致信贷资产发生损失甚至银行整体价值下降的可能性。商业银行关于企业的信贷风险可参照《巴塞尔协议Ⅲ》关于资产风险的分类标准分成信用风险、操作风险、市场风险、流动性风险四大类。由于小微企业本身具有商户数量多、行业分布广、信息采集较难等特征，商业银行开展小微企业信贷业务时会面临一系列与传统大中型企业信贷业务不同的风险，主要来自以下几个方面。

（1）小微企业多数属于劳动密集型企业，技术含量低、管理水平差、缺乏自主创新产品，在市场竞争中只能依靠低价策略，在产业链交易中往往处于弱势地位。因此，抵抗市场风险的能力较弱，银行贷款坏账率高，同时单笔贷款规模偏小导致单位贷款成本偏高，这些因素影响了银行放贷。

（2）中小企业信息披露不规范，小微企业通常公司治理不完善、财报数据问题普遍，常常让银行信贷人员难以完全掌握中小企业的经营情况和风险信息，增加了金融机构的贷前调查难度。信息不对称加上小微企业"短、频、急"的融资特点增加了金融机构的授信成本，也给小微企业融资带来了不小的障碍。加上小微企业数量多、行业分散，又分别处于不同的发展阶段，造成了小微企业融资需求的多元化，金融机构满足小微企业多元化的融资需求也需要形式多样的资金提供方式，增大了银行信贷风险成本。信息不对称导致逆向选择，具有偿还能力的优质企业被高利率挡住门外，剩余客户中高风险企业偏多，进一步影响了银行放贷积极性。

（3）金融行业准入门槛高，由于金融行业在国民经济中的特殊地位，国家对金融机构的经营制定了严格的规则制度，旨在保证金融机构的安全性和金融系统的稳定性，避免由于流动性风险带来金融危机造成不良后果。金融机构的审慎性原则要求相关部门在开展授信业务的时候要严把风险关口、严格控制授信对象准入，客观上给风险系数相对较高的小微企业设置了融资门槛，使得一些小微企业由于无法及时从金融机构贷到所需资金而丧失了很好的发展机会。近年来，国内各家金融机构都对分支机构进行了授权管理，给小微企业发放周转性流动资金贷款的授信授权通常在50万～300万元不等，对小微企业扩大再生产所需的固定资产投资贷款则没有放开相应审批权。金融机构对贷款申请过程层层把关，小微企业申请一笔数额不大的贷款要准备一大堆资料再通过十几道手续，办理手续相当繁琐，所需时间少则一两周，多则数月。即使贷款到手，商机可能早已错过。大中型企业资产足，信誉好，往往是信用资金追着贷；相反，小微企业资产积累少又缺乏资产担保，各家金融机构纷纷提高小微企业贷款的准入门槛和授信标准。银行向中小企业提供融资服务的中小型金融机构数量不足，导致中小企业融资的供给更加短缺。

（4）信用评级、信用担保、融资中介等中介服务机构发展缓慢，现有服务机构手续繁杂、服务水平较低、收取费用较高，这些问题令中小企业不堪重负，加大了中小企业融资成本，限制了其健康发展。

8.2 基于大数据的小微企业信贷模式创新

随着利率市场化，存贷利差缩小，小微企业信贷业务将是商业银行大力发展的业务。

小微企业信贷面临的难题是企业数量大、管理不规范、信息不对称。商业银行需要通过大数据挖掘、分析和运用，去识别具有市场潜力的中小企业客户，完善批量化、专业化审批，将贷款提供给合适的小微企业。国外 Wonga、LendingStream、Zestcash、Klarna、PawnGo 等均利用大数据挖掘进行网络借贷。阿里金融通过大数据分析，建立了面对小微企业的阿里小贷平台[2]。

在中国政府推动及利率市场化等制度变革的背景之下，我国小微企业融资近年来正在得到更多的重视，更多的银行机构将小微企业融资服务作为转型的重要方向，一些具有先进理念和技术的银行，通过产业链金融等方式切实为部分小微企业解决了融资问题，小贷公司等机构的兴起也增加了小微企业的融资可获得性，互联网金融凭借“大数据”，打破传统企业金融服务模式，成为小微金融发展的新生力量。例如，民生银行推出小微金融 2.0 提升版，综合利用数据分析强化对小微企业的金融服务。

基于大数据的互联网金融正在尝试打破小微企业融资成本与收益难以均衡的僵局。大数据与信贷业务相结合，可以重塑信息结构，削减业务成本。电子商务平台的发展积累了海量数据。对这些数据进行挖掘所得到的逻辑与规律信息，比现实中发布的小微企业财务数据更加真实，因而具有巨大的社会经济价值。信息结构的改善令金融机构可以清晰地甄别出企业的资质，信息不对称的问题得以解决。激励金融机构为优质的小微客户提供信贷服务，“信贷配给”发生的基础亦不复存在。同时，运算能力强大的电子系统将客户拓展的边际成本削减至几乎为零，金融机构有机会从 80%的低端客户身上获取不菲的价值，“二八定律”成立的前提也随之消失。在互联网金融和电子商务环境下，小微企业的融资模式也发生了变化，主要形成了以下几种模式。

1）国外小微企业融资模式

由于商业环境、法规制度不同，国内外中小企业的融资模式也存在一定差异。国外主要模式包括 P2P 融资模式和众筹模式以及信贷工厂模式等。

P2P 网络融资模式引入社交网络的概念，让用户能在网络社交圈中进行借贷。作为中介，平台既不吸储，也不放贷，其主要目标是提供个人对个人的小额贷款借贷平台。网站收入来源包括向放贷人和借款人收取借款本金额一定比例的成交服务费用。典型的 P2P 网上融资平台包括英国的 Zopa、德国的 Smava、荷兰的 Boober、丹麦的 Myc4、意大利的 Boober、波兰的 Kokos 和 Monnetto、法国的 Babyloan 等。

众筹模式是指用预购的形式，在网上向公众募集项目资金的模式。众筹模式利用互联网和社交网络传播的特性，让小企业、艺术家或个人对公众展示他们的创意，争取大家的关注和支持，进而获得所需要的资金援助。相对于传统的融资方式，众筹模式更为开放，能否获得资金也不再是由项目的商业价值作为唯一标准。只要是网友喜欢的项目，都可以通过众筹方式获得项目启动的第一笔资金，为更多中小企业和创作人士的融资活动提供了可能。典型众筹网站包括 Kickstarer、IndieGogo、AngleList 等。

在信贷工厂模式中，小微企业信贷业务被分成许多个环节，工作人员以流水线的形式对信贷的申请、审查审批、发放以及风险控制进行处理，从而促进了业务办理效率的提高。在国外，新加坡淡马锡控股公司(Temasek Holdings)率先推出了一种小微企业信贷模式——信贷工厂模式，这种模式在提高小微企业信贷业务的工作效率方面作用十分明显，具有很强的借鉴意义。在国内，中国银行、中国建设银行、民生银行等商业银行也已采取了这种模式，并取得了较好的效果，可以认为，引进这种信贷工厂模式，推进商业银行信贷业务流程的重构与再造，对于小微企业信贷业务的进一步发展具有重要作用。

2）国内小微企业网络融资模式

伴随着互联网技术的发展和我国对中小企业融资难问题日益重视，国内也出现了多种形式的中小企业网络融资模式。由于法律制度差异，P2P 模式和众筹模式推广有限，目前发展较为顺利的中小企业网络融资模式可归纳为银行网络融资服务模式、网络融资中介模式和电子商务平台模式。

(1) 银行网络融资服务模式。是指单一银行通过搭建服务平台，将贷前申请、审核，贷后风险控制等线下业务转移到线上进行，借助网络和信息技术，降低银行操作成本，提升融资效率。其主要代表是中国工商银行提供的中小企业网络信贷业务、农业银行的金融综合服务平台。这种模式实际上是传统银行贷款模式的延伸，并未改变单个银行向众多中小企业一对多服务的现状。

(2) 网络融资中介模式。是指第三方网络服务商与国内多家银行共同合作，整合面向中小企业的多种融资工具，打造一站式的中小企业网上贷款超市，体现贷款产品种类的丰富及选择的方便性，可以在较短的时间里帮助客户选择到合适产品，可以全天 24 小时办理业务，在 3～6 个工作日就可以完成贷款全部流程。这种模式实际上是银行金融业务前端流程的服务外包，其主要代表是数银在线、易贷中国等。

(3) 电子商务平台模式。该模式充分利用了第三方电子商务平台对平台上中小企业的信息优势和制约机制，以企业在电子商务平台上的行为参数为基础向企业综合授信，主要贷款对象是电子商务平台会员。在这种模式下，电子商务公司提供金融机构和企业第三方服务平台，可接受多家银行合作。银行先对贷款企业进行综合授信，然后由贷款企业客户进行无抵押、无担保的贷款，信贷风险由银行和贷款企业共同承担。贷前审核中，电子商务公司将其平台上的“网商网上行为参数”加入授信审核体系，对贷款信息进行整合处理，帮助银行提升授信审核效率，增加企业获得贷款的概率。贷后管理上，电子商务平台也积极同银行合作，利用平台的监督制约机制督促中小企业及时履行还款义务，减少银行坏账比例。

根据第三方电子商务服务商在融资过程中的不同作用来看，目前的业务模式又大致可分为以下三类。

(1) 信息平台模式。这类贷款业务充分利用了电子商务平台拥有中小企业历史信用信息的优势。以“阿里贷款”为代表，该业务由阿里巴巴与中国工商银行、中国建设银行等多家中资银行共同推出，将商业银行的中小企业信贷业务与电子商务信用体系、互联网运营机制相结合。其主要产品"网络联保贷款"是一款不需要任何抵押的贷款产品，由三家及以上的企业组成一个互相担保的联合体，共同向商业银行申请贷款，同时企业之间实现风险共担。在整个贷款过程中，阿里巴巴作为实质上的信息服务平台，依托于历史电子商务数据库建立了一套贷款风险评估、贷中风险监控预警和贷后风险管理的机制，协助商业银行对中小企业贷款进行风险控制。

国内著名电子商务经营商阿里巴巴公司旗下的阿里小贷金融公司已为广大商业银行做出了很成功的范例。据阿里巴巴公司资料显示，截至2012年6月末，旗下两家注册资金共为16亿元的小贷公司已累计为12.9万家小微企业提供融资服务，贷款总额超过260亿元。阿里小贷业务的主要产品是无抵(质)押物和保证担保的信用贷款，贷款对象是来自淘宝和天猫两个B2C(商家对客户)平台的电子商户。这些电子商户基于自身在阿里巴巴平台上的累积交易信息申请贷款，阿里小贷公司在线核实商户信用记录后发放贷款，信用记录较好的商户最快3 min便可获得贷款。到目前为止，阿里小贷公司的所有信用贷款业务不良率仅为0.9%。阿里小贷公司之所以可以低成本且高效地操作小微企业贷款，完全依靠先进的信用信息体系支持，其核心竞争力就在于巨量的商户信息数据和较为真实的贷款信用资料。相比民生银行45.8万户的小微企业客户数，阿里巴巴电子商务平台上拥有7 980万注册用户，1 030个网上商铺租户，75.39万名付费会员。从阿里小贷业务的成功可以看出，拥有海量数据的平台以及完善的信用信息体系对于开展小微企业信贷业务的重要性，商业银行应大力建设自身的小微客户信用信息平台，竭尽可能地收集各种各样的客户信息，这样才能解决贷款业务信息不对称的问题，实现对小微企业贷款信用风险的有效防范。

(2) 直接授信模式。银行对电子商务服务商进行授信，在授信额度内，服务商对企业用户进行直接授信，银行对企业用户放款。此类服务的优点是无需抵押、担保，银行与服务商共同分担风险。以"一达通"为代表，中国银行与一达通公司进行合作，2009年中国银行通过"一达通"向超过200家中小企业投放7 600万元的贷款，包括退税融资、出口信用证融资等具体项目，期间未出现一例坏账。

(3) 仓单杠杆模式。以"金银岛网交所"的在线融资业务"e单通"为代表。中国建设银行、金银岛以及指定的物流商中国远洋物流有限公司合作，通过对企业资金流、信息流、物流的监控，为金银岛交易商办理全流程网上操作的短期融资业务。在交易过程中，银行可以为交易商客户的电子账户进行授信，以客户的电子仓单作为动态质押。该融资业务利用了电子仓单的金融属性，类似于期货的保证金模式。

3) 大数据环境下银行小微企业贷款流程

银行应针对小微企业特点及小微信贷风险特征实施小微信贷业务全过程风险控制，实施全过程风险识别、计量评估和措施控制，基本流程如图8-1所示。

(1) 客户筛选。银行可以将其95%的小微企业信贷业务视为与个人贷款业务一样，统一划归为零售类业务。商业银行在操作小微企业信贷业务时，必须积攒大量的客户信息用于建立模型，计算业务违约的概率和风险的损失，这就需要依靠先进的信息科学技术建立

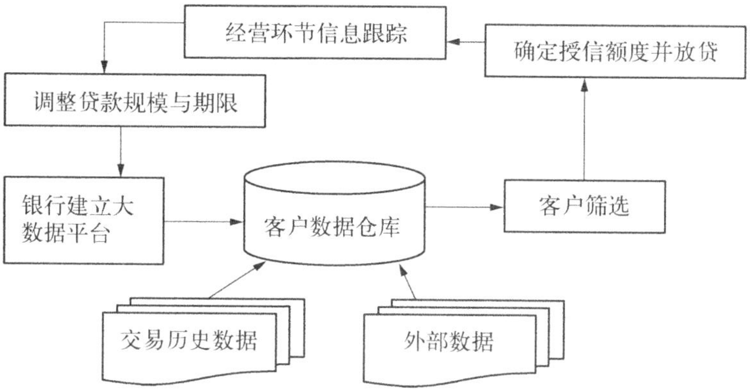

图 8-1 大数据环境下银行小微企业贷款流程

功能强大、数据丰富、运行稳定、安全可靠的数据库，这个数据库能否顺利运行将直接关系到商业银行开展此项信贷业务的成败。然而建立如此大规模而且准确的信息数据库本身就是一个巨大挑战，一是要保证商业银行采用的计算机数据库系统是高效、可靠的；二是要保证客户信息采集的真实性和科学性，这就对商业银行在操作和管理数据库时提出了很高的要求。通过这些数据可以对银行小微企业贷款对象有了比较清晰的范围圈定，例如，在所有申请小微贷款的企业中，90%左右的年销售额在600万元以下，85%左右的年销售额在300万元以下。同时，银行约90%的小微企业客户经营年限都在10年以上，而70%的小微企业只拥有5名及以下的员工数量。这些可以作为银行小微企业贷款对象。

(2) 授信额度确定并放贷。对目标授信小微企业经营状况、历史信用、创收能力等情况进行细致的调查，主要通过对小微企业所在行业、经营时间、营业收入、现有资金、营业地点、信用记录、资产负债和业务往来这几个方面对贷款申请者进行打分。根据分值确定所属的信用等级，批准不同的授信额度。例如，可按表8-1所示的信用等级分别确定其授信额度，在确定贷款投放对象后，通过后台的自动化系统进行审批和放款。

表 8-1 信用等级与授信额度对应关系表

信用等级(级)	分值(分)	授信额度(万元)
AAA	100(含)	3
AA	95(含)～100	2
A	90(含)～95	1
B	80(含)～90	0.5
C	70(含)～80	0.3
无信用级	70以下	无

(3) 全过程跟踪监管，盯住小微企业贷款各业务环节的流转情况。在贷款投放之后，商

业银行还需要关注投放贷款的流动性，关注小微企业的各个经营环节，例如，原材料购入、产品销售、资金回流等环节，保证贷款真实用于企业的经营及生产。此外，商业银行还要及时控制逾期贷款。

(4) 制定风险贷款挽救、转化和处理机制。从长期来看，商业银行要针对小微企业贷款，经常调整贷款规模和期限，对于不良贷款采取再协议贷款、限时分期还贷和变卖资产还贷等方法化解，针对已产生的呆账及时进行冲销，最大程度降低商业银行信贷资产的损失。此外，可使商业银行减轻不良贷款考核的压力，更好地开展小微企业信贷业务。

8.3 基于数据挖掘的小微企业信用风险评估

信用风险评估是金融机构评估信用风险的主要分析工具。信用风险评估的目的在于将贷款申请者分成两类：具有好信用的申请者和信用不佳的申请者。信用好的申请者具有很高的还款可能性，而信用差的申请者很有可能会违约。银行和公司根据信用风险评估模型评估得到的信用结果来进行重要的投资决策，许多金融决策的监管制度都是基于信用评级的。因此，评估模型的准确率对于金融机构的利润有着极其重要的影响。信用风险评估模型对申请者评估准确率仅仅增加1%，或许可以给金融机构挽回巨大的损失。

本节介绍一种基于数据挖掘算法的小微企业信用风险评估模型。模型采用了密歇根编码(Michigan encoding)方式编码，使用改进的粒子群优化(Particle Swarm Optimization, PSO)算法优化编码规则，在长三角地区的46家小微企业的数据集上进行实验。

8.3.1 算法设计

1) 编码方式

基于规则的分类模型采用了密歇根编码对规则进行编码。密歇根编码法是基于规则的分类方法，最为常见及最容易被理解的就是密歇根编码法，其基本思想是通过IF－THEN形式来不断提取信息。这种编码方法有便于理解的好处，其标准格式为：

$$\text{IF } A_1 \text{ and } A_2 \text{ and } A_3 \cdots A_n \text{ THEN } C$$

其中A_i，$\forall i\in\{1, 2, \cdots, n\}$是条件，$C$为判断结果，且$A_i$是自变量，$C$为因变量。在密歇根编码的众多规则中，每个IF－THEN规则都可以看成是PSO中的一个粒子。对于多分类问题，每个规则预测一个种类，而且所有规则的结果包含数据集中的所有类。

2）信用风险评估编码

小微企业信用风险评估问题可以转化为一个二分类（违约和非违约两类）问题。基于小微企业的财务数据，采用密歇根编码的方法对结果进行预测，规则的具体形式为：

$$\text{IF } (CV_{1\min} < x_{i1} < CV_{1\max}) \& (CV_{2\min} < x_{i2} < CV_{2\max}) \&$$

$$\cdots\cdots \& (CV_{n\min} < x_{in} < CV_{n\max})$$

$$\text{THEN the firm will default}$$

其中，n 为属性的个数，即小微企业的财务属性个数，x_i 为属性值，$CV_{k\min}$ 是第 k 个属性的属性值下界，$CV_{k\max}$ 是第 k 个属性的属性值上界。规则的编码方式如表 8-1 所示（AE 表示规则是否出现）。

表 8-2　密歇根编码

AE1		…	AEn		后件
$CV_{1\min}$	$CV_{1\max}$	…	$CV_{n\min}$	$CV_{n\max}$	违约

3）目标函数

编码完成后，模型采用改进的 PSO 对规则进行优化。在优化过程中，目标函数为规则的错分率，算法在迭代过程中通过最小化这一目标函数达到寻找最优规则的目的。使用的错分率计算公式为：

$$\text{fitness} = 1 - \frac{\text{违约预测正确的企业数}}{\text{所有的违约企业}}$$

8.3.2 实验

1）实验数据集

采用长三角地区 46 家小微企业的财务及违约状况数据做实验。46 家企业中包括 21 家违约企业和 25 家非违约企业。对于该数据选取的评价指标包括对企业的营运能力、偿债能力及盈利能力三个方面的度量（表 8-3）。其中，选取了流动资产/净销售额作为企业营运能力的度量；选取了流动资产/流动负债、现金流量/总债务两个指标作为对企业偿债能力的度量；选取净收入/总资产作为对企业盈利能力的度量。

实验中，将 46 家小微企业数据分成两组，70%的数据作为训练集，30%的数据作为测试集。其中，训练数据集中包括 15 家违约企业和 17 家非违约企业，训练数据集中包括 6 家违约企业和 8 家非违约企业。为了保证模型鲁棒性，实验运行 20 次，最后结果为 20 次实验的平均值。

表 8-3 数据选取指标和度量方面

指　　标	度量方面
流动资产/净销售额	营运能力
流动资产/流动负债	偿债能力
现金流量/总债务	
净收入/总资产	盈利能力

实验参数设置如下,迭代次数200次;最大粒子数$p_{max}=80$,最小粒子数$p_{min}=30$;最大的速度约束$V_{min}=-0.3$, $V_{max}=0.3$;粒子的初始位置均匀分布在−1到6之间。

2) 评价指标

实验选择了信用风险评估领域常见的三种度量指标作为衡量模型好坏的标准,这三种指标包括平均准确率(Average)、第一类错误(Type Ⅰ error)和第二类错误(Type Ⅱ error)。其中,第一类错误和第二类错误是信用风险评估系统中常见的两类分类错误。对于银行来说,第一类错误是将好的客户分类成了坏的客户,并且拒绝该客户的贷款申请,这样会降低银行的利润。相反的,第二类错误是将坏的客户分类成为好的客户,并提供贷款,这样会给银行带来损失。研究者通常更重视第二类错误,因为通常认为第二类错误能给金融机构带来更严重的冲击。在以往的信用风险评估模型的研究中,支持向量机通常被认为比人工神经网络更优,因为它的目标函数可以控制第二类错误。然而,也不能忽视第一类错误在提高银行收益方面所起到的作用[22]。根据混淆矩阵,三种指标的计算方式如下:

$$\text{Average}=\frac{TP+TN}{TP+FP+FN+TN}$$

$$\text{Type Ⅰ error}=\frac{FN}{TP+FN}$$

$$\text{Type Ⅱ error}=\frac{FP}{TN+FP}$$

3) 实验结果

在小微企业数据集上,实验采用改进的PSO算法优化信用风险评估密歇根编码规则得到的结果见表8-4(20次实验结果的平均值)。

从上述结果可以得到的规则为:当[−0.73<流动资产/净销售额<3.11且−0.66<流动资产/流动负债<3.37且−0.51<现金流量/总债务<1.77且−0.55<净收入/总资产<3.48]时,企业存在违约风险。

统计上述规则的预测准确率,并与一些常见的信用风险评估模型进行了比较,包括:logit回归(LogR)、人工神经网络(ANN)、支持向量机(SVM)。结果见表8-5(括号中为标准差)。

表 8-4 规则优化结果

流动资产/净销售额	CV_{1min}	−0.73
	CV_{1max}	3.11
流动资产/流动负债	CV_{2min}	−0.66
	CV_{2max}	3.37
现金流量/总债务	CV_{3min}	−0.51
	CV_{3max}	1.77
净收入/总资产	CV_{4min}	−0.55
	CV_{4max}	3.48

表 8-5 不同模型的预测准确率比较

模 型	Type Ⅰ(%)	Type Ⅱ(%)	Total(%)
LogR	70.51[5.47]	28.64[6.44]	29.32[5.96]
ANN	72.14[7.85]	25.93[7.03]	26.73[7.29]
SVM	76.54[6.22]	21.15[5.51]	22.16[5.82]
PSO-Rule	91.43%[0.41]	8.57%[0.41]	0.00%[0.00]

实验结果表明，基于 PSO 规则分类的小微企业违约预测模型的准确率最高(91.43%)。且第Ⅰ类错误、第Ⅱ类错误率都很低，尤其是实验中较为关心的第Ⅱ类错误为零。可见，基于 PSO 规则优化的信用风险评估模型能够有效预测小微企业违约情况，是进行小微企业信用风险评估的有效模型。

8.4 基于大数据的小微企业贷款案例

8.4.1 互联网金融公司 ZestFinance 基于大数据的信用评估体系

美国互联网金融公司 ZestFinance 建立了大数据基础上的信用评估体系。ZestFinance 的一个基本模型是通过大数据的挖掘和机器的智能学习，具体来说，一方面是利用海量的数据挖掘和处理；另一方面大量地、深度地挖掘社交媒体，同时极大地拓展贷款人的变量。美国的信用系统里，传统的信用分数所包含的贷款人的变量一般只有几十项，而 ZestFinance 的模型里包含的变量将近 1 万项，在 7 000～8 000 项以上。它搜寻极多、极边缘的变量，试图从中挖掘出一些有用的信息。通过社交媒体数据的挖掘，ZestFinance 建立了发薪日贷款的用户体系，专门针对这些用户进行深度挖掘，若通过常规的信用分数，这些用户很难获得贷款机会。

ZestFinance 的模型建立主要包含如下步骤：第一步是去挖掘数以千计的不同的变量；第二步会寻找这些变量之间的一些关联性。第三步在关联性的基础上将这些变量重新绑定成一些比较大的变量，将这些大的变量放入不同的分立的数据模型来进行处理。第四步将每一个分立的数据模型给出一个分立的结论，再把这些分立的结论绑定，整合成一个自有的信用分数。所以这个信用分数是基于大量的海量数据、大量的社交网络的数据、大量的非结构化数据的一个处理。一方面它依赖结构化的数据，但是另一方面它导入了大量的非结构化的数据。而且，最后它通过机器智能学习，能够极大地缩短模型的反馈和改进的时间。

常规的信用评估体系实际上是一个简单的线性回归，通过对一个贷款人的一些最重要的十几个方面或者几十个参数进行一个线性回归，就得出了一个常规的信用分数。而 ZestFinance 是通过对数以千计的变量及其关联性进行整理，在大数据挖掘的基础上最终形成一个独立的信用分数。

ZestFinance 的非结构化数据包括申请人的 IP 地址，因为 IP 地址可以映射出申请人来自哪个区域。申请人的家庭地址和工作地址都是 ZestFinance 对非结构化数据进行处理的一部分。非结构化数据还包括申请人的电子邮件所使用的用户名，因为电子邮件的用户名可以映射出这个申请人的一些行为或者反映出这个申请人的一些社会特征。更极端的，ZestFinance 甚至在申请人填写申请表的时候跟踪填表的大小写习惯。申请人是否大量地使用大写，或者申请人是否能够正确地分清大小写都能够映射申请人的一些行为和心理特征。所以 ZestFinance 的模型都会考虑这些最细微的一些变量。

从整个信用评估体系的发展历程来看，ZestFinance 是对现有信用评估体系的颠覆。它在很多方面和谷歌、亚马逊，甚至奈飞(Netflix)公司在数据挖掘和机器智能学习方面所采用的方式是相通的。

当 ZestFinance 对传统的信用评估体系有了一个颠覆性的改变之后，就带来了一个新的价值空间：这个模型对批准贷款更加有效率，事实上这个模型和常规的信用评估体系的模型相比，效率能够提高将近 90%。同时，在风险控制方面也有极大的改进，ZestFinance 的模型能够把相关贷款人的违约率降低将近 50%。

而 ZestFinance 的下一步行动是希望把其在这种发薪日的贷款上的优势继续拓展到其他贷款领域，包括信用卡、汽车的贷款，甚至包括房屋的贷款。他们认为，如果采用他们的模型在房屋贷款上能够有 120 亿美元的空间，在其他几个领域也会有几十亿美元的空间。

8.4.2 民生银行小微企业贷款实践

中国民营企业和小微企业是促进社会与经济持续健康发展的中坚力量，在活跃市场、增加税收等方面发挥积极作用。民生银行成立伊始就把服务民营、中小、高科技企业作为自己的市场定位。2009年末又明确提出民营企业战略和小微企业战略，积极梳理业务流程、升级特色产品，举全行之力支持民营企业和小微企业发展。为解决当前形势下小微企业融资难问题，民生银行通过分析国内商业银行小微企业信贷业务发展和风险管理情况，发展小微信贷品牌"商贷通"业务[3]。

"商贷通"是民生银行针对小微企业融资需求设计出的一套全新的商业模式，旨在向小微企业主提供用于生产或投资等经营活动的人民币授信业务以及结算、理财、信贷和信息咨询等全方位的金融服务。确切地说，民生银行"商贷通"就是民生银行针对小微企业开发的信贷业务模式，通过规划先行、批量营销、标准作业的方式，实现小微信贷业务批量开发和批量作业，控制系统性风险的同时降低人工成本，这是民生银行小微企业客户数量成几何式增长的有效方法。民生银行"商贷通"业务根据大数定律来确定小微客户信用贷款的违约概率，依据价格覆盖风险原则来确定贷款的价格水平区间，确保能否覆盖风险价格的适当收益。

进行额度的单户控制。民生银行小微信贷业务客户群体通常是小型微型企业或其实际控制人，贷款金额一般在500万元以内，授信金额集中在200万～300万元居多，在0～500万元区间内呈正态分布。在整体风险控制中，民生银行坚持遵循大数定律信贷风险管理研究的原则，同时控制单户授信额度，即开发并保持足够数量的有效小微授信客户，客观上通过足够大的客户数量和足够小的单户授信金额实现分散和降低民生银行小微信贷业务整体信贷风险的目的。

变贷后风险管理为全过程的风险控制。民生银行针对小微企业特点及小微信贷风险特征实施小微信贷业务全过程风险控制，在项目前期规划、小微客户选择、单笔业务审查、放款流程管理、贷后综合服务等关键环节上对小微信贷业务进行全面风险管理。对小微企业信贷业务实施全过程风险识别、计量评估和措施控制，同时有效整合信贷资源，围绕区域特色、产业链开发、组建互助基金合作社等模式，加速风险管理结构调整，不断提升风险控制能力。

将银行统一的风险政策变为差别化的风险管理。民生银行摒除传统商业银行一刀切的风险政策模式，根据区域协调发展原则以及分支机构的资本约束特征，从地域、行业、担保方式、风险定价等方面调整各类信贷资产组合，对不同区域的小微企业客户执行差别化的风险管理办法和授信政策指导，在保持全行小微授信业务均衡发展、协调增长的基础上，差异化管理客户群体，通过匹配不同强度的担保方式和有差别的风险定价水平，有效防范了小微信贷业务的信用风险和系统性风险。

2011年起，随着"商贷通"业务的快速发展，民生银行对小微信贷产品和服务进行了升级的同时对小微信贷风险管理也再次进行了探索创新，不断提高小微信贷业务风险管理水平。通过主动经营小微企业信贷风险，民生银行在全球经济不景气、小微企业整体经营困难的情况下仍然持续保持良好的资产质量，从而证明了民生银行小微信贷风险管理的及时性和先进性。2011年起,民生银行中小营销管理中心建立与PE公司的合作,实现投贷联动,目的是为了更好地看懂中小科技型企业,通过与PE公司联手,一方面能获得更详细、专业的企业调查和行业分析资料,降低融资风险;另一方面可以通过PE公司,开展批量开发业务。投贷联动是指中国民生银行针对中小科技型企业,在风险投资机构评估、股权投资的基础上,以债权形式为企业提供融资支持,形成股权融资和银行信贷之间的联动融资模式。

截至2012年12月31日,民生银行"商贷通"的不良贷款率仅为0.40%,低于整个银行0.76%的不良贷款率,这些不菲的成绩无疑都建立在民生银行风险管理的有效性之上。与此同时,民生银行集团未雨绸缪,加大了贷款拨备计提力度,主动计提资产减值损失69.51亿元。截至2012年12月末,民生银行的拨备覆盖率增加至314.53%,贷款拨备率达到2.39%,比上年末增加了0.16个百分点,抵御风险能力进一步增强。

截至2013年底,民生银行已成长为全球最大的小微企业金融服务提供商之一,累计服务小微企业客户数超过99万户,发放小微企业贷款超过7 000亿元。

8.4.3 银行开展小微企业信贷的建议

小微企业贷款市场,银行与互联网起家的小额贷款公司竞争日益激烈[4]。与国外小微企业信用评估相比,尽管部分国内银行在小微企业信贷领域取得了一定的成绩,但绝大多数国有商业银行由于银监会的管制以及在国有体制的束缚下,数据分析和挖掘技术推进十分较慢,仅靠有限的数据对客户进行销售预测和风险管理,作用有限。然而,在大数据环境下,银行业也迎来了新的机遇,利用大数据,有助于推动银行发展模式的战略转型,风险决策模式的创新,以及应用大数据实现管理升级[5]。

(1) 商业银行在操作小微企业信贷业务时,首先应着力建设自身的小微客户信用信息平台,依靠先进的信息科学技术建立功能强大、数据丰富、运行稳定、安全可靠的数据库。然后拓宽用户收集渠道,竭尽可能地收集各种各样的客户信息,这样才能解决贷款业务信息不对称的问题。在数据收集过程中,要保证客户信息采集的真实性和科学性。在积攒大量的客户信息的基础上,建立模型库计算业务违约的概率和风险的损失,实现对小微企业贷款信用风险的有效防范。

(2) 对银行监管机构而言,应加强政策激励力度,提升银行支持小微企业发展的积极性。目前国家出台的各项优惠政策主要集中于小微企业,在号召银行支持小微企业发展时,往往缺乏相应的激励,导致银行的积极性不高。建议针对银行出台实质性的优惠条件,鼓励银行机构加大对小微企业的支持力度。如根据银行发放小微企业贷款的平均余额,在次年按比例由中央财政出资对银行进行奖励,或在税收上予以减免和优惠等。在监管方面,区别对待小微企业贷款和其他类型贷款,适当提高对小微企业不良贷款的容忍度等。

(3) 对银行而言,应进一步加大扶持力度,降低小微企业信贷门槛。建议银行实行差别化的信贷政策,即根据小微企业所处行业、规模、营业状况等实际情况来制定相应的贷款政策,适当降低小微企业贷款条件和门槛。同时,进一步扩大专营机构的覆盖范围,鼓励有条件的银行机构增设小微企业专营机构,简化贷款审批手续和发放流程。

本章分析了我国银行业小微企业信贷的现状,提出大数据环境下互联网金融为小微企业信贷带来的业务模式创新,国外互联网金融公司 ZestFinance 的客户信用评估体系,以及民生银行在小微企业信贷领域的创新与实践。通过国内外的对比和国内现状分析,给出国内银行发展小微企业信贷建议。

◇参◇考◇文◇献◇

[1] 郑九歌. 积极的小微企业信贷政策研究[J]. 经济与管理,2012,1:12-18.

[2] 汪兴隆. 论大中型商业银行小微企业金融服务模式的构建[J]. 南方金融,2012,6:18-26.

[3] 林波. 民生银行:小微企业贷款成就"小微企业的银行"[J]. WTO经济导刊,2010,2(5):10-20.

[4] 陈明昭. 互联网金融的主要模式及对商业银行发展的影响分析[J]. 经济研究导刊,2013(31):119-120.

[5] 方方. "大数据"趋势下商业银行应对策略研究[J]. 新金融,2012(12).

第9章

大数据与保险精准营销

大数据技术的应用，可以帮助保险公司完成寻找目标客户、挖掘客户潜在保险需求等任务。大数据营销使保险公司的客户营销策略更为精确直接，避免以往常见的逐户、陌生拜访、陪同拜访现象。本章以友邦保险公司（简称“友邦保险”）开展的大数据项目为例，介绍大数据技术在保险精准营销中的应用，以及在产品分析、舆情分析等业务中的拓展。

9.1 基于大数据的保险精准营销

9.1.1 大数据在保险营销中的应用

精准营销是通过分析客户行为，制定相应的销售与服务策略，把合适的产品或服务，以一个合适的价格，在合适的时间，通过合适的渠道，提供给合适的客户[1]。精准营销是保险营销管理发展的新趋势，友邦保险基于大数据技术，开展精准营销项目，希望实现细分消费市场、锁定目标客户、节约广告成本、优化营销资源的目标。项目针对网络上海量的潜在消费群体，通过精准、高效的数据分析，定位到与产品匹配度最高的消费群体，进而通过多渠道制定出精准的定向营销方案（图9-1）。

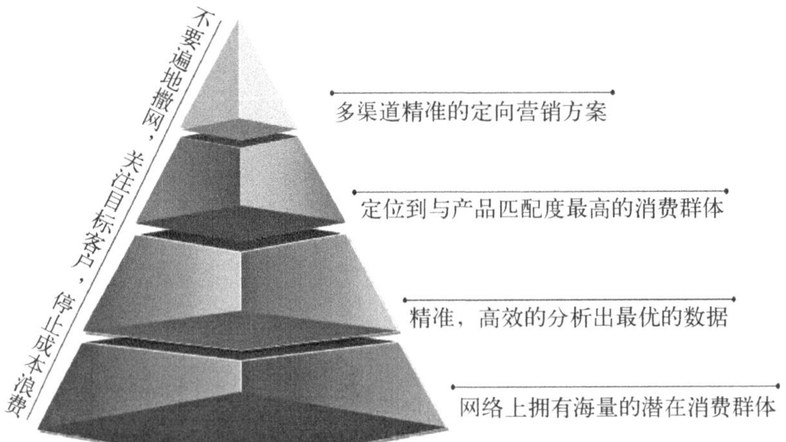

图9-1 精准营销方案制定过程

通过应用网络数据抓取、语义分析、Hadoop等多种大数据技术，项目从公共网络获取信息，进行中文分词、语义语境分析、文本分类聚类等处理，结合营销数据模型，计算确定意向客户信息、客户特征数据等，明确潜在客户群，以及可行的营销方案，流程见图 9-2。

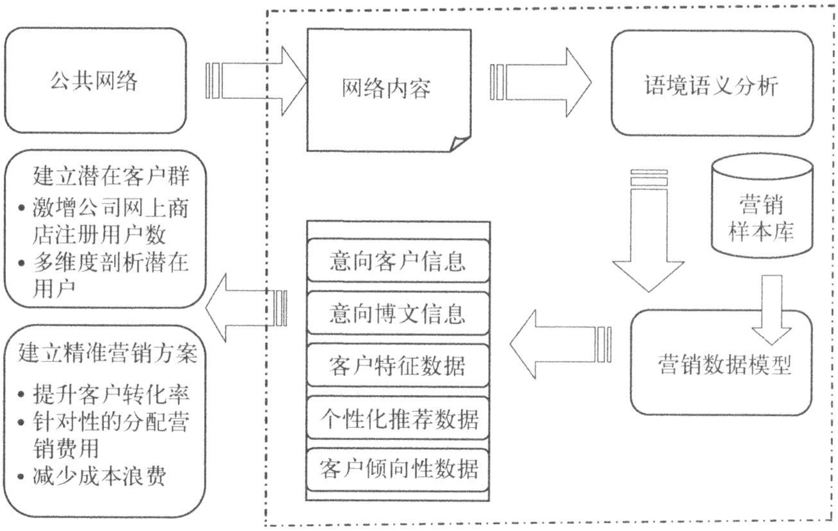

图 9-2 精准营销业务过程

功能上包括信息抓取、存储和分析、数据处理和展现三个核心过程。架构和技术上应用的核心技术包括：基于 Selenium 的抓取技术、Socket＋多线程技术、Hbase 数据库(NOSQL)、HDFS 文件存储系统、MapReduce 算法、Pig 批处理语言、Hive 数据库操作语言、NLPIR 汉语分词系统、Moailla 内核、Weka 数据挖掘技术，以及支持向量计算法等。在数据获取、分析和处理方式等方面进行了创新性的应用，为更广泛的业务营销应用打下基础。

9.1.2 保险精准营销整体流程及系统架构

系统流程如图 9-3 所示，具体包括以下环节。

(1) 应用 Selenium 技术，从微博、论坛、搜索引擎等公共网上抓取信息。

(2) 将抓取下来的信息存储到 Hbase 中。

(3) 从 Hbase 数据库中取出数据，去重、去垃圾广告。

(4) 将这些信息传入到分词系统中，先使用 NLPIR 分词技术进行中文分词。

(5) 分词后的信息传入支持向量机算法模型中进行分析、筛选。

(6) 将过滤后的信息根据产品类型分别存储到 Hbase 数据库中，每个险种下面明确标明匹配度。

(7) 从 Hbase 数据库中取出数据将其同步到 ORACLE 数据库中，实现定时同步。

(8) Web 端直接从 ORACLE 中取出数据并展示。

(9) 通过短信息、EMAIL、私信等方式向用户推广。

(10) 生成各种维度的报表,通过这些报表来完善抓取程序。

(11) 将有代表性的数据存放到样本库中。

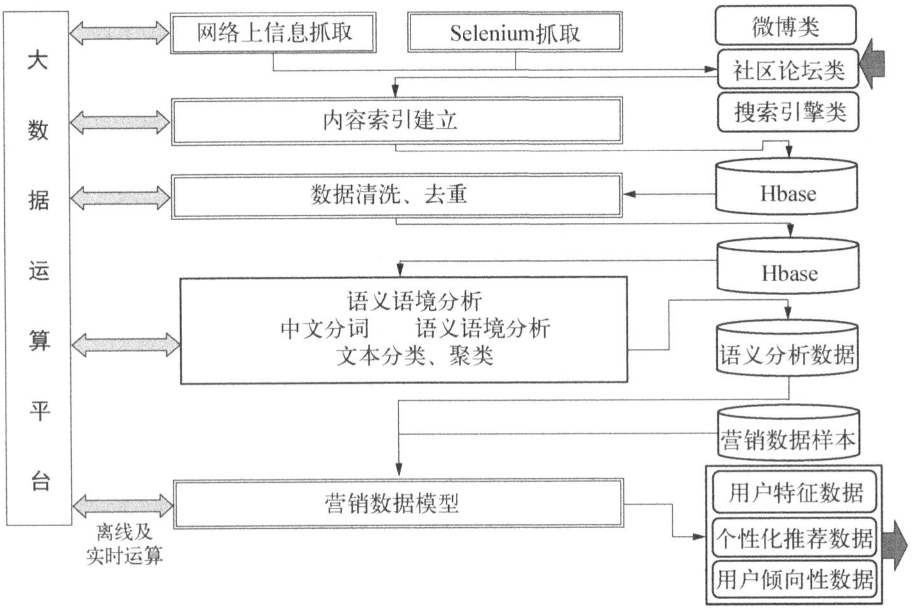

图9-3 系统流程

Hadoop平台是整个系统平台的基础,支撑着数据抓取、数据存储、数据分析挖掘等功能的实现。

9.2 保险精准营销核心技术

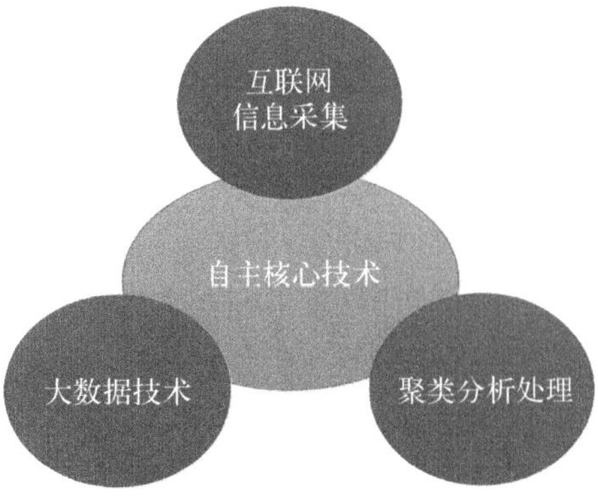

图9-4 系统核心技术

保险精准营销系统核心技术见图9-4,包括网络数据抓取、语义语境分析、数据计算存储、营销模型建立等。

1) 网络数据抓取

数据抓取采用Selenium RC技术(图9-5),可以将它理解为一个附在网页上、功能强大的爬虫,能从网页上抓取到所需信息且不被发现。Selenium Server负责控制浏览器行为,总体上包括Launcher、Http Proxy和Selenium Core三个部分。其中,Selenium Core是一堆JavaScript函数的集合，被 Selenium Server 嵌入到浏览器页面中，进而通过 JavaScript 函数，实现用程序对浏览器进行操作。

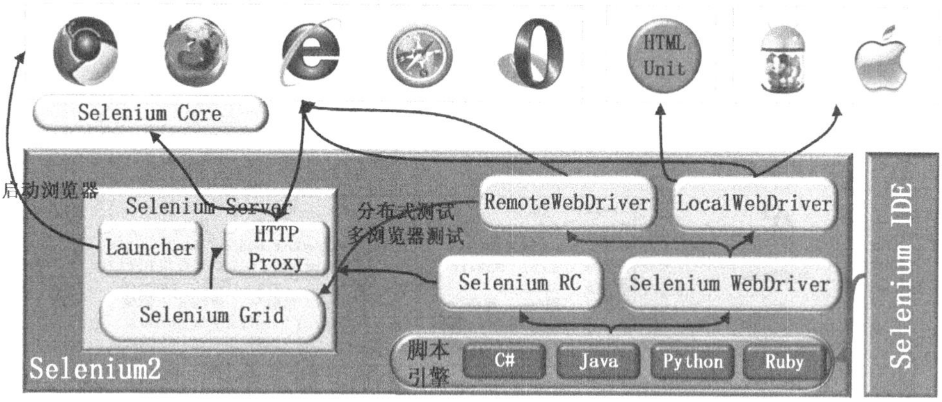

图 9-5 Selenium RC 技术的组成

数据抓取采用 Selenium 自动化测试技术。传统的爬虫程序通常采用自己的 HttpClient 去连接服务器，容易被反爬虫程序捕获，Selenium 程序直接控制客户端浏览器，通过浏览器建立与服务端的连接，模拟用户行为操作浏览器，并获取相关的信息。这种方式不会因为被服务端识别为爬虫程序而封杀。

通过网络数据抓取，可以获得所需网络信息。比如，想调研一种产品或者保险的口碑，可以通过此技术在网络上搜集有关这个产品的所有信息，然后进行统计分析，从而得出最终的口碑报表。

网络数据抓取技术帮助完成网络上的信息统计，为大数据项目的扩展奠定了基础。

2）语义语境分析

语义语境分析涉及可视化管理中文分词库、支持向量机（Support Vector Machine，SVM）、意义分析和语境分析等技术。

中文分词采用 NLPIR 汉语分词系统，该系统是目前最为优秀的中文分词系统。NLPIR 大数据搜索与挖掘共享开发平台采用条件随机场（Conditional Random Field，CRF）模型，分词准确率接近 99%，具备准确率高、速度快、可适应性强等优势。平台特色功能包括：切分粒度可调整、融合 20 多部行业专有词典、支持用户自定义词典等，分词系统原理见图 9-6。

图 9-7 中所示的是每个词所占的权重，即每一个词在文章中出现的频率/在词库中出现的频率。

基于数据的机器学习是智能处理技术的重要内容之一，从观测数据（样本）中寻找规律，利用这些规律对未来数据或无法观测的数据进行预测。系统分类算法使用 SVM。一般而言，当训练数据量达到一定数量级时，各种算法的准确率会较接近。但当数据量不是特别大时，SVM 会拥有更高的准确率以及运算效率。这个算法就像对一个小孩子，你只教会

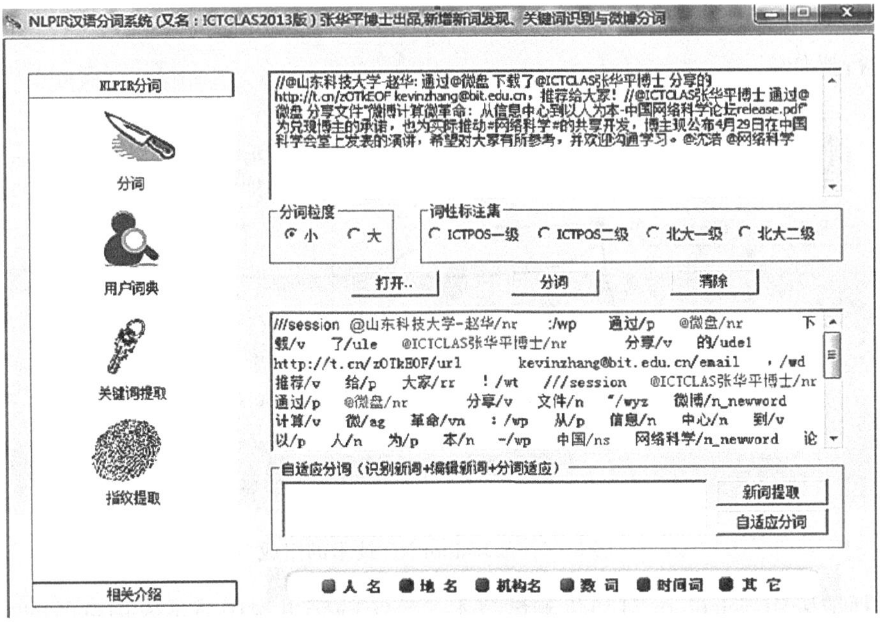

图 9-6 NLPIR 汉语分词系统原理

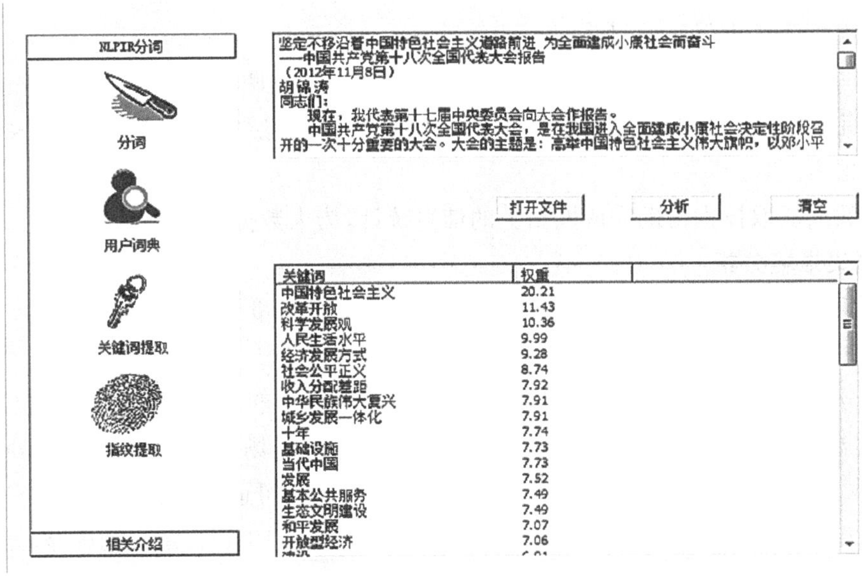

图 9-7 NLPIR 汉语分词系统词频统计

他写汉字,他只能写出简单文章,若你教会他的词组越多,优美的句子越多,他写的文章就越出色。SVM 的特性就是模拟人脑抽取共同特征。

SVM 的作用是通过文本聚类运算进行数据分析、挖掘,匹配相应保险险种,见图 9-8。

SVM 中的属性关系文件格式(Attribute-Relation File Format, ARFF)是一种数据源文件,它的内部结构主要是测试算法使用的轻量级的数据文件结构。知识分析环境

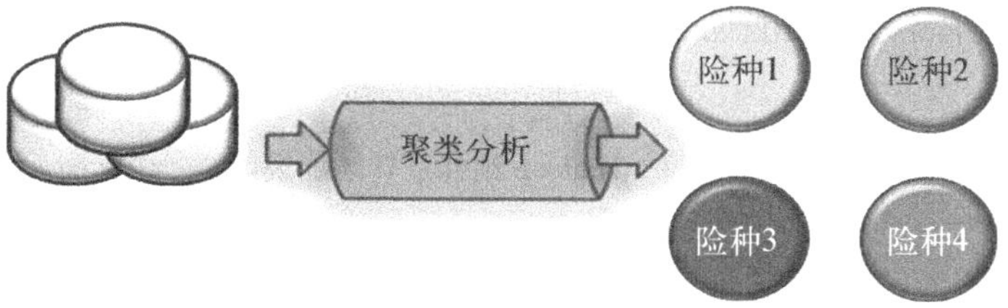

图 9-8 SVM 算法的作用

(Waikato Environment for Knowledge Analysis Waikato, Weka)中用的 ARFF 文件格式分为文件头(Header)和数据(Data)两部分。其中,Header 部分用于定义关系(Relation)的名字,以及一系列属性(Attribute)的名字和类型;Data 部分就是数据,其中的 Attribute 顺序必须与 Header 定义的顺序一致。

3) 数据计算存储

数据计算存储采用 Hadoop 分布式系统基础架构,抓取数据存储在 NOSQL 数据库 Hbase 上(图 9-9),各类算法在 MapReduce 上运行。

抓取的信息是存储到 NOSQL 数据库 Hbase 中,这类数据库为列存储模式,可将其看成一个大的数据库表,例如,要存储姓名、性别、年龄,三列逐行分别插入到列家族(Column Family)中,如果要取出数据,可根据行主键(Row Key)来取出,Column Family 中能够存储 TB 级的数据。

Hbase 数据模型 Table & Column Family			
Row Key	Timestamp	Column Family	
URI	Parser		
r1	t3	url=http://	title=
t2	host=com		
t1			
r2	t5	url=http://	content=每天…
t4	host=com		

&Oslash: Row Key: 行键,Table 的主键,Table 中的记录默认按照 Row Key 升序排序。
&Oslash: Timestamp: 时间戳,每次数据操作对应的时间戳,可以看作是数据的 version number。
&Oslash: Column Family: 列簇,Table 在水平方向有一个或者多个 Column Family 组成,一个 Column Family 中可以由任意多个 Column 组成,即 Column Family 支持动态扩展,无需预先定义 Column 的数量以及类型,所有 Column 均以二进制格式存储,用户需要自行进行类型转换。

图 9-9 Hbase 数据库表与 Column Family

Hadoop 是 Apache 开源组织的一个分布式并行计算开源框架,主要用于大规模数据计算和海量数据存储。Hadoop 能够通过普通机器组成的服务器群来分发和处理数据。通过分发数据,Hadoop 可在数据所在的节点上并行处理,实现数据快速处理。Hadoop 中涵盖十多种组件，各组件名称及功能见表 9-1。

表 9-1 Hadoop 组件及其功能说明

服务类型	说　　明
HDFS	Apache Hadoop 分布式文件系统 HDFS 是 Hadoop 应用程序使用的主要存储系统。HDFS 创建多个数据块并将它们分布在整个集群的主机上，以启用可靠且极其快速的计算功能
MapReduce	Apache Hadooop MapReduce 支持对整个集群中的大型数据集进行分布式计算
YARN	Apache Hadooop Mapreduce 2.0(MRv2)或 YARN 是支持 MapReduce 应用程序的数据计算框架(需要 HDFS)。当前上游 MRv2 不被视作稳定，并且在此时不应被视作生产就绪
ZooKeeper	Apache Zookeeper 是用于维护和同步配置数据的集中服务
Hbase	Apache Hbase 提供大型数据集的随机、实时的读/写访问权限(需要 HDFS 和 Zookeeper)
Hive	Hive 是一种数据仓库系统，提供名为 HiveQL 的 SQL 类语言
Ooze	Ooze 是集群中管理数据处理作业的工作流协调服务
Hue	Hue 是包括 Apache Hadooop 的 Cloudera Distribution 一起配合使用的图形用户界面(需要 HDFS、MapReduce 和 Hive)
Flume	Flume 从几乎所有来源数据集数据并将这些数据聚合到永久性存储(如 HDFS)中
Impala	Impala 为存储在 HDFS 和 HBase 中的数据提供了一个实时 SQL 查询接口，mpala 需要 Hive 服务，并与 Hue 共享 Hive Metastore
Sqoop	Sqoop 是一个设计用于 Apache Hadooop 和结构化存储(如关系数据库)之间高效地传输大量数据的工具。Cloudera Manager 支持的版本为 Sqoop2

Hadoop 的核心组件是 HDFS 和 MapReduce。HDFS 是一个分布式文件系统，架构见图 9-10，具有高容错性，设计部署在低廉的硬件上，提供高吞吐量来访问应用程序的数据，

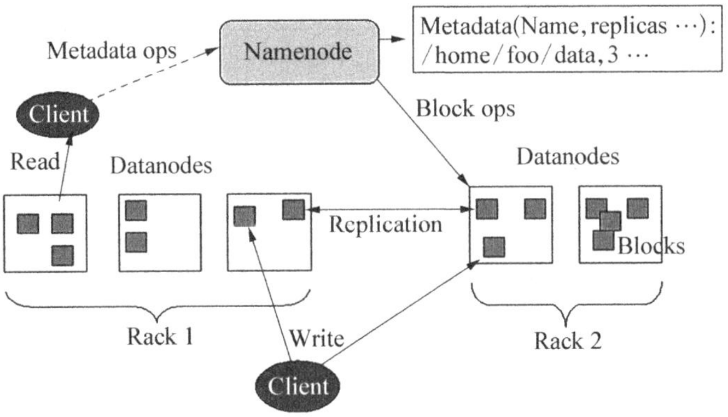

图 9-10 HDFS 架构

适合那些有着超大数据集的应用程序。MapReduce是编程模型，负责分发任务和汇总任务。

Hadoop能够让数千台普通廉价服务器组成一个稳定和强大的集群，该集群能够对PB级的数据进行存储和计算。Hadoop具有强大稳定的生态系统，也具有很多使用的延伸产品，比如做查询的Pig，做分布式命名服务的ZooKeeper，做数据库的Hive等，见图9-11。

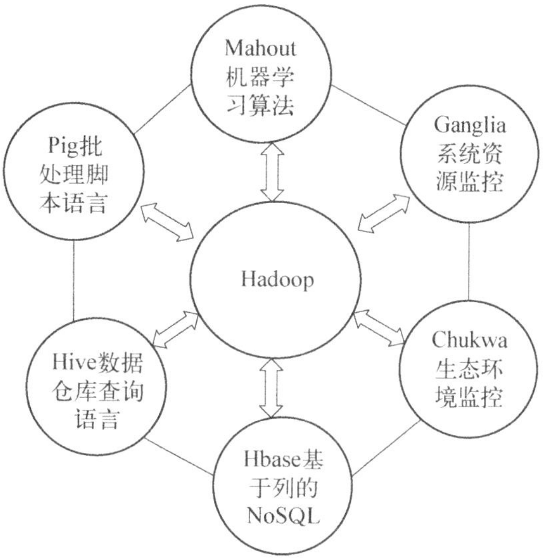

图9-11 Hadoop的产品延伸

数据抓取、数据存储、数据分词及过滤筛选等过程产生的数据存放在Hbase上，同时使用定时任务将存储在Hbase上的信息同步到Oracle中（见图9-12），使数据分析整理可以基于Oracle进行。最终文件中，客户信息分别存储在每个险种下面，并标明用户信息与险种的匹配度和优先级。

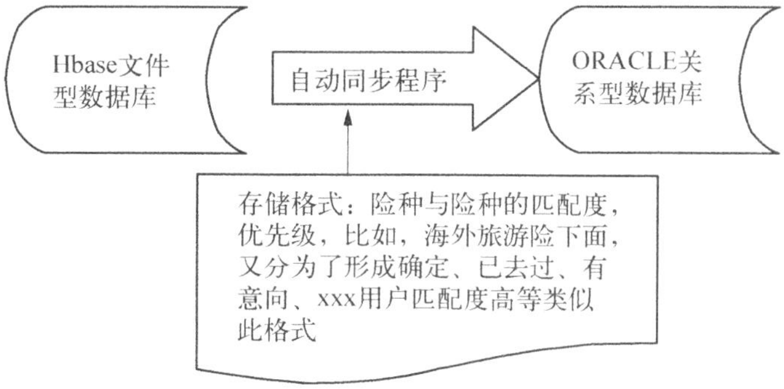

图9-12 数据同步

4）营销模型

构建的营销模型可依据险种、维度分类、关键字库等进行调整，并进行可视化展示。由营销模型得到客户营销策略，系统会自动地向用户进行保险推销，推销方式包括E-mail、手机短信息、论坛短消息、论坛回复、微博、私信等。通过使用开源的Spring MVC框架和Oracle数据库，项目对不同险种设置不同的营销活动和宣传页面。

根据营销模型，系统可自动生成一系列报告，包括信息数据分析报告、营销效果评估报告、险种口碑调查报告、推广方式分析报告、多渠道营销报告、用户行为跟踪报告、用户关注度调查报告、会员行为特征报告等，由报告可得出哪类推广方式更受欢迎、险种与哪些用户最匹配，并可依据报告进一步完善算法和抓取程序。

9.3 基于大数据的保险精准营销应用拓展

基于大数据技术的保险精准营销项目的系统大数据技术架构，结合保险公司积累的内部数据，项目还可拓展支持其他多种业务创新[2]。

9.3.1 集成企业内部结构化数据

1）业务数据集成和源系统业务数据分析

（1）保险产品分析：

① 统计产品在互联网上的口碑，查看产品的消费群体及其共同特征，分析客户对产品的意见及其价值。

② 基于公司积累数据分析产品销售情况和目标群体特征等。

解决方案：

① 运用抓取技术获得产品在各大论坛和微博上的评论，将数据存于Hadoop集群，用SVM算法对这些数据进行分析和过滤，最后将整理完毕的数据通过Sqoop技术同步到Oracle端进行展示。

② 将销售信息、客户信息、保单信息等同步到Hadoop集群，通过支持向量机算法进行分析过滤，然后同步到Oracle端，进行统计和展示。

（2）保险理赔分析。根据公司历史数据，从客户历史理赔、产品、销售员、渠道、时间等维度分析理赔数据。

解决方案：将积累的理赔数据同步到Hadoop集群中，通过自定义算法（封装Mahout聚类抽取数据集的共同特征），将数据进行分析过滤，再将整理完毕的数据同步到Oracle端，进行展示。

（3）客户流失分析。分析新增客户数、流失客户数、年度总客户数等客户变动维度，剖析共同特征。

解决方案：将积累的客户信息和与客户有关销售信息同步到Hadoop集群中，用支持向量计算法对这些数据抽取共同特征，将整理完毕的数据同步到Oralce端，再进行展示和出报表。

（4）保单分析。保单统计数据的计算、逻辑提取、备份等。

解决方案：将保单数据同步到Hadoop集群，应用Hive语言完成分析、计算、统计、逻辑抽取、备份等操作，并将分析后的数据同步到Oracle中。

2）技术部门故障报告分析——事故报告分析

将技术部门的事故报告同步到 Hadoop 集群，利用算法进行分词、分析、共同特征抽取操作，形成相关分析报告。例如，哪类故障出现频率高、有哪些共同特征等。帮助技术部门进一步分析。

解决方案：

(1) 利用类似聚类算法，应用英文副词、介词库，得到剔除噪声后“恒星”清单。

(2) 对识别出的“恒星”进行人工鉴别，定义“星系”模型。

(3) 次对源数据进行模式匹配，统计出精确的“星系”规模图。

(4) 对结果进行可视化设计，形成最终的“星空”报告。

9.3.2 集成企业内部非结构化数据

1）呼叫中心语音分析

将呼叫中心数据集成到大数据平台中，实现语音文件(主要为客户来电)的存储、转换以及过滤分析，从而整合分析客户需求与疑虑，更充分、更有针对性地为客户服务。减轻呼叫中心服务人员的工作压力，提升服务满意度，并利用大数据平台的统计分析预测功能，帮助呼叫中心实现高效率营运。具体功能如下：

(1) 定期将语音文件(主要为客户来电)同步到大数据平台，同步时将文件结构同时进行同步。

(2) 定期将呼叫中心的指标数据同步到大数据平台，方便平台的统计分析。这些指标数据包括：总呼入量、接通率、接通时长、处理时长、在线利用率等。

(3) 大数据平台实现将语音文件转换成文字文件，并通过语义语境分析，智能提取关键信息，包括如下内容：

① 业务咨询、流程疑问、自主操作(主要指网销)解答、业务办理、投诉建议等客户来电原因。

② 关联保单或关联业务。

③ 相关营销员。

④ 客户信息。

⑤ 专业度、准确度、态度、客户满意度等呼叫中心服务质量指标。

(4) 大数据平台定期统计呼叫中心数据的分析数据，按照一定的规则多个维度对营销员以及呼叫中心内勤人员进行评估考核。

(5) 大数据平台通过解析客户来电，发现潜在客户。核心技术是 Mahout 分类算法/Weka 分类算法、Espeak 文本语音转换技术/IRC 文本语音转换技术。其中的难点是在语音文件转换成文本后，存在正确率问题，如语音中存在方言或者模糊不清的声音，系统转换后的文本可能会有误差。

2）客户互联网行为分析

根据客户/准客户的基本信息，在互联网络定位该客户，关注该客户的行为轨迹，并及时将有用信息反馈到营销平台进行跟踪。具体功能如下：

（1）定期将客户/准客户信息同步到大数据平台。

（2）将客户/准客户作为关键字信息，大数据平台对相关信息进行网络抓取，客户/准客户可作为抓取关键字的信息包括客户姓名、性别、联系电话、E-mail、网络昵称、家庭住址、籍贯、爱好、职业、年龄等。对客户/准客户的行为轨迹进行抓取分析。

（3）通过语义语境分析，分析筛选抓取的轨迹信息，提取有用信息。有用信息包括：

① 可再次营销的意向性行为，例如：最近动态、健康状况、外出情况、家庭互动等。

② 舆情言论。

③ 根据手机、姓名、性别、QQ等已有客户信息，定位到客户的QQ空间、QQ微博，关注最新动态。

（4）将分析提取的“可再次营销的意向行为”数据分类记录到Hadoop数据库，作为新一轮语义分析的输入，实现精准营销。

（5）将分析提取的“舆情言论”数据分类记录到Hadoop集群，并以报表形式反馈到业务部门。

3）公司网上商店Log日志分析

采集公司网上商店访问数据以及评论信息，并且对其进行分析。分析公司网上商店的Log日志。具体功能如下：

（1）大数据平台采集公司网上商店网站访问数据，包括产品点击、产品购买、客户Cookie中同类产品、页面信息等。

（2）对公司网上商店访问数据进行智能分析，例如，哪个产品点击率高但购买率低，通过与客户Cookie中其他同类产品比较，推测问题原因。

（3）分析公司网上商店评论，包括网站满意度、产品满意度等。

其中Log分析为：JAVA自定义一个文件扫描的方法，可逐行解析文件，也可随机找到文件中的某个关键字。

大数据技术发展可使保险公司结合内外部更广阔的数据，制定更合理的营销策略。本章对友邦保险公司的精准营销项目系统进行了介绍。首先，简述了精准营销项目系统的目标、整体流程和架构。其次，结合业务流程，详细介绍了各环节的核心技术及实现过程。最后，介绍了保险精准营销项目系统的应用扩展，涉及产品分析、理赔分析、客户保单分析、呼叫中心语音分析、客户互联网行为分析、公司网上商店网站Log日志分析等业务，并着重阐述了大数据技术支撑各类业务的解决方案。

◇参◇考◇文◇献◇

[1] 邬维奇.大数据在保险营销中的应用[J].改革与开放,2013,13:47-53.
[2] 马海涛.保险分支机构建设和持续监管的思考[J].保险研究,2011(7):106-108.

第10章

大数据与医疗保险业务优化

目前，保险行业的竞争日趋激烈，由于对保险产品的定价缺乏科学的依据，所以谁能利用大数据技术分析客户数据，进行合理的保险产品定价，谁就能在竞争中获胜。核保工作是保险工作最重要的环节，其质量直接影响公司的业务发展与风险控制。本章介绍医疗保险理赔业务流程，基于数据挖掘技术，在产品定价和核保优化两个环节对医疗保险业务进行优化。

10.1 医疗保险及其理赔流程

医疗保险是以人的身体为保险对象，对被保险人患病或遭受意外事故时所花费的医疗费用或造成的收入损失给予赔偿的一种人身保险。医疗保险分为报销型医疗保险和赔偿型医疗保险。报销型医疗保险是指患者在医院里所花费的医疗费由保险公司报销，一般分门诊医疗保险与住院医疗保险。赔偿型医疗保险是指患者明确被医院诊断为患了某种在合同上列明的疾病，由保险公司根据合同约定的金额给付给患者治疗及护理。一般分单项疾病保险与重大疾病保险。上述两类医疗保险的不同点主要是：普通医疗险属全类型，即各类疾病都能获得保险给付；而专项医疗保险属专项类，即某项在保险合同中明确列明的疾病或手术才能获得保险给付[1]。

保险理赔，是指在保险标的发生保险事故而使被保险人财产受到损失或人身生命受到损害时，或保单约定的其他保险事故出现而需要给付保险金时，保险公司根据合同规定，履行赔偿或给付责任的行为，是直接体现保险职能和履行保险责任的工作。简单地说，保险理赔是保险人在保险标的发生风险事故后，对被保险人提出的索赔请求进行处理的行为。在保险经营中，保险理赔是保险补偿职能的具体体现[2]。

医疗保险与人身紧密相关，其理赔也具有一定的特殊性，流程如图 10－1 所示，具体包括以下四个步骤。

(1) 接案与立案。被保险人发生医疗保险事故时，如果被保险人所接受诊疗的医疗机构是所购买的医疗保险公司的定点医疗单位，则在客户入院时，医院方可以协助被保险人在出入院或者医保办进行入院的申报，提出索赔申请。医院方将提供各种医疗保险理赔所必备的索赔单证，其中包括：被保险人的个人信息、保险单、诊疗单据等。

(2) 初审与调查。保险人接到出险通知后，首先应查抄底单，验证保险单是否有效，以决定是否有必要进行理赔。审核的内容包括赔案的出险日期是否在保险期间，保险合同效力是否终止，出险事故是否在保险责任范围内，然后审核事故的证明材料(应对死亡赔案的

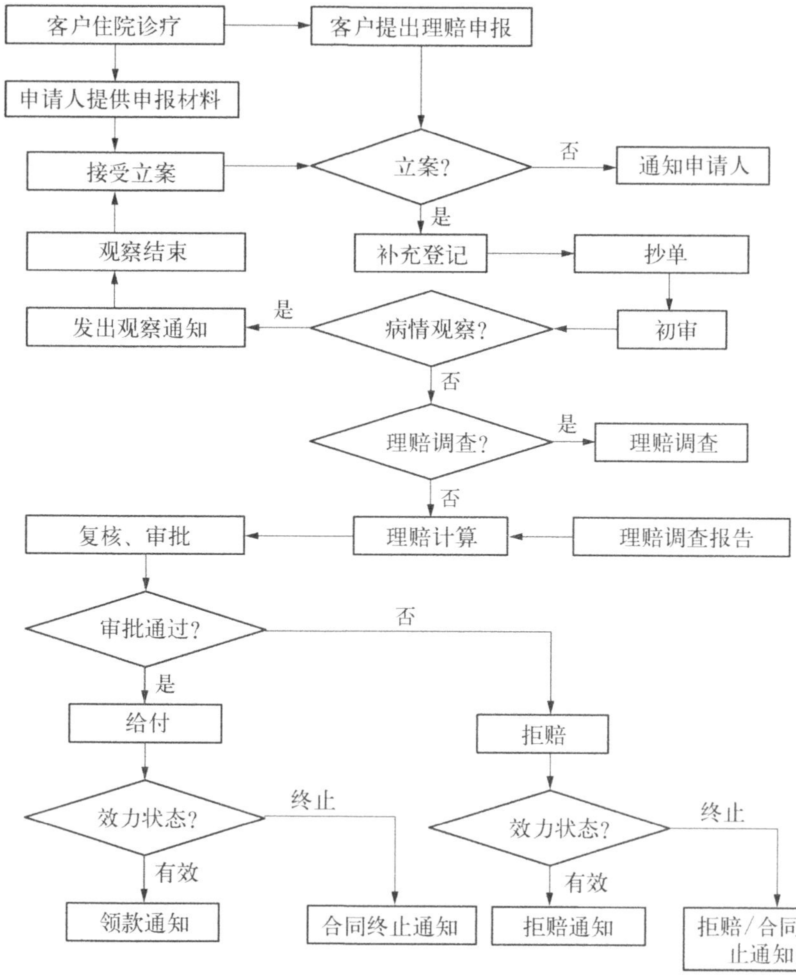

图 10-1　医疗保险理赔流程

死亡证明、残废赔案的残废证明等的合法有效性进行审核等),发出理赔事故通知书或调查通知书。调查是业务人员与医院、公安机关等相关部门合作,为保险责任的认定和理算提供可靠的依据,并撰写理赔案件调查报告。

(3) 理赔计算。当被保险人出院后,医疗机构工作人员向保险公司发送结算信息请求,在一切事实清楚无误后,理算人员根据理赔资料,做出给付、拒付、豁免的处理,根据医疗保险系统理赔计算交易完成理赔金计算,经被保险人确认签字后,支付理赔金。

(4) 复核审批与结案归档。对于理算人员的理算结果,复核人员还应该进行审查和核对。如果索赔金额超过了复核人员的权限,则应该呈送主管进行审批。赔案经过复核审批后,进入接案归档环节。保险公司完成以上审核和查看的工作后,就可以对被保险人或受益人进行赔付。赔付后,保险公司整理并保存有关理赔的所有文件和单证,以及现场查勘的资料、录音等,并将其归档处理,以便日后查阅。

被保险人投保的目的就是为了在保险事故发生时能及时得到补偿。但长期以来,中国保险市场一直存在着"理赔难、时效低"的现象。目前，参加医疗保险的参保人群在理赔过程中，存在"手续烦琐、效率低下、费时费力"的弊端，客户出险以后需要在医院和保险公司之间反复往返，给客户带来了极大的不便。

10.2 基于大数据的医疗保险产品定价优化

10.2.1 保险产品定价存在的问题

目前，保险产品定价差异性不足。以中国人寿四川分公司为例，公司对于医疗保险在四川各地均采取统一的费率，但实际上，由于整个四川省地理环境和气候东西差异较大、地形复杂多样、经济发展状况、公共设施、医疗救助体系、风俗习惯、生活方式等风险状况存在较大差异，意外伤害事故的发生概率和对被保险人造成的后果也不相同，理应实行差别定价，而在保险产品定价时整个四川省使用同一个标准的费率，显然是不符合实际[3]。

通过积累的医疗保险理赔数据进行分析挖掘，为医疗保险费率的厘定提供参考，实现差别定价具有一定的现实意义[4]。

下面采用聚类分析方法，对保险公司已有的医疗保险理赔案件数据进行数据分析挖掘，寻找易发生索赔的保险客户的特征，为保险产品价格制定提供参考。

聚类分析又称为数据分割，根据数据的相似性把大型数据集合划分成组。计算样本间的近似性时，按照样本间的欧式距离来进行计算，数值大的近似度高，就被分在不同的类，数值小的近似度低，就被分为同一类。通过对医疗保险客户进行聚类分析，可将保险客户进行群体划分，更进一步，可分析确定不同群体的行为模式。

10.2.2 数据准备

建立数据挖掘模型的数据来源于中国人寿四川分公司从2008年1月到2011年6月的医疗保险实际的理赔记录。保险行业的数据存在数据的不完整、不一致，以及含有噪声等问题，需要通过数据的预处理来改善数据的质量，提高数据挖掘的准确性和有效性。清理后有效数据记录有43 678条，选择数据的70%用于建模，数据的30%用于挖掘模型的预测。根据实验中数据的冗余、不一致等情况，进行数据清洗整合工作。

(1) 无效字段值的处理。对于个人信息中的性别字段，可以人为地将其分为两种类型：男和女，对于数据表中出现的第三种类型"其他"，这显然不符合实际情况，可以根据客户的身份证号进行统一化，对于身份证号长度为15位的情况，可以根据证件号的最后一位判断是男或女；对于身份证号长度为18位的情况，可以根据证件号的倒数第二位的奇偶来判断是男或女。

(2) 相同字段不同值类型的处理。针对客户的出险类别字段、离院状态等字段，不同的表中，字段值的类型有的以普通编码的形式存在，有的是以具体的通用名称存在，为了数据的一致性和数据的方便性，可以统一将编码改为通用的名称。

(3) 不完整数据的处理。医疗保险的数据表中，对于不完整的数据，大多采用的是填充“null(空值)”值的方法，有的可以根据相关表和保险知识来推断空值。

进行完数据的预处理之后，将客户的基本信息分类如表 10－1～表 10－3 所示。

表 10－1 年龄分类

代码	年龄区间	代码	年龄区间	代码	年龄区间
Code A	未满 14 岁	Code B	14～23	Code C	24～33
Code D	34～43	Code E	44～53	Code F	54 岁以上

表 10－2 性别分类

代码	性别	代码	性别
1	男	2	女

表 10－3 职业代码和名称

所属职业代码	职业名称	所属职业代码	职业名称
A	农林牧渔	L	租赁和商业服务
B	采矿	M	科研、技术服务和地质勘探
C	制造	N	水利、环境和公共设施管理
D	电力、燃气及水的生产和供应	O	居民服务和其他服务
E	建筑	P	教育
F	交通运输、仓储和邮政	Q	卫生、社会保障和社会福利
G	信息传输、计算机服务和软件	R	文化、体育和娱乐
H	批发零售	S	公共管理与社会组织
I	住宿餐饮	T	国际组织
J	金融	Y	学生
K	房地产	Z	军人

讨论索赔客户特征的聚类分析时，采用了客户出险原因、风险级别、离院状态、年龄段、职业伤害级别和性别六个特征变量建立数据挖掘模型。

分类特征表能呈现每一分类的特征以及根据对象的某种状态预测出现在某类中的概率。表10-4是一种分类(分类3)的特征分布,其中客户风险级别为"最低"的被分在该分类的概率为96%。

表10-4 分类的特征分布

特征 分类3		
变 量	值	概 率
性别	1	98%
风险级别	最低	96%
出险原因	疾病	94%
离院状态	好转	86%
年龄段	CodeA	80%
职业伤害级别	低	72%
职业伤害级别	高	64%
年龄段	CodeB	50%
离院状态	其他	25%
离院状态	治愈	18%
出险原因	意外	15%
风险级别	较低	10%
职业伤害级别	缺失	6%
出险原因	其他	4%

10.2.3 聚类模型构建与评估

上节计算中,聚类分析算法按照类间距离尽可能小、类外距离尽可能大的原则将客户群体分为十类,得到以下规律:

(1) 在保险索赔案件中,年龄处于14岁以下的被保险人和年龄处于15至23岁左右的被保险人大都从事职业伤害级别低的职业;男、女孩的出险概率大致相同;引起保险事故的主要原因是疾病,导致住院医疗;96%以上的情况下住院少于5天就可以有所好转,可以离院观察,风险级别最低。

(2) 在保险索赔案件中,年龄处于24至43岁左右的人群中,住院治疗的概率相对来说比较小,在住院接受治疗的人群中,大多都是从事职业伤害比较大的职业;引起保险事故的主要原因是疾病,导致住院治疗;由于医疗条件的改进和这个年龄段体质的原因,也能将风险级别降到最低。

(3) 在保险索赔案件中，年龄处于 54 岁以上的人群，大多从事职业伤害级别较小的职业；由于军人、采矿或者相关金融单位的医疗条件比较优越，尽可能将风险降到最低；出险原因大部分都是因为疾病，会有极少部分的意外；住院治疗女士的百分比要稍大于男士；大部分都能够好转或者治愈，也会有少量的死亡现象发生。

10.3 基于大数据的医疗保险核保优化

10.3.1 医疗保险核保存在的问题

保险公司以实现长期的承保利润为目标，以风险管控为基础。通过周密地对被保险人的个人信息和保险信息等进行检查，确保理赔没有风险，通过实施科学决策，收集、整理和分析历史数据，通过风险改善，降低损失发生率和严重程度。在保险公司的风险管理环节中，核保工作进行质量的好坏，直接对公司的业务发展与风险控制都有很大的影响，要检查被保险人的个人基本信息、诊疗信息、用药信息等相关资料，将风险降到最低，对公司的经营、业绩起着重要的作用[5]。

目前，核保人员对标的物的风险程度的判断主要依靠往年理赔数据和个人保险理赔方面的经验、公司目前的发展现状、整个保险行业的现状、公司所能承受的风险范围来制定赔付策略。如何从大量的赔付案件中寻找易发生索赔的客户特征，对客户进行风险等级的分类，提高核保的质量和速度成为现阶段研究的一大热点问题[6]。

下面采用决策树等决策分析方法，从积累的历史赔案的样本数据中训练出风险等级判别函数，对后续投保的客户进行风险分类时，利用建立的函数来判断其风险等级。

决策树中结点用建立决策树模型的事例的特征来表示，树的分支用事例特征的值来表示。决策树的根结点包含定型集中所有的事例数，该属性是所有样本中信息量最大的，非叶子结点包含以该结点为根结点的所有事例数，该属性是该结点包含的所有子样本中信息量最大的，叶子结点是样本的类别值。决策数中每个属性上的测试由每个非叶子结点来表示，测试输出由每一个分支来表示，每个叶子结点代表类或类的分布，存放着类的标号。决策树的构造过程是执行一个贪心算法的过程，从数据的根结点出发，用未知事例的属性在决策树上进行测试，测试完对大量事例的属性进行分析和归类，直到叶子结点后才能得到事例具体的所属类别。

具体来说，决策树的分类过程如下：从根结点出发，根据判断的条件的结果来为事例选择合适的路径，接着再对事例选用新的判断条件来检验事例的属性，根据测试结果到达叶子结点或者另一个新的非终结点，依次类推往下进行，直到所有的事例都有所属的类别结束。在自顶向下遍历决策树的过程中，每个结点都要进行一次判断，结果不同将导致分支的产生，依次进行，直到最终的叶结点，至此就完成了利用决策树算法对所有事例的分类。

10.3.2 数据准备

建立数据挖掘模型的数据来源于中国人寿四川分公司从2008年1月到2011年6月的医疗保险实际的理赔记录，对数据进行预处理过后的有效记录有5 828条。由于是对客户群体做分析，所以在算法特征变量的选择上，决策树分析所采用的特征变量与聚类分析大致相同，决策树分析重在对客户的风险级别做预测，在本次实验中增加了预测变量客户的“风险等级”，将客户的“风险等级”变量定义如表10-5所示。

表10-5 风险等级表

级　　别	对应范围
4	a≥0.75
3	0.5≤a<0.75
2	0.25≤a<0.5
1	a<0.25

注：a=赔付金额/保险金额。

10.3.3 客户风险级别判别模型的建立

建立决策树模型所需要的自变量为保险金额、年龄、诊疗时间、所属职业代码四个输入变量，风险等级作为预测变量，即所谓的输出变量。选择数据的70%用于建模，数据的30%用于挖掘模型的测试。决策树模型如表10-6所示。

表10-6 决策树挖掘模型

结　　构	客户风险决策树
保险金额	决策树
风险级别	输入
结算信息ID	预测
年　龄	输入
所属职业代码	输入
治疗时间	输入

经过决策树算法后生成决策树，如果想对数据的分布做进一步的了解，可以查看结点的信息。每个结点的信息都可以通过挖掘用例或者一般内容树查看器进行查看。例如，“年龄<58 and 诊疗时间！＝‘长’”这个结点所包含的信息为：本结点所包的事例总计为418个；客户风险等级为1级的事例数31个，概率为7.53%；客户风险等级为2级的事例数为97个，概率为23.22%；客户风险等级为3级的事例数为102个，概率为24.41%；客户风险等级为4级的事例数为188，概率为44.84%。

通过决策树只能了解树的结构和结点的信息，依赖关系网络图，可以了解因变量与自变量间的关联性强弱程度，从关联强度链接来看，年龄与风险级别的关联性最强，通常情况下，年龄大的住院的概率相比会比较高，风险性也就越大。其次是诊疗时间，住院时间的长短通常情况下和疾病的严重程度、风险级别成正相关。

客户风险判别模型可以应用在计算机自动核保过程中，引入该模型，有利于在计算机自动核保阶段识别投保客户的风险等级，对于低风险等级的承保客户，可以自动转入保单的正常处理流程，对于高风险客户，要求客户提供体检资料、生存调查、填写补充资料等项目，然后进入人工核保阶段，控制承保阶段风险。

本章针对目前寿险公司经营方面存在的问题，通过对实际业务历史理赔数据进行分析，分别采用数据挖掘技术中的聚类分析算法和决策树算法，从识别易发生索赔案件的客户特征和客户风险级别判定方面进行研究，有助于保险公司产品定价和核保业务系统的优化。

◇参◇考◇文◇献◇

[1] 陈建军，陈琦．保险公估人的作用及保险理赔程序[J]．市场周刊：财经论坛，2004(8)：62-63．

[2] 樊启荣．保险理赔程序及其时限立法规制论——兼评《保险法修订草案》的相关条款[J]．法学，2009(1)：72-81．

[3] 吴蓉蓉．我国现行医疗服务价格的分析研究[D]．南京中医药大学，2009．

[4] 李娜娜．数据挖掘在医疗保险理赔分析中的应用[D]．大连理工大学，2013．

[5] 朱铭来，丁继红．我国医疗保障制度再构建的经济学分析[J]．南开经济研究，2006，4：58-70．

[6] 赵云，吴琪俊．新医改政策推动下医疗保险专业人才的社会需求变动分析[J]．卫生软科学，2009，23(5)：526-528．

第11章

大数据与保险欺诈识别

保险欺诈影响行业经营效益、破坏市场秩序，同时具有隐蔽性、专业性等特点，反欺诈工作需要同业密切合作交流，是一项系统性工作。行业车险信息平台是集交强险、商业险承保、理赔功能为一体的综合性平台，在车险欺诈侦测方面发挥重要作用，本章将对其进行介绍。另外，还将简述国外基于大数据技术的保险欺诈侦测模式。

11.1 保险欺诈识别概述

保险市场竞争日趋激烈，利润空间大为压缩，如何有效地控制保险欺诈已成为全球保险的共识。保险欺诈是指投保人方面的欺骗，主要表现在利用保险谋取不正当利益。具体指投保人、被保险人和受益人以骗取保险金为目的，以虚构保险标的，编造保险事故或保险事故发生原因、夸大损失程度、故意制造保险事故为手段，致使保险人陷入错误认识而向其支付保险金的行为。保险欺诈常常表现在：制造假象，将损失"转化"为保险损失；超额保险，投保人投保的保险金额高于保险标的实际价值；重复保险，投保人对同一保险标的、同一保险利益、同一保险事故分别向两个或两个以上保险人订立保险合同的保险；伪造或夸大损失，投保人在保险期限内编造保险事故发生的假象以获取保险金[1]。

保险欺诈行为一方面直接损害了消费者权益，造成了保险服务资源的浪费。另一方面也增加了保险公司运营管控成本，降低了保险理赔服务效率，甚至危及保险行业的健康发展。

2013 年费埃哲公司发布一份针对美国及加拿大保险公司的调研报告，报告显示三分之一的保险公司认为其目前的防欺诈措施尚不完备，投保人时常低估价值或遗漏了一些对保单成本不利的信息，如汽车年度行驶里程等数据。受访者预计欺诈损失将主要发生在个人财产保险、劳工补偿险及汽车保险领域。同时，此次调查结果显示现实数据远高于此。保险公司一定要使用欺诈监测软件，对已知的欺诈模式和未来可能出现的新的欺诈模式进行预测和监控，提升防欺诈水平，保护优质客户、打击保险欺诈，降低损失。据国外保险有关研究机构测算，每年约有 10%～30%的保险赔款涉嫌保险欺诈，保险欺诈是导致保险公司破产的主要原因。

中国保监会曾于 2012 年 8 月发布《关于加强反保险欺诈工作的指导意见》，并指出当前保险欺诈具有以下特点：

(1) 机会型欺诈在车险、健康险、政策性农险领域较为普遍。

(2) 职业型欺诈在经济发达的地区较为活跃。

(3) 保险欺诈活动与保险公司管控薄弱相互交织。

(4) 欺诈案件处置难度增大,追逃追赃减损存在一定困难。

(5) 跨境欺诈案件在东南沿海开始出现[2]。

据业内专家估计,我国保险诈骗金额占赔付总额的 20%～30%,如何控制保险欺骗带来的成本,成为全球保险业管理工作的重点。

目前,国内反保险欺诈调查中存在三大难题:欺诈信息缺乏行业共享、社会反保险欺诈意识严重缺失,以及反欺诈调查缺乏有效模式。其中,信息不透明是最重要的因素,监管部门、行业协会与公安、司法部门信息共享不足,导致反保险欺诈调查实施困难[3]。

11.2 行业车险信息平台及其反欺诈应用

11.2.1 车载数据的采集与共享

车载信息技术已经有几十年的历史,它通过安置在汽车上的一个设备,可以将汽车的驾驶数据实时地传送至保险商。在汽车行业,"车联网"成为近年来快速发展的新型事物,它利用 GPS、GRS、全球眼道路监控平台以及物联网等车载信息技术,通过车载设备、呼叫中心等为汽车与驾驶员提供一体化的全方位服务[4]。在国外,已经有一些保险商采用了车载信息技术。拥有快照设备的美国前进保险公司已经向市场推出了自己的车载信息技术产品。英国汽车保险服务公司提供一款基于 Telematics 技术的个性化保险服务——AA 安全驾驶保险,在车上安装一个安全驾驶黑盒子,黑盒子记录车辆的速度、拐弯、刹车等驾驶行为数据,通过分析设备采集的数据可以分析不同客户的驾驶习惯,以定制不同的保险费率。2010 年,全球车上装有车载信息技术设备已达 185 万,预测 2017 年时将上升到 8 900 万。下面以 Chukwa 为例,介绍车载数据的采集和存储技术[5]。

Chukwa 是由 Yahoo 所实现的基于 Hadoop 的大车载信息监控系统,它是一个分布式数据收集与处理平台,用于收集、分析日志数据。Chukwa 基于 MapReduce 框架,使用 HDFS、Hbase 等存储技术。Chukwa 的主要部件包括:

(1) 代理(Agents):负责原始的车载数据采集,并发送给 Collectors。

(2) 适配器(Adaptors):采集数据的接口和工具,一个 Agent 可管理多个 Adaptor 的数据采集任务。

(3) 收集器(Collectors):收集 Agent 收取的数据并定时写入集群中。

(4) MapReduce 工作(MapReduce Jobs):定时启动任务,对集群中的数据分类、排序、去重和合并。

(5) Hadoop 基础护理中心(Hadoop Infrastructure Care Center, HICC):数据的呈现。

Chukwa 将集群上的每个节点看作为数据的产生端,使用一个 Agent 采集感兴趣的数据,不同类型的数据分别通过相应的配置进行指定,并由一个 Adaptor 来实现。Chukwa 默认对如下的数据源提供相应的 Adaptor:命令行输出、Log 文件以及 HttpSender 等。Adaptor 既可以定期运行(几分钟一次),也可以监听不同的事件来驱动运行,还支持用户自定义的 Adaptor。Chukwa 在 Agent 端采取"看门狗(Watchdog)"机制来防止数据采集端出现故障,它可以自动重启终止的采集进程以防止原始数据的丢失。同时,Chukwa 可以自动对重复采集的数据进行去重。因而,多台机器上可以部署相同的 Agent,以实现容错的功能。图 11-1 所示为 Chukwa 的处理流程。

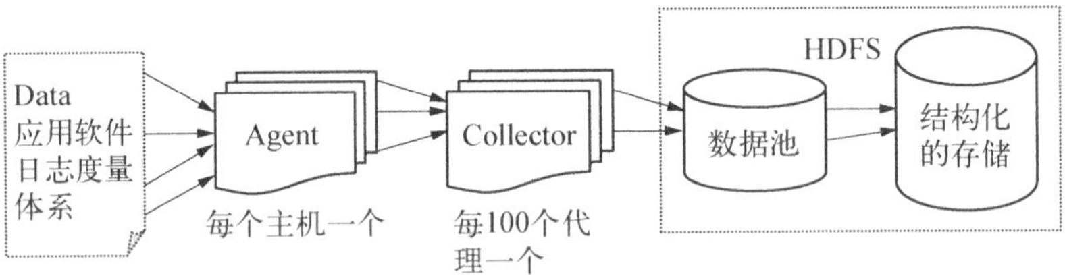

图 11-1　Chukwa 的处理流程

Agent 采集到的数据存储于 Hadoop 集群,Chukwa 使用 Collector 将数据先部分合并,再写入到集群。同时,为防止 Collector 的性能瓶颈问题,Chukwa 设置多个 Collector,Agent 随机选择一个 Collector 传输数据,如果当前选定的 Agent 失败繁忙,则切换另一个,从而保证负载均衡。Chukwa 使用 Mapreduce 来进行数据分析,它提供 Demux 与 Archive 两种内置的作业类型。Demux 作业主要实现数据的分类、排序与去重,在执行过程中,它根据数据类型以及配置文件所指定的处理类执行相应的数据分析,将非结构化的数据进行数据属性及值的抽取,转化为结构化数据。而 Archive 作业则将相同数据类型的文件进行合同,保证数据的汇总,同时减少了文件的数量以减轻 Hadoop 集群的存储压力。最后,Chukwa 使用 Hicc 实现数据的展示,基于 Jetty 等技术,它支持列表、曲线图、柱状图等多种数据的展示。同时,对于不断采集的新数据,采用 Robin 策略,将数据在时间轴上"稀释"以减小服务器的压力,并提供长时间段的数据展示。

11.2.2 我国行业车险信息集中平台

在国内,2006 年 3 月颁布的《机动车交通事故责任强制保险条例》要求机动车相关部门逐步建立信息共享机制。2010 年 2 月中保协与各财险公司总公司共同召开了行业车险信息平台项目专题会议,会议决议各会员公司共同出资统一建立行业车险信息集中平台。

行业车险信息集中平台是集交强险、商业险承保、理赔功能为一体的综合性车险信息平台,功能框架包括以下方面:

(1) 平台实现保险行业数据共享和统一,包括保险行业车险承保、理赔信息共享、统一车型信息和车价库。

(2) 平台实现与其他行业数据共享，包括交管数据、车船税数据，运营数据等的共享。

(3) 平台实现了公众查询服务，面向社会公众，提供查询车险相关信息。

(4) 平台提供行业数据分析服务，为行业数据提供统计、分析的功能。

表 11-1 所示为行业车险平台的价值。

表 11-1 行业车险平台的价值

商业价值	行业车险信息集中平台规范了车险经营市场，防止恶意竞争	统一了车险业务理解，避免单方对政策和实务的理解错误	规避保户道德风险，防范保户的重复投保、骗保、骗赔等行为	提供决策数据支持，市场占有率、理赔比例等数据
行业价值	以车辆信息为主链，可以综合汇总保险业的车险、公安交警部门、地税部门、交通运输部门、卫生部门，及政府信息办等相关系统中与车辆相关的数据信息	通过整合信息资源，集中信息数据，提供信息服务	在行业车险信息集中的同时，也提升保险行业在国民经济中的地位	
社会价值	通过平台向社会开放有关车辆承保、理赔信息及交通事故信息，为投保人提供方便快捷的查询服务	行业车险信息集中平台起到加强外部监督的作用，有效防止虚假批退、虚假应收挂账、虚假赔案等违法违规行为发生		

行业车险信息集中平台纵跨了保险公司、行业协会及其他相关系统，目前已实现除西藏外所有省市的平台上线。行业车险信息集中平台包括以下几个功能子系统：交强险核心子系统、商业险核心子系统、电子联系单子系统、查询统计子系统、数据维护子系统、公共服务子系统、运维管理系统。

(1) 交强险核心子系统，是行业车险信息集中平台与保险公司进行保险业务交互的数据接口，是平台的核心需求功能。平台提供 20 个接口完成交强险的投、承保，批改，理赔业务的询价和数据共享。交强险平台上线运行，意味着交强险保费可全部通过平台系统计算获得，保险行业实现了交强险信息实时数据共享，实现了交强险费率与保险理赔记录挂钩浮动。

(2) 商业险核心子系统，是行业车险信息集中平台与保险公司进行商业车险业务交互的数据接口，具有平台的核心需求功能。平台目前提供 15 个接口，完成商业险的投、承保，批改，理赔业务的浮动系统计算和数据共享。

(3) 查询统计子系统，为各保险公司(分公司)数据管理人员提供查看本公司的平台业务数据的查询功能。此系统也为平台管理人员提供平台数据的查询及统计功能。

(4) 数据维护子系统，各地保协数据维护人员，通过该系统进行平台数据的维护管理。

(5) 公共服务子系统，集中平台系统管理人员，通过该系统进行平台的个性化参数、平台机构用户(保险主体)的权限增加及配置。

(6) 电子联系单子系统,是提供给项目分部,应用于平台系统与保险公司对数据正确性、特殊业务等进行核实和调整的通信桥梁。

(7) 运维管理系统,是提供给项目部和项目分部,应用于项目部对项目分部无法解决的数据正确性、特殊业务等事宜进行核实和调整的通信桥梁。

行业车险信息集中平台是以车辆信息为主链,在综合汇总各保险公司车辆保险信息的基础上,逐步集合公安交警部门、税务部门等政府相关部门系统中与车辆相关的数据信息,最终形成一个大型机动车辆综合信息系统,并将其打造成一个能满足保险业、政府和公众对保险服务需求的一个公共信息服务性平台。

2014 年 1 月,中国保险行业首家大数据公司在北京成立,经国务院批准,名称为中国信息技术管理有限公司(简称中国保信)。原各地分别建立的车险信息平台已经全部移交到该公司,目前正在进行业务和数据迁移,2014 年年内将实现全国数据的大集中。集中后的车险信息平台将成为保险信息共享平台的重要组成部分。中国保信成立的主要目的是统一建设、运营和管理保险信息共享平台,为保险公司之间及保险业与其他行业之间的信息交互提供支持。

通过数据信息的集中共享和挖掘利用,建立一套科学的行业定价基准和风险数据指标,已经成为保险经营管理水平提升和监管能力改善的基础性工程[6]。中国保信将通过信息技术手段,采集保险经营管理数据及相关外部数据,建立标准化、系统性的数据体系,保证数据的完整性、时效性和真实性,同时为保险监管部门、保险消费者等主体提供不同方式的信息服务。在数据汇集的基础上,中国保信将根据不同需求,加强数据分析,开展数据挖掘,开发多种类型的数据产品。在条件具备的情况下,中国宝信将逐步提供数据托管、登记认证、内部结算、作业处理、反欺诈等衍生功能。作为信息共享平台,收集数据是中国保信的任务,而规范流程同样是一大任务。平台建成后,将使保险业进入到一个透明的状态,把明显的不规范交易暴露出来,逐步使交易规范化、标准化,有利于防范保险消费欺诈,保护消费者的利益。

11.2.3 行业车险信息平台在反欺诈中的应用

2013 年 5 月,中国保监会下发《关于进一步做好车险反欺诈工作的通知》,指出当前车险业务占财产险公司业务的 70%,但车险领域的欺诈活动也日益频繁,且呈现团伙化、专业化和职业化等特征,已成为保险犯罪的高发区。财产保险公司应充分运用信息技术手段提升反欺诈工作效能。各地行业协会应利用车险信息平台建立并完善车险欺诈信息数据库,强化平台反欺诈功能,探索推动行业内欺诈信息共享。

无论对于投保人还是保险公司来说,平台的核心功能是让信息更加公开透明。例如,车主胡女士 2008 年在 A 公司投保,当年出险 5 次,按规定续保,保费得上浮 30%。胡女士一看不划算，干脆跑到B公司投保，由于过去没有共享平台，B公司查不到胡女士在A公司的出险理赔记录，就视其为新客户给予优惠。平台启用后，这样的空子钻不了，对于投保人群来说，意味着价格更加公开透明，同样，也避免了保险公司的价格战，规范了行业秩序。此外，平台也将彻底解决骗保顽疾。比如，有人恶意重复投保，一辆车在多家保险公司投保，一旦出事，向多家保险公司申请赔偿，赚取多余保费。随着车险平台上线，一辆车的承保理赔信息一目了然，骗赔者无处藏身，原有的人为制造假赔记录，也会随之消失。

2014年3月，浙江保监局对辖区保险业车险反欺诈信息化建设情况进行了调研。从调研情况看，多数公司的车险系统中设置了欺诈预警功能，全省车险信息共享平台于2011年6月增加了欺诈风险预警信息查询功能。2012年，金华市公安局联合金华市保险行业协会研发了"保险业防诈骗数据分析系统"，针对欺诈案件特点设定"比对规则"，从各公司提取了历年发生的5万余条车险理赔数据在系统中进行比对，排查出大量涉嫌欺诈的案件线索，金华市公安机关根据这些线索破获保险诈骗团伙13个。

广东省反保险欺诈中心成立后，推进了信息透明和共享。省保险协会完善行业车险信息平台建设，实现了跟周边省份的车险信息平台的数据共享，推动了风险预警接口上线，各产险机构通过风险预警可以在承保和赔付方面找到线索。反保险欺诈中心建成信息共享平台，根据反保险欺诈工作信息，建立高风险客户数据库、高风险从业人员数据库，及时通报典型案件，为各单位预防和处置保险欺诈风险提供重要参考。此外，还建立线索汇集平台，排查保险欺诈案件线索，建立相关情报的收集、汇总、研判和移交规则，及时将情报用于公安机关的案件侦办工作，实现情报价值的最大化。整合行业反保险欺诈工作资源，筹集反保险欺诈专项资金，推进中心实体化运作，完善配合公安机关办案的工作流程，探索联合办案、重大案件提前介入等制度。

11.3 基于大数据的保险欺诈侦测方法

我国保监会发布的《关于加强机动车辆商业保险条款费率管理的通知》中，要求完善商业车险条款费率管理制度，并建立以纯风险损失率为基础、以市场化为导向的商业车险条款费率形成机制。该通知为保险商根据自有数据，利用风险评级和定价收益模型实现自定费率成为可能，而这一切的前提基础就是大数据的应用。

国外已经有一些保险反欺诈的成功应用。美国的保险服务办公室（Insurance Service Office，ISO）作为全美最大的保险信息数据供应商，其CSA（Claim Search Auto）系统可以帮客户搜寻有关车辆盗抢、损坏、抢救等信息。因而，美国有93%的保险公司，以及多个保险基金、互助保险机构、州保险部的反欺诈局加入了该系统，其中保险公司必须通过2万多个终端将有关数据传输到系统。由于CSA系统支持跨险种的多种按需查询，因而对于防范集团性的与综合性的保险欺骗非常有效。美国的菲尔曼基金保险公司运用企业数据挖掘方法对欺诈行为和代位追偿进行分析，其反欺诈及代位追偿系统预计每年为公司节省欺诈行为造成的损失 70 万美元，同时每年实现 200 万美元的代位追偿收入。土耳其的 AXA Oyak 公司利用数据挖掘技术提高市场份额以及销售利润，并且对理赔客户进行欺诈识别，降低赔付风险。目前相关公司提供的利用大数据反欺诈技术见表 11－2。

表 11－2 利用大数据实现保险的反欺诈技术

公司	主要技术	功　　能
SAP	SAP HANA 技术	实时地从海量数据中发现潜在的趋势与模式以检测欺诈；欺诈模式的自适应地进化
IBM	社交网络分析	通过社会网络分析索赔人信息的真实性；支持业务规则的自定义；集成结构化与非结构化的数据以预测异常理赔行为；保险案例的管理以及理赔全过程的分析
SAS	异常检测，预测模型	欺诈数据管理，社会网络分析，保单跟踪；支持与第三方欺诈应用软件的集成

保单数据是实现保险反欺诈分析的数据来源，在进行数据挖掘之前，必须对所有的噪声数据进行清洗：填补遗漏数据值、平滑噪声数据、删除无关属性。同时，针对保单出现的数值型数据，可能需要使用一些算法或者经验判断进行离散化，例如，根据投保人的年龄，划分为青年、中青年、中老年等。另外，由于从保单中获取的属性很多，例如，车险保单中可能提取出年龄、性别、驾龄、职业、婚姻状况、车辆车型、车辆用途、车龄等特征，通过使用一些特征选择算法来实现筛选特征。图 11－2 所示为机动车交通事故责任强制保险单样张。

特征选择又称属性选择，指从全部特征中选择一个特征子集，剔除不相关或冗余的特征，从而减少特征个数，提高模型精度与性能。进行特征选择的原因主要是因为在数据集中可能存在不相关的特征，或者相互依赖的特征。而特征个数越多，训练模型所需时间越长，并容易引起“维度灾难”，模型越复杂，其泛化能力越差。特征选择一般包括四个部分（图 11－3）。

（1）产生过程：搜索特征子集并提供给评价函数，主要是搜索特征子空间的过程，搜索的算法包括完全搜索、启发式搜索与随机搜索三种。

（2）评价函数：评价一个特征子集好坏程度的准则；可使用筛选器分析特征子集内部特点来衡量，常用的衡量方法有相关度、距离度量、信息增益、一致性；还可以使用封闭器对选取的特征子集进行分类，并根据分类精度或错误率评价特征子集。

（3）停止准则：与评价函数相关，一般是一个阈值，达到该值时停止搜索。

（4）验证过程：在验证数据集上验证筛选的特征子集的有效性。

中国保险监督管理委员会监制　　　　　　　　　　限在××省（市，自治区）销售

机动车交通事故责任强制保险单（正本）

（地区简称）：

LOGO　　××××保险公司

保险单号：

被保险人						
被保险人身份证号码（组织机构代码）						
地址					联系电话	
被保险机动车	号牌号码		机动车种类		使用性质	
	发动机号码		识别代码（车架号）			
	厂牌型号		核定载客	人	核定载质量	千克
	排量		功率		登记日期	
责任限额	死亡伤残赔偿限额	50000元	无责任死亡伤残赔偿限额	10000元		
	医疗费用赔偿限额	8000元	无责任医疗费用赔偿限额	1600元		
	财产损失赔偿限额	2000元	无责任财产损失赔偿限额	400元		
与道路交通安全违法行为和道路交通事故相联系的浮动比率						%
保险费合计（人民币大写）：		（￥： 元）其中救助基金（ %）￥： 元				
保险期间自 年 月 日零时起至 年 月 日二十四时止						
保险合同争议解决方式						
代收车船税	整备质量		纳税人标识号			
	当年应缴	￥ 元	往年补缴	￥ 元	滞纳金	￥ 元
	合计（人民币大写）：			（￥： 元）		
	完税凭证号（减免税证明号）		开具税务机关			
特别约定						
重要提示	1、请详细阅读保险条款，特别是责任免除和投保人，被保险人义务。 2、收到本保险单后，请立即核对，如有不符或疏漏，请及时通知保险人并办理变更或补充手续。 3、保险费应一次性交清，请您及时核对保险单和发票（收据），如有不符，请及时与保险人联系。 4、投保人应如实告知对保险费计算有影响的或被保险机动车因改装、加装、改变使用性质等导致危险增加的重要事项，并及时通知保险人办理批改手续。 5、被保险人应当在交通事故发生后及时通知被保险人。					
保险人	公司名称： 公司地址： 邮编编码：　服务电话：　签单日期：　（保险人签章）					

第四联　交投保人

核保：　　　　　　制单：　　　　　　经办：

图 11-2　机动车交通事故责任强制保险单样张

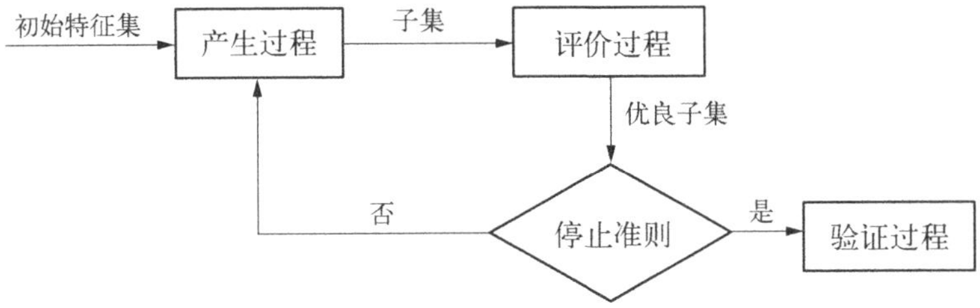

图 11-3 特征选择的过程[7]

选定合适的特征后，可以根据已采集的欺诈客户以及其理赔信息进行分析，建立保险客户欺诈检测的模型。保险的反欺诈在数据挖掘技术中经常被建模为孤立点检测问题，因而欺诈的识别通过偏差检测技术，从海量数据中寻找异常数据，其基本目标是寻找观测结果与参照值之间有意义的差别。除了识别异常数据外，异常数据挖掘还致力于寻找异常数据间隐含模型，用于智能化的分析预测。通过异常数据的检测和建模分析可以发现保险欺诈的一些表面特征，以及一些更深层次的特征。这些特征可以为保险公司的经营决策提供支持。

关联规则与分类算法作为数据挖掘的两个最重要的研究方向，都可为识别保险欺诈的行为模式提供解决方法。例如，关联规则挖掘算法可针对确立的欺诈目标行为，将用户行为记录抽象为数据表，根据用户行为模式特征参数的重要度排序构成特定的顺序行为模式树，运行关联规则挖掘算法，设置最小支持度与可信度建立客户正常行为的频繁模式库，该结果可以作为检测欺诈行为的参考以正确区分正常与欺诈行为。

在实际情况下，经常需要结合聚类分析、神经网络与决策树分类等多种技术，以实现对理赔历史数据进行扫描，结合欺诈数据记录的异常性，提取出欺诈情况。同时，挖掘模型通常具有不断学习的功能，针对新增的保险欺诈案例改进模型，实现对欺诈的预警与控制。其实，保险欺诈具有一定的主观性，挖掘的关联或分类规则可能并非足够有效，Tennyson[8]引入选择欺诈指标因子来刻画欺诈特征的一些可测信息作为模型中的解释变量，见表 11-3。在不同的保险环境下欺诈指示因子会有所差异，需要将数据挖掘技术与专家意见结合以确定有效的欺诈指标因子。

表 11-3 个人伤害险欺诈识别点

欺诈指示因子	主/客观属性	发生频率	所占比率(%)
现场没有警方报告	客观标识	522	47.85
对事故没有夸大描述	主观判断	10	0.92
损坏车辆比较破旧	客观标识	419	38.41
投保人感到很生气拒绝承担过失	客观标识	40	3.67
索赔人精通索赔知识	主观判断	214	19.62
投保人不合作	主观判断	29	2.66

（续表）

欺诈指示因子	主/客观属性	发生频率	所占比率(%)
没有受伤的客观证明	客观标识	675	61.87
受伤与警方报告不一致	客观标识	118	10.82
有多次按摩治疗	客观标识	266	24.38
一点小伤而出现长时间的残疾	客观标识	61	5.59

利用上述算法，保险欺诈识别需要在不同数据源的海量数据中使用模式识别技术寻找出具有欺诈倾向的个体或公司。海量保险数据的存储、搜索、读取和分析都是需要高计算能力和高吞吐量的系统来实现。使用MapReduce算法可以将复杂的计算动态地分布到服务器集群中的各台服务器上并行处理，可以通过服务器的线性扩充轻易突破计算能力的瓶颈，解决海量数据高性能计算的问题。

保险欺诈行为一方面直接损害了消费者权益，造成了保险服务资源的浪费；另一方面也增加了保险公司运营管控成本，降低了保险理赔服务效率，甚至危及保险行业的健康发展。本章介绍了保险欺诈的国内外研究现状，以及我国行业车险信息平台；介绍了大数据技术在保险反欺诈中的应用。进一步，简述了国外保险欺诈的侦测模式。

◇参◇考◇文◇献◇

[1] 曹红欣.国外反保险欺诈经验及其对我国的启示[J].今日科苑，2008，2(21)：118-118.

[2] 宋绍卿.保险欺诈及犯罪问题研究[D].山东大学硕士学位论文，2010.

[3] 袁辉.保险欺诈成因分析及对策研究[D].北京：对外经济贸易大学，2006.

[4] 刘坤坤.车险保险欺诈识别和测量模型实证研究[J].暨南学报（哲学社会科学版），2012，3(8)：12-14.

[5] 廖新年.反保险欺诈国际经验借鉴与思考[J].保险研究，2010，4(5)：158-161.

[6] 吴晓辉，刘欣，卫森生.基于云计算的中国机动车辆保险信息共享平台[J].计算机系统应用.2012，21(3)：24-29.

[7] Dash M, Liu H. Feature selection for classification [J]. Intelligent data analysis, 1997, 1(3): 131-156.

[8] Tennyson S. Claims auditing in automobile insurance: fraud detection and deterrence objectives [J]. Journal of Risk and Insurance, 2002, 69(3): 289-308.

第12章

大数据与第三方支付

近年来电子商务的爆发式增长，第三方支付发挥了重要作用。作为电子支付产业链中的关键一环，第三方支付起到了连接银行、商户、消费者的纽带作用，通过新型的支付工具及支付渠道，推进了电子商务的发展。与传统的支付体系相比，第三方支付具有便捷、高效、成本低的优势。由于国内缺乏相应的监管制度和监管手段，而第三方支付又属于虚拟支付，因此急需应用大数据技术中的数据挖掘方法研究发现 B2C 购物、转账汇款、网上理财、车票机票代购、保险续费、生活缴费等海量支付数据中的异常行为，降低支付中的风险。

12.1 第三方支付概述

第三方支付是具备一定实力和信誉保障的独立机构，采用与各大银行签约的方式，提供与银行支付结算系统接口的交易支持平台的网络支付模式[1]。第三方支付一方面处理资金结算、客户服务、差错处理等工作；一方面又使客户的支付交易能够顺利接入，解决了谁先交货谁先付款的公平问题，使得买方与卖方同处于一个交易的始点，任何一方都不必为对方的信用问题而担心，克服了长期困扰电子商务的诚信问题[2]。

随着支付牌照的发放和监管框架的建立，第三方支付行业已经实现了标准化。目前，第三方支付的业务范围包括如下几个方面：

(1) 互联网支付，即在互联网上实现支付。互联网支付始于 20 世纪 90 年代，2012 年市场规模达到 3.8 万亿元。互联网支付领域已从一般网上零售业务扩展至网上行程预定、保险及跨境支付等创新服务。互联网支付对网络安全要求很高。

(2) 银行卡收单，指通过销售点终端为银行卡特约商户代收货币资金的行为。

(3) 移动支付，目前的主要形式为二维码扫描、远程支付、近距离无线通信及语音读卡器。

通过网上办理各种支付业务，第三方支付企业有效提高了用户最为关注的便利性，减少了业务等候时间。同时，随着越来越多的用户在平台上实现交易，平台累积了大量的业务数据，包括交易数据、评价数据、浏览数据等，便于大数据分析技术制定精准的服务策略。

12.1.1 第三方支付模式

目前，我国存在的主流第三方平台有支付宝、财付通、银联支付等。国外的有 PayPal 等。

1）支付宝

支付宝是国内最大的一家第三方支付公司，它是全球最大电子商务公司阿里巴巴的子公司，因此成立之初即具有很大的技术和业务优势。支付宝首先在淘宝网上积累用户，而后不断扩充平台两边的合作伙伴类型和数量。从 2003 年 10 月首次在淘宝出现到 2008 年 8 月，支付宝在 5 年不到的时间内积累了 1 亿名用户。而在随后的 10 个月中，支付宝的用户量从 1 亿增长到 2 亿，增长速度惊人（图 12-1）。目前，除淘宝和阿里巴巴外，有超过 46 万的商家和合作伙伴支持支付宝的在线支付和无线支付服务，业务范围涵盖 B2C 购物、航旅机票、生活服务、理财、公益等众多方面，支付宝正在中国快速发展。由于有国外优秀第三方支付公司的引导，加上支付宝不断更新完善自己的产品，如 2014 年 3 月与中信银行合作推出 100 万张网络信用卡，相信其在未来的几年仍然可以保持第三方支付领头羊的地位。

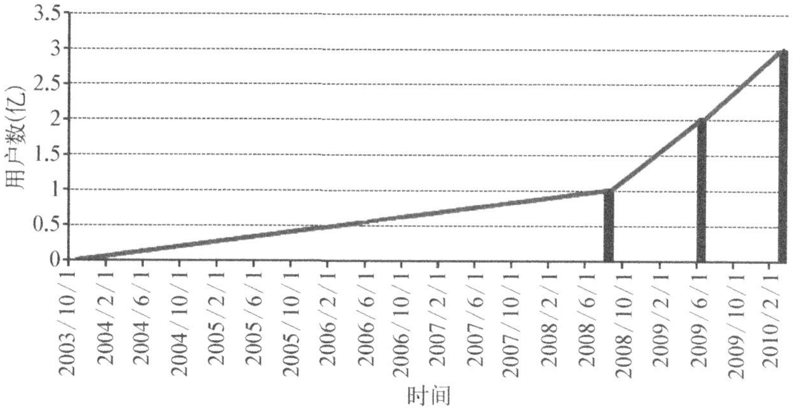

图 12-1　支付宝用户增长曲线

支付宝是一个买卖双方均可使用的支付平台。只要有支付宝账户，用户可以作为买家进行付款，也可以作为卖家进行收款。因此，支付宝主要有账户充值和商品交易两种业务。

（1）账户充值业务。用户通过注册登记支付宝账户，将银行卡中的资金划转至支付宝虚拟账户中，随后可进行支付活动。需要注意的是，并不是支付宝所有支付业务均需要用户进行账户充值，如淘宝购物中可直接通过网银支付或者快捷支付。部分业务则必须通过支付宝账户购买，如购买余额宝。

（2）商品交易业务。商品交易业务流程十分便捷。如图 12-2 所示，买家下订单后付款至支付宝中，支付宝通知卖家发货，卖家发货后通知支付宝，买家收到货后进行确认，支付宝将钱支付给卖家，交易结束[3]。由于交易过程是当资金到达支付平台及商品签收同时完成时，交易才算完成，因此可以确保买卖双方的公平。在交易过程中，三方支付机构同时承担了发卡

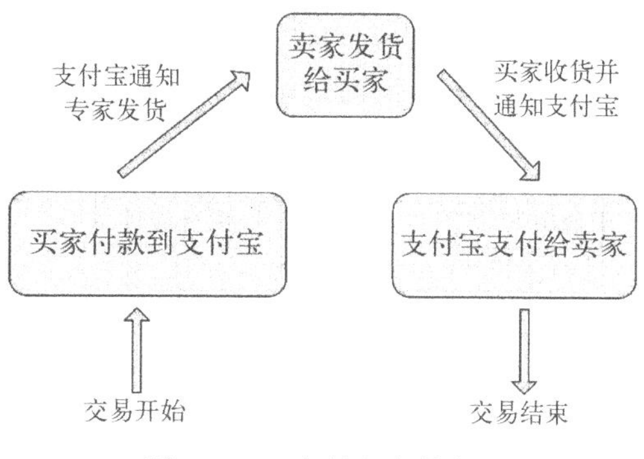

图 12-2　支付宝支付流程

和收单的职能，其要向商户收取一部分佣金。

下面简单介绍支付宝的个人服务和付款方式。

(1) 个人服务。如表12－1所示，支付宝的个人服务中包括四方面内容，分别是付款收款、生活助手、网购导航以及会员账户管理，其内容涵盖线上及线下业务。

表12－1 个人服务范围

付款收款	生活助手	网购导航	会员账户管理
转账付款	水电煤缴费	返利商家	账户管理
转账到银行卡	手机充值	优惠券	交易记录
信用卡还款	固定宽带	促销活动	支付方式管理
找人代付	有线电视缴费	海淘	账户通
交房租	还贷款	淘淘	集分宝
AA收款	教育缴费	一淘比价	智能存款

(2) 付款方式。支付宝付款的方式有多种，包括网银支付、用支付宝/余额宝账户的余额支付、通过境外合作伙伴的快捷支付、信用卡分期付款，以及找人代付等方式。

2) 财付通

与支付宝类似，财付通依托腾讯、拍拍网、易迅网等大型网络服务商，构建了一个综合性的支付平台，其业务涵盖B2B、B2C和C2C各领域。财付通的主要支付业务包括个人及企业两方面，其在线交易流程分成充值支付和网银直联支付两种。

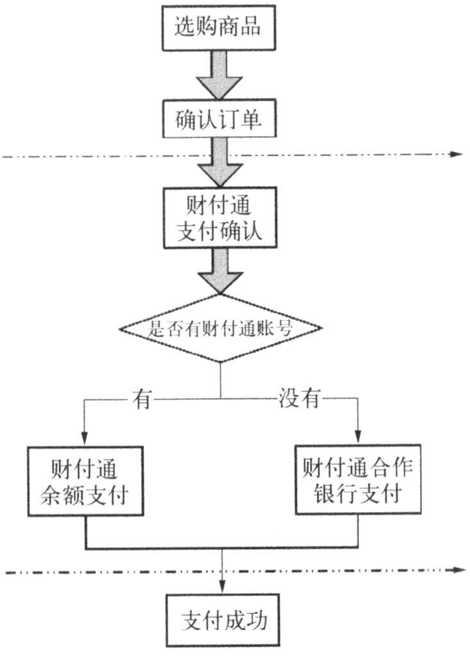

图12－3 财付通支付流程

(1) 充值支付。充值支付的流程见图12－3。支付过程中涉及三方，第一方为财付通合作商家即卖家，第二方为买家，第三方为财付通平台。首先买家通过卖家的平台选购商品，并确认订单，将支付信息传递给财付通。然后，财付通判断买方在其平台上提供的信息(如账号、密码、余额)是否与商家提供的交易信息相符，若匹配，则向卖家发出发货通知，待买家收到货物后，在财付通平台上确认收货，同意财付通拨款给卖家，与此同时财付通将买家财付通账户中冻结的应付账款转到卖家财付通账户。以上流程基础是买家已经激活财付通账户，且已开通网银账户，并已完成财付通账户充值。在交易过程中，财付通附带的服务有财付通账户的充值、提现、支付和交易管理等。此外，对于企业用户，财付通还提供支付清算业务和辅助营销业务等。

（2）网银直连支付。网银直连支付流程与充值支付类似，但是更简单一些，买家即使无财付通账号，只要有网银即可完成支付。由于少了到财付通支付页面的步骤，支付流程更顺畅，可以提升支付成功率，优化用户支付体验，降低用户支付心理门槛。目前，随着移动互联网的不断升温和手机支付市场的迅速发展，财付通已经支持余额支付、一点通支付、手机银行支付和信用卡支付等多元支付方式。财付通拥有庞大的用户群和商户资源，这也为其进入手机支付市场提供了坚实的后盾。随着商户陆续开通手机支付渠道，创新的应用将刺激用户关注更有价格优势、更加便捷的网络购物环境。财付通在加快手机支付的同时应采取措施加强其安全性，避免出现安全隐患。

3）银联支付

银联支付是银联体系内的一家专营互联网业务的子公司，是国内唯一一家国资背景的支付公司，其在航空、教育、通信等行业有丰富的服务经验。银联支付可谓是网上支付的"国家队"，拥有广大的客户群体，即银联持卡人。银联支付的业务范围包括网上支付、商旅平台、账单支付、商城购物、便民缴费、考试缴费等，且拥有多行业的合作伙伴，如航空公司、考试机构、网购企业、通信公司及众多银行。银联支付的支付模式分为三类：B2C 支付、B2B 支付以及代收付。

（1）B2C 支付。银联支付中的 B2C 业务与 67 家银行都有合作，包括全国性银行、地方性银行、农商行、农信社以及外资行。网上支付流程见图 12－4。持卡人将银行卡信息提供给商家，商家则将该信息同银联支付相确认，同时银联支付与持卡人确认该笔交易的真实性，银联支付收到持卡人正确的反馈后，再与相应的银行连线，比对银行卡信息及查看是否满足交易条件（如卡内余额是否足够完成该笔交易），待银行确定好条件后，询问持卡人该支付是否进行，持卡人反馈支付的确认信息，银联支付收到支付确认的指令后，将资金已成功转入的信息发送给商家，而后商家根据该信息判断交易是否成功，若成功则交货于持卡人，不成功则提示持卡人相应信息。

（2）B2B 支付。B2B 的业务流程见图 12－5，买方与卖方企业首先登录交易平台，查询交易订单情况，而后根据交易情况将支付信息传递给银联支付平台。银联支付平台将支付信息交予相应的银行，而买方同时登录银行系统发送支付指令，银行综合买方和银联支付平台的信息后，得到支付结果并反馈至银联支付平台，继而将结果反馈至交易市场平台，待买卖双方确定之后，将结算通知信息发送至银联支付平台，银联支付平台再通知银行划拨资金。

（3）代收付。代收付的流程见图 12－6。无论是代收支付还是代付支付，都是商户委托第三方支付平台为其进行跨平台收款或者付款。由此，银联支付起到的作用是连接各银行或者金融机构的桥梁。

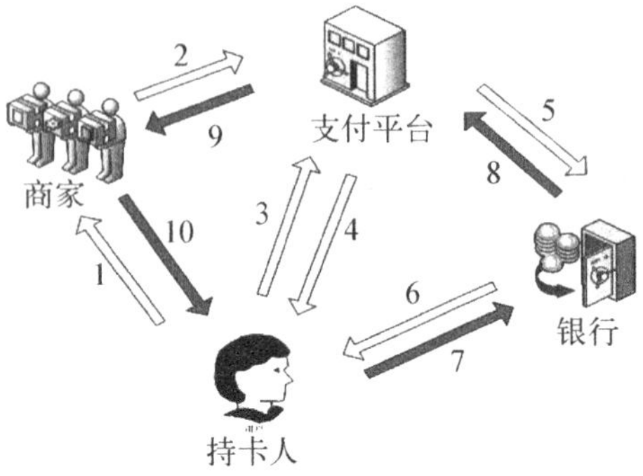

图 12-4 银联 B2C 支付流程

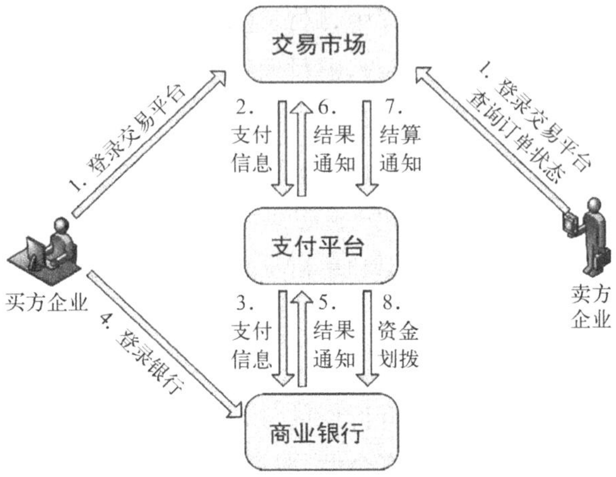

图 12-5 银联 B2B 支付流程

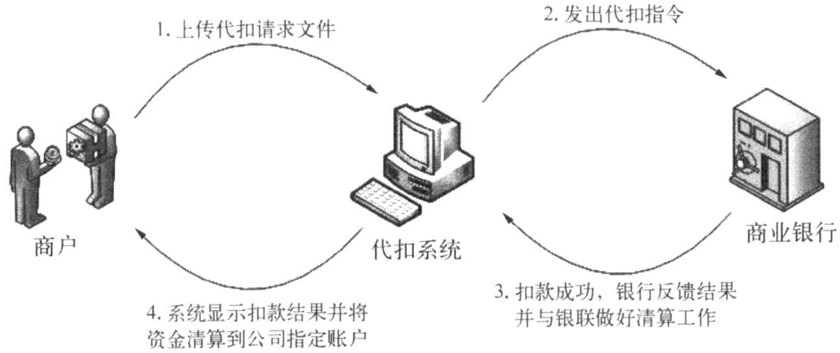

图 12-6 银联代收付流程

4）PayPal

PayPal 是 eBay 旗下的一个电子支付公司，最初依靠电子商务平台网站 eBay 致力于让个人或企业通过电子邮件安全、简单、便捷地实现在线付款和收款。PayPal 是全球第三方支付的鼻祖，目前也是主流的国际贸易支付工具。与支付宝相比，PayPal 更显国际化。目前，在跨国交易中超过 90%的卖家和超过 85%的买家认可并使用 PayPal 电子支付业务。PayPal 不仅仅只提供支付平台，其在用户资金安全方面的成就是其他几家支付公司无可比拟的，特别是它有独立的反欺诈团队，可有效降低网络欺诈的发生。

PayPal 主要以第三方支付机构的虚拟账户作为支付账户，且要求该虚拟账户与银行卡账户绑定。主要支付流程可分为账户充值和商品交易两个环节。

（1）账户充值环节：即用户通过将银行里的资金转至 PayPal 账户中，便于网上交易。值得一提的是，PayPal 对信用卡的限制没有支付宝那么严格，所以其账户充值环节的收益来源更广。

（2）商品交易环节：当买方下单时，将 PayPal 账户中的资金转至卖家账户中，这一点看似不公平，但待买家收到货物后，若有不满意，那么 PayPal 的售后机制立即启动，且该机制是偏向保护买家权益的。

目前，PayPal 的业务范围已从商圈应用逐渐拓展至转账、代收付等领域，在北美和欧洲等地区成为主流的远程支付模式。

12.1.2 第三方支付运营特点

1）支付宝

支付宝属于信用担保型支付平台，其运作的实质是以支付宝为信用中介，在买家确认收到合格货物前，由支付宝替买卖双方保存支付款的一种增值服务[1]。这种支付模式是针对我国信用体系不完善的情况下产生的，有助于解决交易过程中的纠纷，提高网上购物的安全性。它有效地解决了我国在电子商务发展中的支付瓶颈和信用瓶颈，有力地推动我国电子商务的健康发展。

2）财付通

财付通与支付宝的主要不同在于可以提现，即用户通过银行转账或其他方式将资金转入财付通账户后，可以通过提现再次提取出来，而支付宝里的钱只可用于交易，不可提现。虽然支付宝的做法可以限制非法提现等违法行为，但难免会给用户带来不便，反之财付通相对自由的机制也会给不法分子一定的机会。

3）银联支付

银联支付是一家具有国资背景的第三方支付平台公司，其开通的支付服务能够直接利用已有的多银行平台，无需开通银联账户即可完成电子支付过程。其最大的优势就是拥有庞大的客户群体：银联卡持有人和国内商业银行。几乎国内商业银行推出的所有银行卡都拥有银联标志，而中国成年人群中几乎每人都持有银行卡，所以银联支付的潜在用户是巨大的。

4）PayPal

PayPal 作为全球最大的第三方支付平台，其服务建立在现有的银行和信用卡金融基础设施之上，并采用世界领先的防欺诈技术和模型，创建了一个安全、全球性、实时支付的解决方案。PayPal 具有很高的灵活性，能够弹性处理不同的顾客需求，并应对不同情况下的风险，其在经营上的成功经验也值得我国第三方支付企业借鉴。

综上，当下的第三方支付平台是一种相对安全、稳定、便捷的网上支付模式，在网上支付领域占据着重要的地位。与传统的支付体系相比，我国第三方支付有着不可比拟的相对优势和较好的发展前景；与国外的支付平台相比，我国第三方支付还存在着较大的差距，特别是在安全性方面存在着一定的缺位，需要得到进一步的优化处理。

12.2 第三方支付中的风险

第三方支付作为支付中介，为用户和银行提供接口和通道，便利了经济的发展，构建了新型的支付工具、支付渠道以及支付系统，给我国已有的支付体系带来变革。创新带来机遇，创新也会带来风险。由于还缺乏相应的监管制度和技术，第三方支付在业务运作过程中存在着较多的问题，面临新的风险。本部分内容将从业务风险和系统风险两方面讨论第三方支付给我国支付体系带来的风险[5]。

12.2.1 业务风险分析

第三方支付中的业务风险主要包括非法经营风险、操作风险、流动性风险和信用风险。

(1) 非法经营风险，即一些不法分子利用第三方支付平台，从事犯罪活动。主要有网络赌博、洗钱、信用卡套现三种，三种的手段都类似。

现以洗钱为例进行说明：在第三方支付机构参与金融系统的支付、清算、结算业务时，整个交易过程对于银行来说是个"黑箱子"，银行只是根据第三方支付机构的指令将资金由银行客户账户划入第三方支付的虚拟账户中，最终划入利用第三方支付平台的商户中。所以，在整个结算过程中，第三方支付既是卖方又是买方，即使此交易涉及的买卖双方均存在于同一银行系统，银行也无法判断交易的真实性。所以，第三方支付使得银行无法对资金流向以及交易的真实性进行鉴别，只要在第三方平台注册成功，企业或个人均可利用虚拟账户绕开银行的监控，进行资金转移，达成洗钱的目的。

(2) 操作风险，即指由于不完善或有问题的内部操作过程、人员、系统或外部事件而导致的直接或间接损失的风险。第三方支付给我国支付体系带来的操作风险主要是第三方支付系统中的人为失误、系统设计不当、意外事件(例如，电脑、网络故障)或者蓄意的事件(例如，离职员工的恶意入侵、信息泄露)所带来的风险。

(3) 流动性风险，流动性风险是指经济主体由于金融资产的不确定性变动而遭受经济损失，由于交易的收付之间存在时间差，且伴随着用户增加和业务范围的扩展，第三方账户中的用户缴纳资金越来越多。由于目前对于第三方支付缺乏行之有效的约束机制，平台内的流动资金可能存在着被非法挪用，甚至被用于风险投资的问题。因此，流动性风险就是第三方支付平台没有把握好停留在其平台上的资金的流动性，导致当企业向其兑现时无法支付，产生挤兑风险。

(4) 信用风险，信用风险是金融体系面临的主要风险之一。第三方支付给支付体系带来的信用风险是指：由于参与第三方支付交易的各方没能按照约定履行义务而带来的经济损失，或称违约风险。

12.2.2 系统风险分析

第三方支付平台给人们带来便利的同时，基于计算机系统的潜在交易支付风险不可小视。第三方支付中的系统风险主要包括硬件风险、软件风险和网络风险。

(1) 硬件风险，主要是指由于使用不当、未能及时更新或自然环境的剧烈变动等因素，导致第三方支付体系中的设备出现故障所带来的风险。

(2) 软件风险，主要是指软件的运行效率、业务处理速度及可靠性方面不能满足业务需要带来的风险。

(3) 网络风险，第三方支付依托于开放的互联网并且连通金融专用网络，信息的传递和数据的存储都离不开网络的支持，容易遭受恶意软件、病毒和黑客的攻击。因此，网络风险主要是指不法分子利用网络技术直接盗取用户钱财。

【案例 1】 PayPal 的风险防范体系

随着中国入境旅游的市场规模逐年扩大，越来越多的国外客户倾向于方便快捷地在线预订和购买机票酒店等旅游产品。北京紫龙城电子商务有限公司(ChinaTour. Net)在成立初期，使用的是第三方信用卡收款工具，由于该系统只需提供信用卡卡号、有效期及持卡人姓名等简单信息即可完成支付过程，缺乏完善的监测系统和风控系统，使得机票业务拒付率很高，更存在较高的恶意欺诈风险。由于时常发生的拒付事件造成了巨大的经济损失，ChinaTour. Net 不得不在 2008 年暂停了国际卡机票在线销售业务。遇此挫折，ChinaTour. Net 团队通过调研，比较了多家第三方支付公司的解决方案，最终选用 PayPal 的解决方案，重新启动国际卡机票在线销售业务。

据 PayPal 公司商务顾问所述，PayPal 将自身的防欺诈系统与 ChinaTour. Net 的业务及风险监控流程相结合，构建了完善的风险防范体系。

第一，基于 PayPal 对于买家账户状态的界定，判定是否采取风控措施。对于 PayPal 已核实过的用户付款，ChinaTour. Net 可以直接出票，而对于未核实和未登记的用户，ChinaTour. Net 团队会根据起飞日期、付款人的姓名是否与乘机人相同等机票预定信息控制风险。

第二，及时处理有 PayPal 风险提醒的订单。一旦收到提醒，ChinaTour. Net 团队会立即暂停出票，如果已经出票则会立即执行废票或退票动作，同时联系客户验证他们的付款，如果验证付款成功，则可以恢复出票。

事实证明，基于 PayPal 已有的风险控制体系，再结合基于 ChinaTour. Net 团队的行业专业知识，建立的一套防欺诈体系，最终起到了欺诈控制的效果。据其内部统计，PayPal 的支付解决方案帮助ChinaTour.Net在在线机票业务方面规避了约85%的恶意欺诈风险，直接带来了利润的大幅提升。

【案例2】 PayPal的风险控制技术

收益往往是伴随着风险而来的，当风险降至很低时，收益也会受到相应的影响。因此，如何在风险与收益中找到平衡已成为第三方支付风险控制的热议话题。

据国外媒体报道，PayPal过分严格的欺诈过滤系统多年来一直令用户感到泄气，因为PayPal神秘的认证程序有时需要数月时间才能让用户得到自己的资金。与其他金融公司一样，eBay旗下的PayPal采用了严格的政策，确保诈骗者无法使用它来转移不义之财。不过PayPal的过滤程序也限制了合法生意和慈善活动。

多年来，PayPal用户一直抱怨被冻结资金的解冻程序。因为如果认为存有欺诈风险，PayPal会把资金冻结21天，而且根据协议PayPal有权利把冻结期限延长至180天。为获得自己的资金，产品卖家常常被反复要求提供文件，如过去几个月的销售记录等。但如果是资金筹集人或是销售即将举办会议的门票，用户根本无法提供类似的文件，即便是提交了所需文件，申诉程序通常也需要数月才能完成。网络中充斥着抱怨PayPal的博客文章，还有斥责PayPal的网站，可谓是怨声载道。

所以把握好风险监控的度关系到第三方支付平台中用户的满意度，过于严格的风险监控会引发交易不畅、降低交易效率，但过于宽松的风险监控又可能带来巨大的损失，因此第三方支付公司更应该兼顾两者，而不是只关注风险。

12.3 基于大数据的第三方支付欺诈发现

12.3.1 第三方支付与网络欺诈

由于互联网应用的日益频繁，网络欺诈已成为巨大的隐患。由于网络允许其使用者隐藏真实的个人信息，欺诈者的行为得以匿名化，因此网络欺诈便成了欺诈的常用手段。互联网提供了更多的商业机会，同时也为欺诈者实施欺诈手段提供了场所。欧洲委员会报告中指出"用于支付手段的欺诈（支付欺诈）依旧是互联网市场用于支付的一大威胁。支付欺诈影响了消费者使用非现金支付方式的信心，从而最终影响到实体经济"。

随着第三方支付和网上银行业务的发展，发现欺诈行为和安全故障变得日益重要。根据"消费者前沿网络"2012年公布的信息，2007～2011年，该网站一共收到超过700万客户的投诉，其中涉及欺诈的投诉总共有990 242个，客户声称由于欺诈造成的损失为15亿美元。金融专家联盟组织研究发现，网络支付中的欺诈案件数量总体呈逐年递增的趋势，据其2012年的报告显示,与较小的机构相比,较大的机构更容易成为诈骗的目标。年利润超过10亿美元的受调查机构中,81%曾受过诈骗之苦,而年利润小于10亿美元的机构,这一数字为55%。该份报告还说2011年受诈骗影响的较大机构数量有所下降,而较小机构中受诈骗活动影响的数量则继续攀升。

另据CyberSource 2012年报道,在线商户利润的1%会因为欺诈而损失。该报道同样指出,互联网中受欺诈损失的利润在2011年有下降的态势。另外,由于采取了有效的欺诈手段,经营者的订单损失下降了33%。在北美,总利润损失约为34亿美元,相比2010年,增加了7亿美元,其主要原因是2009年以来增加的退单率,2.8%的订单由于疑似支付欺诈而被退订。国际订单比国内订单风险更大,据调查,前者的欺诈率为后者的4倍。对于交易者来说,电子欺诈仍旧是造成损失的主要原因。

因此,实时发现欺诈或是疑似欺诈的交易,有助于及时采取相应的风险控制措施,从而有效预防欺诈带来的负面影响,降低其对整个经济系统的影响。从信息系统安全的角度考虑,可以把这个问题视作是预测问题,通过尝试探查第三方支付操作中的不规则动作,发现可能是欺诈的行为。

为探测到欺诈行为,有必要对在第三方支付平台上进行的交易行为进行监督,以及时发现客户账户中不规则或可疑的交易。传统做法通常是用人工方式来进行甄别,即银行人员观察客户的交易账单,发现其中的问题。由于数据库中交易数量巨大,这一工作往往是沉闷和无效的。随着计算机和信息技术的发展,自动化的发现客户账户中不规则和可疑的交易成为可能。然而,考虑到主流业务规则的快速变化,欺诈交易的定义也在急剧变化,这使得设计和开发这样一个识别系统变得十分困难。因此,使用不同数据挖掘技术,通过有监督或无监督学习,从大量不同类型的数据中发现欺诈行为,已成为这一领域的主流思维方式。

12.3.2 数据挖掘与欺诈发现

从历史角度来看,发现有用模式有很多命名,这些命名包括:数据挖掘、知识抽取、知识发现和数据模式加工。数据挖掘是用特定算法从数据中抽取潜在知识的过程。在知识发现过程中,数据选择、数据清理、加入适当的先验知识、对结果做适当的解释是确保在数据中发现有用信息的必要手段。使用数据挖掘的基本步骤如下。

(1)了解应用领域,获取先验知识,定义知识发现的目标。

(2)搜集数据,创建目标数据集。

(3)数据清理和预处理:基本操作包括去除数据中的噪声,处理遗失的信息,归一化等。

(4)数据降维和投影:针对具体问题,找到主要和关键的特征,使用降维或转换模型降低数据本身的维度。

(5) 使用一种特定的数据挖掘模型达到知识发现的目标。

目前,数据挖掘在欺诈发现中已有广泛的应用,如图 12-7 所示,用于欺诈发现的数据挖掘模型主要包括以下几种。

(1) 聚类:将具有共性的交易行为聚集到同一个簇中。

(2) 预测:发现交易数据集合中有用的信息,发现其中的变化规律或趋势。

(3) 关联规则挖掘:发掘交易特征变量之间的相互依赖关系。

(4) 回归:学习能表征交易特征变量之间关系的函数。

(5) 分类:对已知类别的交易行为数据进行学习,得到一组函数作为分类器,然后未知交易行为分配到预先定义的类别中。

(6) 异常检测:发现交易数据中的异常和变异数据。

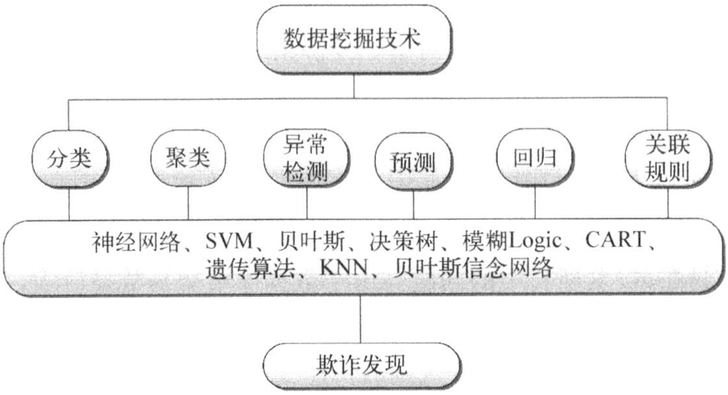

图 12-7 基于数据挖掘技术的欺诈发现

1) SVM 简介

SVM 是根据统计学理论提出的人工智能方法[6]。SVM 可以弥补神经网络推广能力差的缺点,抛弃了神经网络只以训练误差最小作为优化目标的想法,而是以训练误差作为优化问题的约束条件,以置信范围的最小化为其优化目标。SVM 是进行欺诈发现的有效工具。

基于结构风险最小化原则,SVM 通过求解最优分隔超平面得到高分类准确率的分类器,见图 12-8。

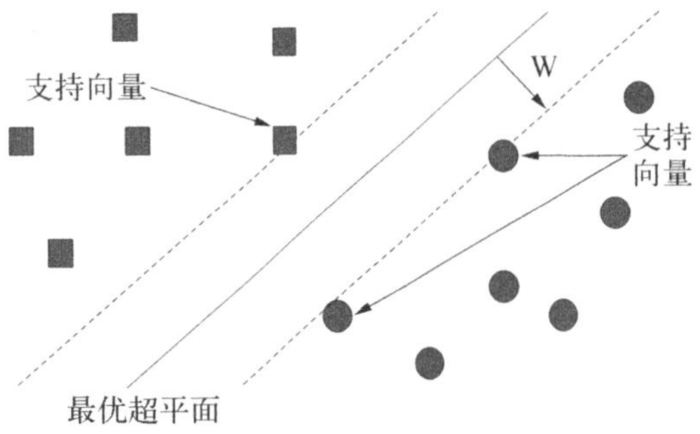

图 12-8 支持向量机示意

考虑有数据集 $D=\{x_i, y_i\}$, $i=1, 2, \cdots, N$, N 为样本总数, $x_i \in R^p \subset R$, x_i 是 p 维向量, $y_i \in \{-1, 1\}$ 是二分类问题中的类标。在分类问题中,SVM 尝试找到最小化期望分类误差的分类器 $f(x)$。线性分类器 $f(x)$ 是一个可以表示成 $f(x)=\text{sgn}(w^T x+b)$ 的超平面。找到 SVM 的最优分类器 $f(x)$ 的过程等同于优化下面公式中的凸二次规划问题:

目标函数 $\max_{w,b}\frac{1}{2}\|w\|^2+C\sum_{i=1}^{N}\xi_i$ 满足约束 $y_i(<w,x_i>+b)\geqslant 1-\xi_i(\xi_i\geqslant 0,\ i=1,\cdots,N)$

其中，C 是正规化参数，用于平衡分类器在数据集 D 中的时间复杂度与分类准确率。上述二次规划问题可以通过对偶函数求解。基于核方法，用核函数取代上述公式中的内积，可以将线性 SVM 转换成更为复杂的非线性 SVM。一些典型的核函数如下：

$$\text{Lin}: k(x_i, x_j)=x_i^{\mathrm{T}}x_j$$

$$\text{Poly}: k(x_i, x_j)=(x_i^{\mathrm{T}}x_j+1)^{\mathrm{d}}$$

$$\text{RBF}: k(x_i, x_j)=\exp\left(-\frac{||x_i-x_j||^2}{2\sigma^2}\right)$$

2）支持向量机与信用卡欺诈发现

第三方支付的快速发展给了信用卡欺诈者诸多可乘之机，而相关技术的缺失使得欺诈行为难以被及时发现，进而导致平台和消费者的巨大损失。利用第三方支付平台，信用卡诈骗犯可以更快、更隐蔽地实施套现、盗刷等违法犯罪行为。据经济观察报 2014 年 1 月报道，业内人士对各省上报的统计数据进行了估算，全国信用卡套现涉案金额可能已达百亿元。虽然此信用卡套现问题的责任方是银联、银行还是第三方支付尚无定论，但对于要在信用卡业务上大展拳脚的第三方支付来说无疑是一副“清醒剂”，提示其采取技术手段及时发现此类欺诈行为。

寻找疑似信用卡欺诈的行为可以视作是对欺诈可能性的一种判断和量化，首先根据信用卡历史交易数据构造一个检测模型，然后用该模型对持卡人当前消费行为进行分析和处理，从中识别该行为是否是信用卡欺诈交易[7]。因此，信用卡欺诈检测问题转换成了一个分类问题，即将信用卡用户消费行为分为正常行为和欺诈行为。当前常见的信用卡欺诈检测方法存在样本需求量大、计算复杂度高、不能处理稀疏数据等问题，而数据挖掘技术中的支持向量机可以较好地解决该难题[8]。SVM 可以用来追踪和学习用户行为、模式变化，进而发现用户信用卡交易中的欺诈行为。

下面介绍一种基于 SVM 的欺诈发现模型。模型步骤如下：

（1）使用用户交易行为的历史数据（包括正常数据和欺诈数据）训练 SVM 模型。

（2）对于新的用户交易行为，使用经过学习的 SVM 模型预测用户交易是否正常。

因此，基于支持向量机的信用卡欺诈识别包括学习和检测两个阶段，整体流程图如图 12－9 所示。

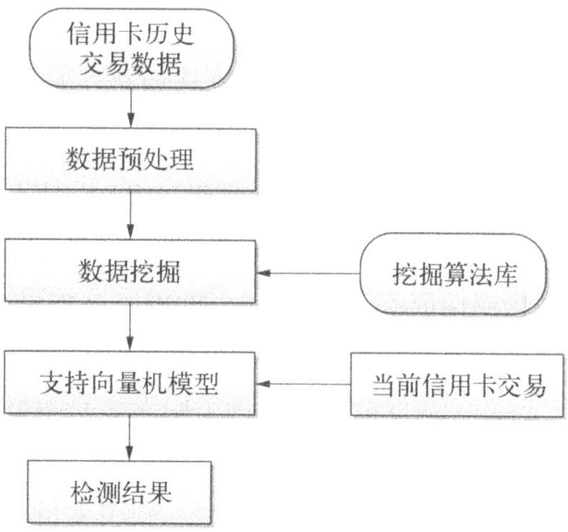

图 12－9　信用卡欺诈检测系统

(1) 信用卡历史数据的收集。信用卡欺诈检测模型的基础是信用卡用户交易数据样本，样本特征选取的科学性和合理性直接影响到检测结果的准确性。可选取的信用卡用户资料属性示例如表12－2所示。

表12－2 信用卡用户资料属性示例

账户	基本属性	账户	交易属性
属性名称	备注	属性名称	备注
账户代码	用来识别客户	交易代码	用来识别信用卡交易
信用卡卡号	用来识别信用卡	信用卡卡号	用来识别信用卡
性别	男、女	商店类别	超市、商场、机场等
婚姻状况	已婚、未婚	商店代码	用来识别商店
学历	博士、研究生、本科、大专、高中、其他	消费日期	
……	……	……	……
信用卡类别	VISA标准卡 VISA金卡	消费金额	
年龄	老、中、青	交易类别	欺诈交易、正常交易

(2) 数据清洗，消除"脏"数据。由于信用卡历史数据来源于多个不同的数据库，数据库中存在着很多与信用卡欺诈预测无关的数据，且这些数据通常存在不完整、不一致以及重复等现象，被称作为"脏"数据，这些"脏"数据会对数据挖掘训练模型的过程产生干扰，导致训练出的模型结果失真。因此需要对那些"脏"数据进行预处理，以改善数据质量并提高信用卡欺诈模型的预测准确率。例如支持向量机只能处理连续数值型的数据，而用来表示信用卡持有人特征的属性中存在枚举类的属性数据，需要对其进行转化处理，将枚举类数据转换成数值属性值，以"学历"属性为例，可以用"1"表示"本科"，"2"表示"硕士"，"3"表示"博士"。

(3) 数据的归一化处理。对于支持向量机来说，如果不同数据属性的变化范围差别太大，模型的性能就会受到影响。为解决此问题，可采用归一化这一处理方式，即采用一定算法把属性值都转化为0～1的值。这样可以确保模型学习结果的正确性，同时消除因属性取值范围不同而带来的信用卡欺诈检测结果失真。

(4) 数据的划分。将信用卡交易数据分成两部分：训练样本和检测样本。训练样本用于支持向量机的学习阶段，检测样本用于验证支持向量机的有效性。

(5) 模型的学习和调整。利用支持向量机对训练样本进行学习。在学习过程中，可采用10折交叉验证方法调整支持向量机的最优参数，从而建立最优的信用卡欺诈检测模型。

(6) 模型的验证。用信用卡交易数据中的检测样本对最优的信用卡欺诈检测模型进行测试，查看模型的预测结果是否与真实结果一致，并输出检测结果，以验证模型的有效性。

本章主要阐述了第三方支付发展现状、风险和防范方法。首先介绍了第三方支付的概念及其特点，包括国内外主要的支付模式、不同支付平台的特点。然后从业务层面和计算机系统两个层面论述了第三方支付中的风险。最后介绍了第三方支付中常见的信用卡欺诈问题，并结合数据挖掘技术具体说明如何进行欺诈行为的识别。

◇参◇考◇文◇献◇

[1] 陈力行. 关于第三方支付模式的探讨[J]. 商场现代化，2006(08S)：94-95.

[2] 陈氢，程慧平. 第三方支付运营模式及其发展研究[J]. 现代商贸工业，2008(2)：46-47.

[3] 赵颖. 第三方支付的模式分析及问题探索[D]. 对外经济贸易大学，2006.

[4] 杨怀珍. 支付宝与 PayPal 的运营比较[J]. 沿海企业与科技，2008(12)：129-130.

[5] 郑秋霞. 第三方支付对我国支付体系的创新与风险研究[D]. 浙江大学，2011.

[6] Vapnik V N. Statistical Learning Theory [M]. New York. 1998：15-78.

[7] 柳炳祥，盛昭瀚. 一种基于案例推理的欺诈分析方法[J]. 控制与决策，2003，(4)：494-497.

[8] 徐永华. 基于支持向量机的信用卡欺诈检测[J]. 计算机仿真，2011，28(8)：376-379.

第13章

大数据与网络融资

网络融资是目前互联网上最热门的话题，它是通过网络平台获取各方面的信息，整合外部金融资源，帮助资金需求方及资金供给方完成融资过程。基于计算机技术和信息技术，网络融资能以较低成本、较高效率提供多样化的融资服务，大大提高了社会资金的利用率。网络融资中的一个关键是实现大量融资产品和投资人之间的匹配，这就需要从融资产品、贷款人和投资人三方面的海量数据中挖掘出两者的共同点，如信贷产品的预测收益和风险、投资人的风险偏好，为用户做出最佳推荐，提高用户体验和满意度。

13.1 网络融资概述

网络融资则是指通过电子商务交易平台获取投资人及贷款方的信息资料，利用互联网技术，整合银行、金融等各方资源，帮助资金需求及资金供给者完成融资过程。网络融资中，贷款人在网上填写贷款需求申请与企业信息等资料，借助第三方平台或直接向银行等金融机构提出贷款申请，再经信用评估机构审核批准后发放贷款[1]。

作为一种新兴业态，网络融资以其成本低、效率高、形式灵活著称，是现有金融服务体系的重要补充。随着互联网技术的发展与普及，网络融资已逐渐走上了正轨，形成了包括网络借贷、互联网基金等在内的多种形式。本书将在后续章节对这两种形式进行详细介绍。

网络融资这一形式能够得到快速发展，与其自身特点紧密难分。利用互联网这一利器，网络融资拥有以下传统金融机构所没有的特点。

1）信息对称

截至 2013 年三季度末，全国工商注册的中小企业总量超过 4 200 万家，占全国企业总数的 99%以上。这些数量众多的中小企业始终面临着融资难的问题，其主要原因可以归结为融资信息的不对称。从银行方面来看，缺乏对中小企业信用信息的全面了解，而且获取信息成本较大；从中小企业方面来看，许多企业对银行的业务，包括融资额度、审批要点、产品偏好、利率浮动等缺乏足够的认识。

而网络融资平台在这方面有天然的优势，可利用网络平台展示银行的各项标准供融资者参考，同时可以向银行提供融资者的详细信息。平台上除了静态信息（注册时间与地点、经营范围、经营者真实身份等）之外，还包含企业的在线交易信息、供应链完善程度、经营状况及客户满意度等，便于实时掌握真实的企业信用情况，及时发现融资过程中的风险。

2）成本低

相较于传统的融资平台，企业通过网络平台融资可以省去不少费用，比如交通费、资料费等。而且由于融资者前期工作都是通过网络完成，标准化的流程为融资者提供了清晰的指示，大大提高了资金申请的效率。此外，资金方也不用费力指导融资者的操作，相应地降低了经济及时间成本。

网络融资出现的时间不长，相关法律政策和技术手段还不够完善，因此在带来便利的同时，其风险也不容忽视。网络融资主要面临的风险有如下几方面：

（1）信用风险。网络平台作为服务提供方，以自己的信用承担中介担保的责任，但由于我国征信体系尚不完善，网络平台自身的信用问题也值得关注。特别是对于交易过程中产生的沉淀资金，平台可能会挪为己用，产生资金链断裂的风险。

（2）网络安全风险。网络融资业务全过程都通过数字化实现，各类交易信息都要通过互联网传输。但是许多网络融资平台的安全性不高，容易出现病毒入侵、黑客攻击、系统缺陷、非法访问、密钥等敏感数据被窃取，传输数据被截获和篡改等风险。

13.2 网络借贷

网络借贷是指借款人和借出人在互联网平台上实现资金借贷，网络借贷以小额为主，无抵押，纯属信用借贷，其本质上属于民间借贷。网络借贷中，一切认证、记账、清算和交割等流程均通过网络完成，借贷双方足不出户即可实现借贷目的。

网络平台为借贷双方提供从资料审核、信息发布到借款转账、计息及还款的"一站式"服务，用户在网站注册并身份验证后，便可以发布借款信息。相较于银行借贷的复杂手续，这种借贷方式更加方便快捷。对于投资者来说，通过网络借贷可以获得比银行存款更高的收益，是一种新的理财途径。因此，网络借贷对缓解短期资金寻求、创业融资以及开辟个人投资渠道方面有一定效果。近几年我国尤其是在民间借贷发达的江浙地区，发展异常迅速。

13.2.1 P2P 模式

P2P 意为"个人对个人贷款"。P2P 网络借贷起源于 P2P 小额借贷。P2P 小额借贷是一种将小额资金聚集后进行借贷的一种商业模式，由"诺贝尔和平奖"得主孟加拉国的尤努斯教授于 2006 年首创。如今，P2P 小额借贷逐渐由单一的"线下"模式转变为"线下"与"线上"并行的模式，"线上"模式即为 P2P 网络借贷。这一转变使小额借贷的服务人群范围得到极大的扩展，不仅包括最初的低收入人群和弱势群体，还包括白领阶层、私营小企业主、个体工商户等各种有资金需求的人群[2]。

P2P 网络借贷平台，指为个人对个人借贷提供服务的网络平台。P2P 网络借贷模式最早起源于英国，2005 年 3 月上线的 Zopa 被认为是全球第一家 P2P 网络借贷平台。2006 年，提供类似服务的 Prosper 网站在美国出现。由于这种借款方式比银行贷款更加方便高效，在全球范围内得到了广泛的发展。目前国外较著名的 P2P 网络借贷平台主要有美国的 Prosper、Lending Club、英国的 Zopa、德国的 Auxmoney、日本的 Aqush、韩国的 Popfunding、西班牙的 Comunitae、冰岛的 Uppspretta，以及巴西的 Fairplace 等[3]。

P2P 模式于 2007 年传入中国，国内第一家 P2P 网络借贷平台"拍拍贷"应运而生。随着我国经济社会的发展以及互联网技术的普及，P2P 借贷行业在我国呈现出了野蛮增长的态势。特别是在被业界誉为"互联网金融"元年的 2013 年，网贷行业得到了迅猛发展。根据网贷天眼 2013 年中国 P2P 网贷行业数据报告，截至 2013 年 12 月 31 日，我国网贷平台成交额规模达到 897.1 亿元，同比增长 292.4%，预计未来两年内仍将保持 200%左右的增速发展。

目前，全国规模以上的 P2P 网络借贷平台已超过 500 家，且这个数字仍在不断增长，国内主要的 P2P 网贷平台见表 13-1。值得一提的是，在 P2P 网贷平台数量快速增长的同时，平台倒闭或资金链断裂的事件也频发。一边生长，一边倒闭，于是有专家形象地将我国当前的 P2P 网贷行业形容为"一半海水，一半火焰"。在平台水平良莠不齐的情况下，老牌或是有大集团背景 P2P 平台往往更受青睐。例如，最早的拍拍贷、2009 年的红岭创投、2010 年的人人贷以及平安集团旗下的"陆金所"等。

表 13-1 我国主要 P2P 网贷平台一览(按上线时间排序)

平 台	上线时间	所在城市	注册资金	网 址
拍拍贷	2007 年 6 月	上 海	100 万	http://www.ppdai.com
红岭创投	2009 年 3 月	广东深圳	5 000 万	http://www.my089.com
365 易贷	2010 年 2 月	江苏南京	4 500 万	http://www.365edai.cn
人人贷	2010 年 9 月	北 京	616 万	http://www.renrendai.com
E 速贷	2010 年 9 月	广东惠州	2 000 万	http://www.esudai.com
808 信贷	2011 年 5 月	江苏淮安	500 万	http://www.js808.cn
微贷网	2011 年 7 月	浙江杭州	500 万	http://www.weidai.com.cn
人人聚财	2011 年 11 月	广东深圳	500 万	http://www.renrenmoney.com
陆金所	2012 年 1 月	上 海	400 00 万	http://www.lufax.com
投哪网	2012 年 5 月	广东深圳	500 万	http://www.touna.cn
宜人贷	2012 年 7 月	北 京	1 000 万	http://www.yirendai.com
爱贷网	2012 年 8 月	浙江杭州	1 000 万	http://www.aidai888.com

（续表）

平　台	上线时间	所在城市	注册资金	网　址
团贷网	2012年9月	广东东莞	10 000万	http://www.tuandai.com
万惠投融	2012年12月	广东广州	3 000万	http://www.ppmoney.com
有利网	2013年2月	北京	500万	http://www.yooli.com
爱投资	2013年3月	北京	500万	http://www.itouzi.com
温商贷	2013年3月	浙江温州	1 111万	http://www.wsloan.com
和信贷	2013年8月	北京	5 008万	http://www.hexindai.com

当前国内外P2P平台众多，普遍的业务流程类似（图13-1）。首先是借款人和投资人在平台上注册，并完成身份验证。对于借款人，需要提交借款申请，包括填写借款信息和上

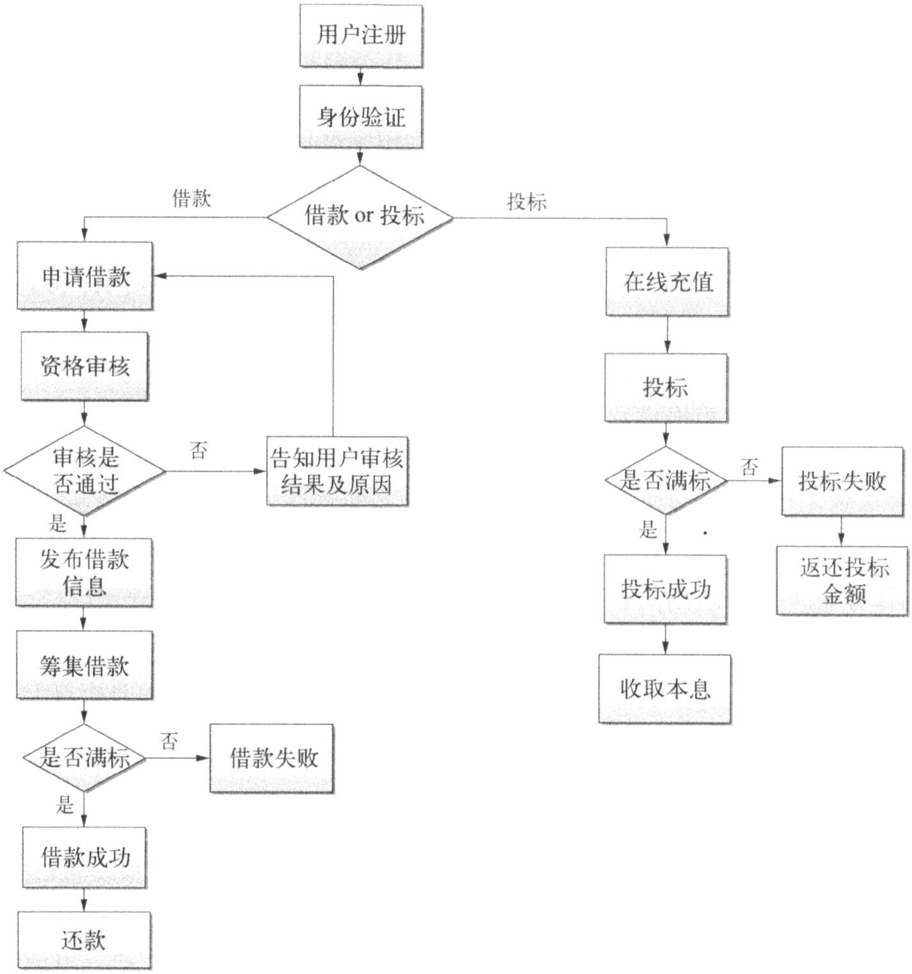

图13-1　P2P模式业务流程

传审核材料，确定筹款期限和金额下限。若审核通过则会在平台上发布借款信息，若在筹款期限内筹得资金达到借款下限，则借款成功。借款成功后借款人需要按期归还本息，同时提高信用等级，否则信用等级将会降低。对于投资人，首先要对账号进行在线充值，然后就可以浏览借款列表，选择合适的产品进行投标，若投标成功，到期可以收取本息，否则返还投标资金。

1）国外著名P2P平台

目前，国外运营比较成功的P2P借贷平台主要有美国的Prosper和英国的Zopa。

（1）Prosper平台。Prosper于2006年2月在美国加州旧金山市创立，是美国金融史上第一个P2P网络借贷平台，目前有超过两百万用户，贷款额度超过6.92亿元。Prosper是一个单纯的借贷中介平台。借款人可以创建借款条目，并设定一个支付给出借人的最高利息率；出借人则通过降低利息率进行竞拍。拍卖结束后，Prosper将最低利率的出借人的投标组合成贷款交给借款人。每发生一笔借贷，Prosper会从借款人处提取1%至3%的费用，从出借人处按年总出借款的1%收取服务费。

在确定贷款利率时，Prosper会综合考虑以下几个因素：Prosper评级、贷款期限、宏观经济环境和行业竞争环境。其中借款人在Prosper平台上的信用评级，参照其在“益百利信用评级公司”的信用评分确定。目前的Prosper信用等级共分7级，从最高的AA级到最低的HR级。信用等级越高，所能获得的借款额度越高，借款利率越低。借款人在Prosper上发布信息不需要支付任何费用，只有在其贷款需求被满足并且资金转到其账户上以后，才需要支付费用。其所支付费用的大小，则根据借款数额、信用评级和借款期限综合确定。

（2）Zopa平台。Zopa是互联网上第一家P2P银行，是集众多角色于一体的复合型中介。它同样运用信用评分的方式来评估借款人，将借款人按信用等级划分为A+、A、B三个等级。出借人则可以根据借款人的信用等级、借款金额和借款时限确定是否提供贷款。为降低出借人的风险，Zopa要求借款人签署法律合同，并且强制其按月还款。Zopa会向借款人收取每笔0.5%的服务费，从出借人处按年总出借款的0.5%收取服务费。Zopa平台的借贷操作流程非常简单。首先，客户要在Zopa平台内注册，填写详尽的个人资料。注册成功之后，方能进行借贷操作。贷款人可以提供500～25 000英镑的贷款，以贷款利率竞标，利率低者胜出。贷款人贷给某个特定借款人的资金最低为10英镑，最高不限；借款人可以借入1 000～15 000英镑的借款，借款资金均是按月偿还，但借款人提前还款不会收取任何的违约金或罚息。

2）国内著名P2P平台

下面介绍两个国内比较著名的P2P网贷平台：人人贷和陆金所。

（1）人人贷。人人贷成立于2010年5月，从成立至今，人人贷累积成交量已经突破25亿，注册用户数量70万人。人人贷的借款产品有三类：工薪贷、生意贷和网商贷。工薪贷适用于工薪阶层，生意贷适用于私营企业主，网商贷适用于淘宝网店商户。申请借款的用户需要根据产品种类提交相应的信用认证材料，经过人人贷审核后获取相应的信用等级及借款额度。通常来讲借款人信用等级越高，其违约率越低，相应的借款成功率越高。目前认证等级由高到低分为：AA、A、B、C、D、E、HR。信用额度既是借款人单笔借款的上限也是借款者累积尚未还清借款的上限。例如，如果一个借款人信用额度为5万元，则在没有其他借款的情况下，用户可以发布总额最高为5万元的借款诉求。

人人贷也为理财者提供了三种类型的标，分别为：信用认证标、实地认证标和机构担保标。信用认证标是人人贷通过对借款用户的个人信用资质进行全面审核后，允许用户发布的借款标。实地认证标在原有审核的基础上，增加了工作人员对借款人情况的实地走访、审核调查以及后续的贷中、贷后服务环节，同时采用本息保障的赔付方式，进一步加强风险管理控制。机构担保标是指由人人贷的合作伙伴承担连带保证责任的借款标。这里的连带保证责任指连带保证人对债务人负连带责任，无论主债务人的财产是否能够清偿债务，债权人均有权要求保证人履行保证义务。

(2) 陆金所。陆金所是中国平安打造的网络融资平台，从2012年上线至今，注册用户已超过100万人。虽然与多数P2P网贷平台相比，陆金所的收益率偏低，但其稳健的收益再加上平安集团强大的实力支撑也吸引了众多注重资金安全性的投资人。陆金所提供的"稳盈-安e贷"服务，可以帮助投资人和借款人便捷地完成投资和借贷。通过平安集团旗下担保公司审核的借款方直接向投资方借贷，双方通过电子借贷协议明确双方的债务与债权关系。所有"稳盈-安e贷"业务均由中国平安旗下担保公司承担担保责任。若借款方未能履行还款责任，担保公司将对未被偿还的剩余本金和截止到代偿日的全部应还未还利息与罚息进行全额偿付。

在"稳盈-安e贷"服务中，借款人通过平台发出借款需求，向出借人借贷，其借款额度为1万～30万元。投资人则通过平台借出资金给借款人，获得一定的利息回报。平安融资担保有限公司对借款人的借款承担连带担保责任。具体来说，如遇借款方未能按时还款，逾期未满80天，则根据逾期款项中借款本金部分从逾期之日起在协议约定的执行利率基础上，上浮50%计收逾期罚息；如遇借款人未能按时还款，并且逾期80天仍未还清，担保公司会对投资人进行代偿，代偿金额包括：借款人尚未偿还的全部剩余本金、所有结算至全部借款到期日的应付未付利息、结算至保证期间起算日前1日的逾期罚息。

3) P2P网络借贷平台的风险

由于缺乏有效的监管机制、完善的法律规定、全面的信用评级体制以及良好的自我约束意识，我国的P2P网络借贷平台自发展之初就面临着各种问题。2011年9月，哈哈贷因资金问题宣布关闭；2012年6月，新设立的淘金贷上线一周后官方网站关闭，负责人疑卷款跑路；2014年3月14日，中宝投资暂停运作。有报道称，2013～2014年年初，共有85家P2P平台倒闭或跑路，涉及资金总额已接近10亿元。这些事件都暴露了P2P网络借贷平台运营过程中潜在的巨大风险。目前，P2P网络借贷平台的风险主要有以下几种：

(1) 平台风险。平台风险包括P2P网络平台自身的风险以及贷款方信息欺诈的风险。平台风险指平台倒闭、资金挪用等风险。贷款方信息欺诈风险指贷款人使用虚假身份信息、捏造虚假借款用途等方式来隐瞒自身偿还能力，骗取资金。两者都会导致坏账。

(2) 网络安全风险。据报道,自 2013 年上半年开始,遭遇黑客攻击已经成为网贷公司普遍面临的问题,而现在攻击频率变得越来越高,攻击范围越来越大,时间也越来越长。P2P 平台的网络安全问题容易导致用户信息和平台信息的泄漏,让业内企业遭到经济和声誉的双重打击。

(3) 借贷过程风险。借贷过程风险主要是指:借款失败风险,及在限定时间内没有达到借款额度而导致借款失败的风险;信用下调风险,即因为不按时还款等原因造成借款人信用等级或信用额度下降而产生的风险。

【案例】 人人贷的“本金保障计划”

人人贷的“本金保障计划”是指在平台每笔借款成交时,提取一定比例的金额放入“风险备用金账户”。当理财人投资的借款出现严重逾期时(即逾期超过 30 天),人人贷平台将根据“风险备用金账户使用规则”,通过“风险备用金”向理财人支付此笔借款的剩余出借本金或本息。截至 2013 年 12 月 31 日,人人贷风险备用金总额为 24 532 119.75 元。自 2014 年 1 月 1 日开始,人人贷将每月公布风险备用金的情况。根据目标类型的不同以及借款人信用等级的不同,风险备用金的计提比例也会有所不同。“本金保障计划”的具体实施情况见图 13-2。

产品类别	成交借款风险金计提比例		逾期/严重逾期借款风险金垫付范围	垫付资金来源
信用认证标	AA 级用户	0%	未还本金	人人贷风险备用金
	A 级用户	1.0%		
	B 级用户	1.5%		
	C 级用户	2.0%		
	D 级用户	2.5%		
	E 级用户	3.0%		
	HR 级用户	5.0%		
智能理财标	大于等于1%		未还本金;逾期当期利息;垫付等待期利息	人人贷风险备用金
实地认证标	大于等于1%		未还本金;逾期当期利息	1. 实地认证机构风险备用金; 2. 人人贷风险备用金
机构担保标	0%		未还本金;逾期当期利息	合作机构

图 13-2 人人贷资本保障计划

13.2.2 众筹模式

众筹[4]指集中众人的资金、能力和渠道,为小企业、艺术家或个人进行某项活动提供必要的资金援助。融资者借助于互联网上的众筹融资平台发布项目信息,向广泛的投资者融资，感兴趣的投资人可以对项目进行支持。当众筹成功后，投资人可以从融资者那里获得实物（例如预计产出的产品）或股权回报。

众筹模式的意义可以用如下的例子说明。假如你是一个古风音乐爱好者，打算和几个志同道合的音乐人朋友一起开一场主题音乐会，可是你们自身的经济状况负担不起举办一场音乐会的开销，并且又不知道你们的音乐会能否吸引到足够的观众前来捧场，于是你们在某众筹平台上发起众筹，希望得到大家的支持。而对于每一份支持，在众筹成功后将得到一张音乐会入场券作为报酬。这样既解决了资金问题，也为自己的音乐会筹得了观众。

众筹平台有多种不同的分类方式。根据投资回报是否采取股权方式，可分为股权众筹和非股权众筹，美国的 Kickstarter、中国的点名时间、众筹网等都属于非股权众筹，而中国的天使汇、大家投等属于股权众筹。此外，按照众筹平台的项目类型可将众筹平台分为综合性平台和垂直性平台。如 Kickstarter 是涵盖电影、游戏、音乐、美术、设计、科技等多种项目的综合性众筹平台，而中国的 5sing 众筹是专门面向音乐类项目的垂直性众筹平台。

随着众筹平台的增加，通过众筹筹资成功的案例也急剧增加，众筹模式逐渐走入大众的视野。当下流行的手机打车软件“嘀嘀打车”便是在股权众筹平台“天使汇”完成了 1 500 万元融资，迈出了关键性的第一步。值得一提的是，对于国内的众筹网站来说，文化创意类项目占据了半壁江山。同时，文化产业项目资金筹集规模也呈现大幅度的上涨。据统计，从 2011～2013 年的短短两年中，文化项目融资规模从 6.2 万元增长到了 1 278.9 万元，增长幅度十分惊人。2011 年时，文化项目众筹最高融资额不过万余元，而到了 2013 年时，《快乐男声》主题电影筹资达 500 多万元。

目前，股权类众筹在我国的发展刚刚起步，一共只有四家股权类众筹平台，分别是天使汇、大家投、创投圈和企业号。而非股权类众筹已经初具规模，现平台数量已达到 20 余家（表 13－2）。

表 13－2 国内主要非股权众筹平台一览

名 称	类 型	网 址
点名时间	综合类众筹	http://www.demohour.com/
追梦网	综合类众筹	http://www.dreamore.com/
觉 JUE.SO	综合类众筹	http://www.jue.so/
众筹网	综合类众筹	http://www.zhongchou.cn/index
淘梦网	微电影众筹	http://www.tmeng.cn/
乐童音乐	音乐类众筹	http://www.musikid.com/
5SING 众筹	音乐类众筹	http://zc.5sing.com/default.html
创艺鼓	公益类众筹	http://www.ideagood.org/

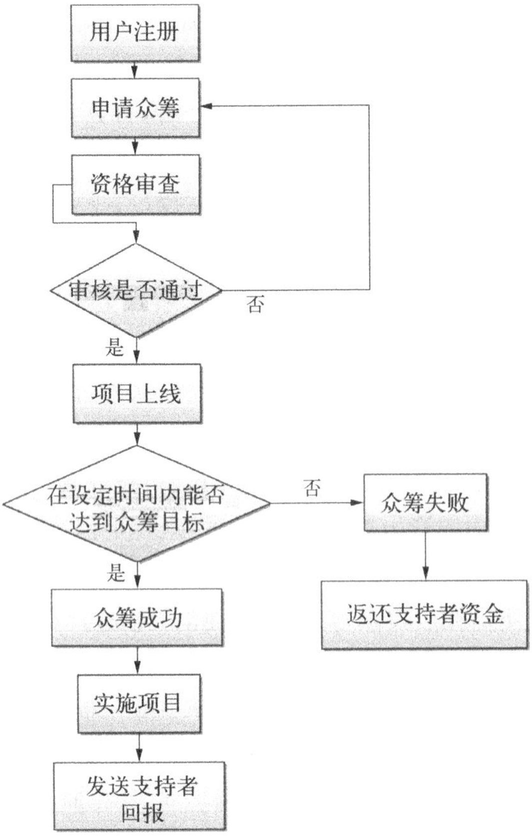

图13-3 众筹模式业务流程

目前，国内外众筹平台繁多，通过梳理不同平台的服务模式，得到了众筹模式的基本流程见图13-3。首先发起人需要在平台注册账号，然后申请发起项目，提交个人信息与项目计划书供平台审核，同时需确定筹款期限和金额下限。审核通过之后，项目得以上线，若在筹款期限内筹得资金达到金额下限，则众筹成功，实施项目，否则众筹失败，返还支持者资金。项目成功实施后支持者将获得多种形式的回报。

1）国外著名众筹平台

Kickstarter于2009年4月创立于美国纽约，被认为是众筹平台的鼻祖。Kickstarter已成功完成了近6万个项目的众筹，累计筹资超过10亿美元，是目前最大的众筹平台。在Kickstarter平台上，筹资人提出其创意设想或产品概念，提交个人身份信息与项目信息至平台，平台进行审核，通过后由Kickstarter以视频、文字或图片形式向投资者发布该信息，作为其做出投资决策的基础。在创建项目时，需要确定截止日期和最低资金额度。投资者选择自己感兴趣的项目，通过亚马逊支付进行注资。如果筹资目标在截止日期前没有达到，则该网站退还投资者的资金。如果总的投资金额达到目标金额，筹资人便可用这笔钱进行产品的开发和生产，而Kickstarter则向其收取筹资额的5%作为提成。

2）国内著名众筹平台

（1）点名时间。点名时间是我国第一家众筹平台，其采取类似于Kickstarter的运营模式。项目发起人通过文字、图片、音频、视频等形式介绍项目并预先设置目标金额、结束时间及回报，放到点名时间网站供网友浏览。网友在浏览项目过程中，对自己感兴趣的项目进行支持。点名时间要求项目发起人提供必要的身份认证和资质认证，可以是身份证、护照、学历证明等。发起的项目必须是时尚科技、创意设计、文艺生活类，同时必须是有新意、有明确目标、有可行性，不接受个人公益类、网站类或是满足个人物质需求的项目。点名时间是非股权众筹平台，故项目的回报内容不得是股权、债券、分红、利息等形式。回报可以是项目的产出物，比如，专辑的CD、出版的新书、限量版的手稿等。除了实体的回报，还可以提供虚拟的回报，例如，一对一的教程、冠名赞助、电话或当面聚餐致谢等。

（2）天使汇。天使汇是国内主要股权众筹平台之一，于2011年11月上线，截止到2013

年12月底，天使汇已为100多个创业项目完成融资，融资总额超过3亿元人民币。天使汇审核通过的投资人接近900人，通过审核挂牌的企业超过1 000家，创业者会员超过22 000位，注册的创业项目达到8 000个。经过两年多的发展，天使汇平台涌现出了许多成功的众筹项目，除了前文中提到的“嘀嘀打车”外，还有“黄太吉美食连锁”和“下厨房”等手机终端项目。

3）众筹中的风险

众筹模式在国内发展迅速，成绩斐然，但由于起步较晚，相关法律法规不完善，国内征信体系不够完善等原因，众筹模式的发展始终与风险相伴。

（1）非法集资的风险。非法集资是指未经有关部门依法批准，向社会不特定对象筹集资金。非法集资一般承诺在一定期限内给出资人还本付息，还本付息的形式以货币形式为主，也有实物或其他形式。而众筹就是一种面向公众的筹资模式，目前国内还缺乏相关的法律界定，所以众筹很容易被扣上非法集资的帽子。所有众筹平台都声称众筹不是非法集资，称众筹跟传统的投资和融资不一样，因为投资人无法获得股权、利润分享的回报，众筹事实上是一种预购行为，大众是在购买你的项目成品，不是投资你的项目。但这只是一家之言，毕竟股权众筹的回报形式是股权利润等。

（2）信用风险。与P2P模式类似，众筹平台的项目发起人也需要经过信用审核和资格审核。然而由于国内整体信用环境较差，通过平台审核的项目发起人仍然可能出现拿钱跑路的现象。对信用风险，国内几乎所有众筹平台都是采用用户自行承担风险的方法。平台会对项目发起人进行资格审查，如果发起人通过了审查并发起了项目，则默认选择支持该项目的投资人自行承担了该项目的风险。以点名时间为例，如果出现项目发起人拿钱跑路的现象，点名时间会协助投资人对此项目发起人进行网络曝光、拉入黑名单等一系列惩罚措施，但不会对投资人的损失进行赔偿。

（3）知识产权风险。当项目发起人有好的创意时，为了更好地获得资金支持，可能需要将产品的详细信息包括外观特点、设计理念、使用方法等以图片或视频的方式展示在众筹平台上，则可能会有一些人借机剽窃产品创意。如何进行知识产权的保护是国内的众筹平台面临的一个难题。众筹平台作为一个筹资人与投资人的中介，难以对创意剽窃者的行为进行监管，只能要求用户加强自我保护意识。点名时间的CEO张佑表示，他们建议项目发起人先申请专利来保护自己的产品，再到平台上进行筹资。在商品展示时有所保留，使产品与盗版的区别明显。

13.3 网络基金

中国基金市场的发展，之前依赖的是商业银行的销售渠道，最高峰的时候，这些银行渠道的销售占比超过了80%。商业银行对于公募基金在中国的发展和繁荣功不可没。但是，随着市场的发展，银行在某些方面的所作所为开始影响到基金行业的可持续发展。在此背景之下，随着科技的发展和市场的逐步成熟，第三方销售渠道开始出现。最初，是一些新网站、小网站试水基金销售，但是整体发展非常缓慢。2013年，阿里的介入给市场带来了巨大的震撼，也带来了光明和希望。

目前，互联网企业只触碰到了基金的销售，并且只是销售的一小部分。以销售为原点，往前的产品设计，往后的研究、投资、登记、清算等，互联网企业都没有涉足，也暂时没有能力和资格涉足。因此，当下的互联网企业在基金市场上的定位仅仅只是一个销售渠道而已。

1）国外的网络基金产品

(1) 美国市场。据法制晚报报道，早在1999年，美国PayPal公司便推出了美国版的"余额宝"，其将在线支付功能与金融理财产品结合起来。起初，PayPal推出的理财产品的年收益最高曾到达5.56%，这对投资者而言无异于"天上掉馅饼"。但2008年金融海啸来袭，银行倒闭，美联储实行超低利率政策，这导致美国货币市场基金收益降至0.04%，连最高峰5.56%的零头都不到，再计算上管理成本和投资利率，PayPal公司在关闭该产品前就已经倒贴了两年。因此，美版"余额宝"推出十几年后，公司宣布正式关闭这款产品。

(2) 日本市场。日本也出现过互联网金融理财产品，但时间不长就销声匿迹了。日本的乐天网站曾推出一些项目，但主要是为了方便消费者购物而设立的，并没有余额宝这么高的收益，当然也没有余额宝这么火爆。归根结底，"余额宝"在日本流行不起来，是日本政府为防止出现严重的社会问题，建立了严格的监管制度，将市场利率压得很低。

2）国内的互联网基金产品

(1) 余额宝。阿里巴巴的"余额宝"将基金公司的基金直销系统前置到支付宝网站里，一元起买，用户购买方便、门槛较低。就平台实力来讲，阿里巴巴与天弘基金的强强联合势必会"扰乱"传统的理财模式。截至2014年1月余额宝年平均利率超过5%，基本上也甩开了传统的银行低利率模式。更关键的是，余额宝有着远超传统理财方式的灵活性。2013年6月诞生的余额宝，在当年11月14日的时候，资金规模突破1 000亿。仅仅不到半年的时间，资金规模已经接近一个中小型银行的水平。

(2) 百发。百度百发是百度理财与华夏基金联手诞生的互联网金融产品。初期发展较慢，但是凭借强大的用户资源与普及基础，百发的市场优势还是相当明显的，至2014年1月百发的年平均利率在4.7%左右。

13.4 基于大数据的P2P个性化推荐

13.4.1 P2P网站中的个性化推荐

个性化推荐是根据用户的兴趣特点和购买行为，向用户推荐其可能感兴趣的信息和商品。在P2P网站中，随着信贷规模的不断扩大，信贷产品个数和种类快速增长，贷款者往往需要花费大量的时间和精力才能找到合适信贷产品。这种浏览大量无关的信息和产品过程无疑会降低用户的使用体验，使淹没在信息过载问题中的消费者不断流失。

为了解决P2P网站中的这一问题，个性化推荐系统是一个可行的解决思路。在海量数据挖掘基础上，构建一个基于个性化推荐系统的高级商务智能平台，可以帮助电子商务网站为其顾客购物提供个性化的决策支持和信息服务。这也是由于P2P网站会有大量的信贷产品，用户常常会感到难以入手，如果有一种信贷产品选购的助手，能根据客户的兴趣爱好推荐其可能感兴趣的信贷产品，可以有效提高客户满意度。

在P2P网站中使用个性化推荐的最大的优点在于：一方面可以获取信贷产品的特点，如贷款人的特征和借款记录，信贷产品的期限、风险和收益度；另一方面又可以获取用户的特点，如客户的产品浏览记录、个性化需求和兴趣偏好、客户的个人属性、客户过去的贷款行为和贷款记录等等，从而为贷款客户做出个性化的推荐。此外，系统给出的推荐是可以实时更新的，即当系统中的信贷产品库或用户特征库发生改变时，给出的推荐序列会自动改变，这就大大提高了P2P贷款的简便性和有效性，同时也提高了企业的服务水平。

总体来说，一个成功的P2P网站个性化推荐系统的作用主要体现在以下三个方面。

(1) 将P2P网站的浏览者转变为贷款者：P2P网站的访问者在浏览过程中经常并没有贷款欲望，个性化推荐系统能够向用户推荐他们感兴趣的信贷产品，从而促成贷款过程。

(2) 提高P2P网站的交叉销售能力：个性化推荐系统在贷款客户选择过程中向用户推荐其他有价值的信贷产品，用户能够从系统提供的推荐列表中找到自己确实需要但在购买过程中没有想到的信贷产品，从而有效提高P2P网站的交叉销售。

(3) 提高客户对P2P网站的忠诚度：与传统的贷款模式相比，P2P网站使得用户拥有越来越多的选择，用户更换信贷产品极其方便，只需要点击一两次鼠标就可以在不同的P2P网站之间跳转。个性化推荐系统分析客户的贷款习惯，根据客户需求向用户提供有价值的信贷产品。高质量的推荐系统可以使用户产生依赖。因此，个性化推荐系统不仅能够为用户提供个性化的推荐服务，而且能促进P2P网站与用户建立长期稳定的关系，提高客户的忠诚度，防止客户流失。

个性化推荐系统具有良好的发展和应用前景。目前，许多P2P网站都不同程度地使用了各种形式的推荐系统。在大数据环境下，个性化推荐系统能有效地保留客户，提高P2P网站的服务能力，为其带来巨大的效益。

13.4.2 推荐系统

“推荐系统”是代表包括协同过滤、社会过滤和基于内容的过滤，以及贝叶斯网络和关联规则等各种推荐技术和预测技术的通用描述符。推荐系统一般包括三个主要部分，见图13-4。第一部分——用户模块，在狭义的个性化推荐系统中，用户指的是信贷产品的购买者和潜在购买者。在系统中，用户模块一部分主要存储有用户的基本特征信息，包括年龄、职业、性别、收入等；另一部分是用户的行为信息，包括显性信息（如评分、评论等）和隐性信息（浏览网页的停留时间、点击率、转化率等）。第二部分——推荐对象模块，同样，在狭义的个性化推荐系统中，推荐对象则指的是用户购买或有潜在需求的信贷产品，系统存储了推荐对象的相关信息，例如信贷产品信息中的数额、收益、价格、期限、贷款人等。第三部分——推荐算法模块，推荐算法模块是连接信贷产品和客户之间的桥梁，是整个个性化推荐系统的核心部分，推荐算法的好坏直接影响到整个系统的效率和效果。

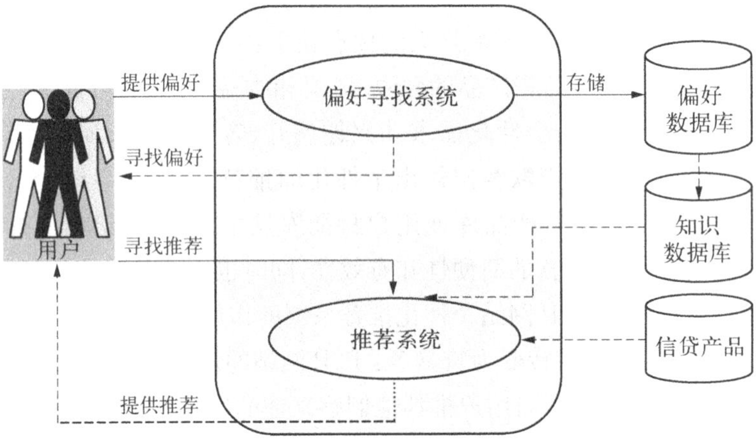

图 13-4 推荐系统模型

推荐算法模块是一个推荐系统最关键的部分，它直接决定着推荐系统的推荐质量。常见的推荐算法包括协同过滤推荐、基于内容的推荐、基于知识的推荐等[5]。

协同过滤和基于内容的推荐算法各有优势。但在 P2P 网站中这些方法并不是最好的选择，因为用户不会频繁的贷款。所以在这种情况下，纯粹的协同过滤系统会由于评分数据很少而效果不好[6]。此外，时间跨度因素的作用也很重要，因为用户偏好会随着生活方式或家庭状况的改变而改变，5 年前对于融资产品的偏好并不适用于现在，因此也不宜采用基于内容的推荐算法。最后，在 P2P 网站中，用户会经常希望明确定义他们的需求，比如“贷款需求是 x 万元，利息最低不能低于多少”。这些需求的形式化处理并不是纯粹协同过滤和基于内容的推荐系统所擅长的。

基于知识的推荐系统可以有效解决上述问题。由于不需要评分数据就能推荐，因此也就不存在冷启动问题，其推荐结果不依赖于单个用户评分，可以是以根据用户需求与产品之间的相似度进行推荐，也可以是根据明确的推荐规则进行匹配。因此，基于知识的推荐系统的两种基本类型是基于约束推荐和基于实例推荐。这两种方法在推荐过程上比较相似：用户首先指定需求，然后系统设法给出解决方案。如果找不到解决方案，用户则需要修改需求并再次提交。此外，系统还可以给出推荐物品的解释。两种推荐系统的不同之处在于：基于实例的推荐系统侧重于使用不同的相似度衡量方法，检索与特定用户需求（在预定义阈值内)相似的信贷产品;而基于约束的推荐系统则依赖明确的推荐规则集合,该系统会在符合推荐规则的所有信贷产品集合中进行搜索,得出要推荐的产品集合。

13.4.3 基于 VITA 系统的信贷产品匹配机制

VITA 金融服务推荐系统是为匈牙利 Fundamental 信贷协会开发的一种基于知识的推荐技术[7]。VITA 能够帮助销售代表与客户在销售过程中进行交互,可以提高销售代表的工作业绩,降低开发和维护相关软件的整体费用。通过此工具,可以构建一个基于知识的推荐技术。用于 VITA 的知识获取平台[8],可以通过图形用户界面开发推荐系统知识库和推荐过程定义功能。VITA 销售平台的截图如图 13-5 所示。

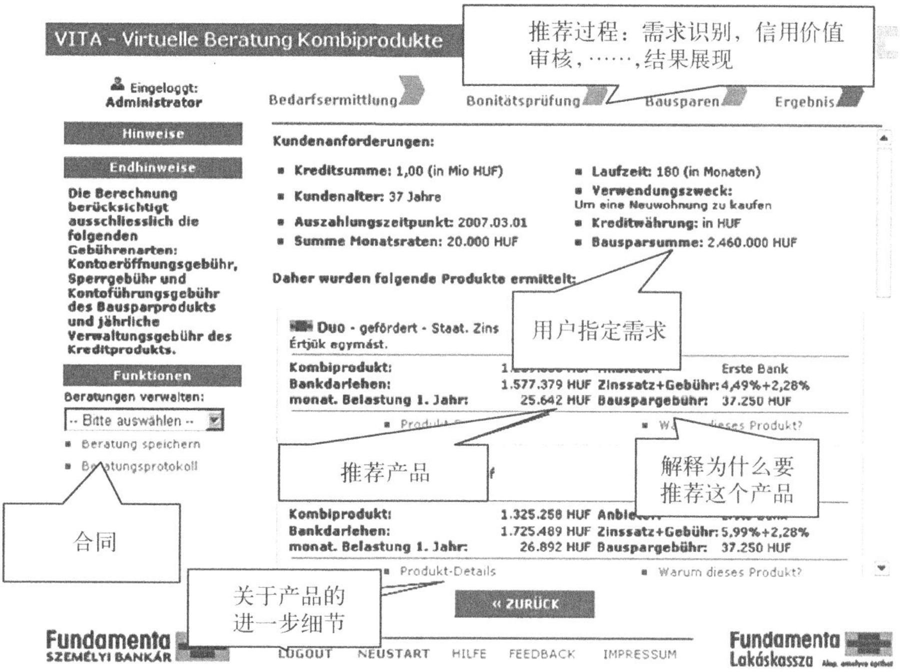

图 13-5 VITA 销售决策平台截图

这一平台同样适用于 P2P 网站。在 P2P 中遇到的主要挑战是日益增加的信贷产品和个性化的用户,一方面用户因产品太多而难以选择;另一方面平台服务人员难以为每一个客户选择最合适的产品,以及如何解释为何这些产品适用于客户。在这种情况下,P2P 服务提供商的主要目标是提高推荐的整体工作效率。为达到这些目标,就需要提高推荐算法的准确度,同时还要引起用户与 P2P 服务提供商进行长期商务往来的兴趣,这就需要客户服务人员必须能够处理极为复杂且频繁变化的推荐知识库。基于知识的推荐技术能够改善这种情况,因为它能高效地挖掘并维护知识库。

将 VITA 金融服务推荐系统用于 P2P 的信贷产品推荐,其目标主要有如下几种。

(1) 提高贷款成交数：在相同的时间内，提高成功融资产品的数量。

(2) 有效的软件开发和维护：新技术应该能改善配置知识库的开发工作。

而最终的 VITA 支持平台可自动实现对大量历史交易数据的学习，并实时更新配置知识库，并将新知识应用于信贷产品和客户投资需求的映射。更新知识库时，知识获取平台可以自动测试并调试知识库，该知识库包括以下元素。

(1) 用户属性：每个用户必须表明自己的需求，这是合理推荐的基本前提条件。在 P2P 服务领域，用户属性的例子有年龄、风险偏好、预期的放贷有效期、现有贷款组合等。

(2) 产品属性及实例：每个信贷产品都用事先定义好的一组属性词描述，比如，推荐的有效期、放贷期限、预测收益、预测风险等。

(3) 约束：确定某些场景下不应该向客户推荐某些信贷产品。比如，不应该向没有准备好承担风险的用户推荐高风险的产品。

(4) 咨询过程定义：对信贷产品推荐规则进行明确的定义，要用状态图的形式表示，见图 13-6，可确定用户提出哪些问题的场景。

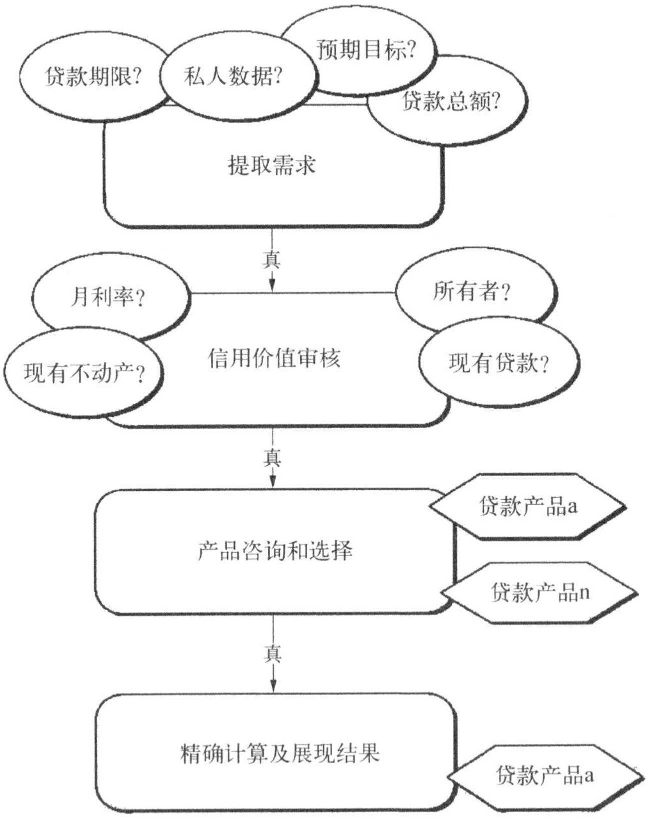

图 13-6 咨询过程定义的示例(信贷查询)

信贷推荐过程分为几个不同的阶段：需求抽取、信用价值审核、信贷产品咨询和选择、精细计算、结果展现。在第一阶段，系统提取相关用户的基本信息(私人数据)、信贷(也就是信贷量、信贷运行时间)的主要目的和需求。提取后的任务是审核用户的信用价值，主要根据用户当前金融状况、历史借贷记录、有效金融有价证券等详细信息进行评估。这时，系统应检查能否找到满足当前需求的解决方案。如果没有这样的解决方案(例如，有效金融有价证券抵押金额太大)，推荐系统会设法找到其他候选方案，使用户需求与信贷产品集一致。顺利完成信用价值审核阶段之后，推荐应用会提出各种有效的信贷方案(也会考虑偿还方案)。选择其中一个方案后，推荐过程会继续详细计算特定的信贷产品属性，比如当前选择方案的月度偿还率。

完成信贷产品与用户的匹配，用户也选择了该信贷产品后，则开始放贷的流程。在放贷过程中及结束后，用户随时可以对信贷产品进行评价，包括还款准时率、收益稳定性、客户满意度等。系统可搜集这些信息，通过机器学习方法获取其中的知识，然后自动更新已有的知识库，以更准确的实现产品推荐。

本章介绍了网络融资的现状、业态及产品匹配系统。首先介绍了网络融资的发展概况，然后以P2P和众筹网为切入口阐述了互联网借贷的发展格局和行业生态。其次描述了网络基金的现状和相关产品。最后结合基于知识的金融服务推荐系统讨论了如何在P2P网站中实现个性化推荐，将多样化的信贷产品与不同风险偏好的投资人进行匹配。

◇参◇考◇文◇献◇

[1] 吴晓光. 浅谈网络融资业务在我国的发展与监管[J]. 浙江金融，2011，6：29-32.

[2] 张职. P2P网络借贷平台营运模式的比较，问题及对策研究[D]. 华东理工大学，2013.

[3] 姚文平. 互联网金融[M]. 北京：中信出版社，2014.

[4] 肖本华. 美国众筹融资模式的发展及其对我国的启示[J]. 南方金融，2013(1)：52-56.

[5] Dietmar Jannach, Markus Zanker, Alexander Felfering, Gerhard Friedrich. 推荐系统[M]. 北京：人民邮电出版社，2013，7.

[6] Burke R. Knowledge-based recommender systems [J]. Encyclopedia of library and information systems, 2000, 69(32): 175-186.

[7] Felfernig A, Isak K, Szabo K. The VITA financial services sales support environment [C]. PROCEEDINGS OF THE NATIONAL CONFERENCE ON ARTIFICIAL INTELLIGENCE. Menlo Park, CA; Cambridge, MA; London; AAAI Press; MIT Press; 1999, 2007, 22(2): 1692-1696.

[8] Felfernig A, Friedrich G, Jannach D, et al. An integrated environment for the development of knowledge-based recommender applications[J]. International Journal of Electronic Commerce, 2006, 11(2): 11-34.

第14章

大数据与供应链融资

针对供应链内中小企业融资难的困境，供应链融资应运而生。通过供应链上下游企业的信用捆绑，供应链融资可以有效降低融资风险、提高融资效率，缓解中小企业融资难问题，推进整个供应链健康发展。供应链融资模式主要有应收账款融资模式、保兑仓融资模式、存货质押融资模式，各种模式适用于不同的供应链融资场景。对于供应链融资中的核心问题——信用评估，除了要分析传统的财务报表数据之外，还需要应用数据分析和挖掘技术，从宏观经济、行业发展态势、供应链上下游企业状况、企业自身运营状态等海量信息中寻找信用区分点，确保优良的中小企业能及时得到贷款，同时降低贷款机构需面临的风险。

14.1 供应链融资概述

14.1.1 供应链融资及其特征

作为供应链金融服务中的核心业务，供应链融资一直是关注的重点[1]。供应链融资是指以特大型核心客户商务履约为风险控制基点，银行通过对特大型核心客户的责任捆绑，以适当产品或产品组合将银行信用注入产业链中的核心企业以及其上下游配套企业，针对核心企业上下游长期合作的供应商、经销商提供融资服务的一种授信模式[2]。在供应链融资中，金融机构对作为授信主体的中小企业的信用评价不再只强调中小企业本身的企业规模、固定资产价值、财务状况等因素，转而关注企业间的交易背景和供应链上核心企业的实力和信用水平。换言之，在供应链融资模式下，金融机构评估的是整个供应链的信用状况，这大大延伸了核心企业的信用，能在一定程度上提高中小企业的竞争力，从而能够有效解决中小企业融资难的问题[3]。

从资金的来源看，供应链融资可以分成内部融资和外部融资两种。供应链内部融资，指利用上下游企业提供的商业信用来加速资金周转，提高资金利用率；供应链外部融资，指利用银行等金融中介机构提供的流动资金贷款来缓解资金约束。其中，供应链内部融资要求供应链整体资金充裕、资金的分布极度不均匀，并且供应链的整合程度较高，资金能够在供应链内部进行自由的调剂。然而，供应链中资金充裕的核心企业，出于自身利润最大化考虑或日常现金流管理的需求，并不愿意主动为中小企业提供商业信用，因此常常需要外部金融机构的介入。

供应链融资是对银行传统信贷模式的全面改革，是对贸易融资、企业理财、现金管理等一系列金融产品的整合。与传统的商业银行融资业务模式相比，供应链融资业务模式具备的优势如表14－1所示[11]。

表14－1 供应链融资与传统融资的区别

对比方面	传统融资	供应链融资
授信主体	单个企业	企业群
抵押物	不动产为主	动产为主
信用担保方	第三方担保人	供应链核心企业
评级方式	主体评级	主体评级/债项评级
评级范围	企业	企业所在供应链
银行参与	静态	动态
银行承担风险	较高，风险集中于一个企业	较低，风险分散于整个供应链
服务品种	单一	多样
信息透明度	低	高
服务效率	繁琐、低下	及时、快捷

14.1.2 供应链融资的意义

供应链融资为银行等金融机构提供了一种新型的融资业务模式，具有十分重要的现实意义[5]。

1）对于中小企业的意义

供应链融资服务使中小企业获得了信用支持，更有机会获得银行贷款。中小企业由于规模小、财务报表制度不健全等问题，很难从银行获得贷款，或者获得的授信额度很小。开展供应链融资业务，银行通过供应链中的物流和资金流封闭运作，并利用核心企业的信用，帮助中小企业降低融资门槛。例如，上海市某商业银行对钢铁贸易型中小企业，只要是通过宝钢集团旗下东方钢铁电子商务有限公司的推荐，企业注册资本达到100万元、从业3年以上等基本条件，就可以对其授信。

中小企业借助供应链的整体实力、核心企业的资信以及与第三方物流企业的分工协作来提升自我的信用等级，从银行方获得授信并取得贷款，中小企业在扩大自身经营规模的同时还提高了生产效率，与核心企业形成长久的战略合作关系，从而形成良性循环。

2）对于核心企业的意义

供应链是一个有机整体，各个环节相互影响，融资困难会造成核心企业上下游企业的不稳定，进而影响核心企业的供货或是分销渠道。通过供应链融资服务，供应链上的中小企业融资难问题得到有效解决，同时巩固了上下游企业的合作关系，提升核心企业的竞争力。

供应链金融业务的开展，核心企业可以及时得到全部的货款，有助于企业自身的资金周转。比如，在推出供应链金融业务之前，企业间较多采用定金制度，即下游企业支付一部分定金给生产企业，而后生产企业将货物运给下游企业，待下游企业将货物全部销售后，才收取余下的金额，这种模式给生产企业带来很大的风险，当下游企业出现经营不善情况时，生产企业很可能收不到余下的货款。

3）对于商业银行等金融机构的意义

供应链融资服务不仅可以为商业银行带来优质的客户，还可以提高银行自身的核心竞争力。目前，商业银行在大集团客户面前缺少话语权，且同行业中产品过于同质化、竞争十分激烈。借助于供应链融资方式，商业银行可以及时获取来自企业的运营信息、来自物流企业的商品库存信息，可以有效降低信息不对称带来的外部风险，同时也提高了资产的收益率，扩大了业务范围和客户群体，提高了自身的竞争力。

目前，很多股份制商业银行已经开始为中小企业提供供应链融资服务，如深圳发展银行、浙江泰隆商业银行、江苏银行等。2008年，深圳发展银行在供应链上的盈利已经占总盈利的75%以上。除了股份制银行，许多大型的国有商业银行也相继推出供应链金融产品，如中国工商银行与沃尔玛合作推出的为沃尔玛供应商提供的融资服务、浦东发展银行于2006年推出的“浦发创富”供应链金融服务品牌、中国建设银行推出的供应链金融产品“保兑仓”等。

4）对于第三方物流企业的意义

第三方物流仓储企业指在物流渠道提供运输、仓储服务的企业，其主要是在供应链融资模式中的融通仓模式和保兑仓模式中被引入。第三方物流仓储企业一方面要为供应链上下游企业提供物流相关服务，另一方面可以为银行等金融机构提供资产的监管服务，是供应链金融业务的中间协调者。

在供应链中，第三方物流企业基于仓储、装卸、运输等物流服务，可以协助银行实现对质押货物的监管，为银行提供企业运营的第一手信息，同时实现质押物价值评估、信用担保等服务。通过参与供应链融资，第三方物流企业得以与供应链上下游客户保持紧密的联系，同时拓宽了自身的业务范围。

14.1.3 国内外供应链融资的发展

国外对供应链融资的研究从物流概念产生时就开始了，供应链融资可以说是起源于物资融资业务。近年来，国外大型金融机构与物流企业建立合作关系，开展供应链融资业务，有些金融机构还成立了质押银行。全球物流巨头UPS在1999年成立了UPS金融公司，有效地将三流（物流、资金流、信息流）融合在一起，该金融公司为客户提供完善的金融产品与服务，其供应链融资服务涵盖面十分完善。

在我国，供应链融资业务的发展尚处于初期阶段，存在不少问题，但其具有良好的发展前景，原因在于开展供应链金融业务可以通过联合供应链上下游的核心企业和中小企业，进行一定程度的信用捆绑，从而使得中小企业获得贷款的可能性大大提高。

在供应链融资业务上，我国的股份制商业银行走在国有商业银行的前列。民生银行于2005年11月成立了贸易金融部，定位于“走专业化道路，做特色贸易金融”，建立起垂直的营销体系、评审体系和业务操作体系。2006年深发展也相继推出供应链融资服务，并将自身定位为贸易融资银行，通过制度支持、物流金融、产品支持、信息管理和组织管理的五大平台，统筹资源，集中发展供应链融资模式业务。同年浦发银行推出了“供应链融资解决方案”，包括在线账款管理方案、采购商支持方案、供应商支持方案、区内企业贸易融资方案、船舶出口服务方案和工程承包信用支持方案等六个子方案，结合服务对象、行业的不同特点，给企业提供融资解决方案。次年，浦发银行提出了“供应链金融”的整体服务理念，将供应链融资中的线上、线下服务以及离岸服务整合至“供应链金融”的服务方案中，该方案连接了国内外的供应链管理市场，同时还拓展了供应链融资的服务范围，为供应链上的各参与者提供盈利空间[3]。

近来，越来越多的互联网公司加入到供应链融资这一战场中。2012年11月，国内著名电子商务平台京东商城与中国银行北京分行签署战略合作协议，上线京东供应链金融服务平台，提供应收账款融资服务。2013年1月，苏宁电器正式成立了重庆苏宁小额贷款有限公司，以其在供应链管理、IT与金融人才、数据分析和数据挖掘能力等方面的基础，为小微企业提供供应链融资服务，其主要产品有“省心贷”和“随心贷”等[6]。

14.1.4 供应链融资中的风险

供应链融资的最大特点在于改变了金融机构针对单一中小企业进行主体信用评级，并据此结果进行授信的信贷方式，金融机构的信用评价不再局限于中小企业本身的信用风险，转而关注中小企业所处供应链的发展状况，以及中小企业与核心企业之间的贸易关系。因此，金融机构在授信时，除了要考虑企业基本财务状况、运营状况、管理者及员工的素质和信用、当前融资状况、发展前景等基本情况外，还需特别关注以下几个方面的风险[5]。

1）宏观环境方面

宏观环境对供应链上下游企业的运营至关重要，是整个供应链健康快速发展的基本前提。

宏观环境风险主要从以下几个方面进行分析。

（1）企业所在供应链的经济环境。国家经济的发展态势，决定了行业发展的机遇和前景，也就决定了中小企业的未来。中小企业由于自身实力较弱，一旦经济大环境发生不利变动，其所运营的产品或服务的需求急剧下降，往往会导致企业倒闭或破产。

（2）企业所在供应链的政策环境。如果国家通过相关政策来扶持一部分重点发展行业,对其中的中小企业提供政策支持和贷款补助等优惠措施,可以提高银行对中小企业的信贷意愿,反之则企业未来发展堪忧。

(3) 行业所处生命周期。供应链中小企业由于自身实力限制,不可能横跨多个行业,因此不能依靠多行业的分散投资组合来降低行业风险,如果一个行业的发展前景出现了问题,那对这个行业的供应链上的中小企业的影响是巨大的。可通过分析企业所处行业的发展阶段,判定其是属于朝阳行业还是夕阳行业,从而衡量行业的发展前景。

2) 核心企业信用水平

核心企业的实力和信用决定着整条供应链上中小企业的未来发展,一旦核心企业出现问题,会直接影响到供应链上下游关联企业,甚至导致整条供应链出现危机。

核心企业的信用风险主要从以下几个方面进行分析。

(1) 核心企业的市场地位和发展前景,包括市场额度以及市场占有率的增长情况。

(2) 核心企业的偿债能力,包括资产负债率、流动比率、速动比率等反映债务状况的指标。

(3) 核心企业的盈利能力,包括净资产收益率、总资产收益率等可以衡量企业偿还能力的指标。

(4) 核心企业的运营能力,包括应收账款周转率、流动资产周转率、固定资产周转率、存货周转率等可以反映企业资金周转情况的指标。

(5) 核心企业的信贷历史记录。

3) 供应链贸易关系

供应链中有数量巨大的中小企业,他们围绕几个甚至一个核心企业建立起整条供应链的上下游关系和业务链条。在这些中小企业中,与供应链核心企业贸易关系比较稳定、与核心企业信息沟通程度较高的中小企业可以获得更好的发展前景。另外由于中小企业资金的缺乏,如果企业全部的贸易收入全部来自与供应链的核心企业之间的业务,那么企业的经营风险得不到分散控制,对企业未来的发展有较大的不稳定因素。

供应链的贸易关系风险主要从以下几个方面进行分析。

(1) 贸易占比及波动性,计算融资企业与核心企业的年均贸易量及其波动性,并与同类中小企业进行比较,评估其在核心企业相关贸易中所占的比重。

(2) 贸易可替代性,分析中小企业提供的服务或产品的特点,重点关注其与同类产品或服务的差异性,以评估中小企业在供应链中是否有较为稳固的地位。

(3) 贸易违约状况,考察中小企业在是否存在与核心企业的贸易违约记录,特别是与动产业务相关的贸易。

(4) 信息化程度,关注中小企业与核心企业之间贸易的信息化程度,评估两者之间的信息不对称性。

4) 授信用途

金融机构在授信时,还必须考虑融资过程中的信用风险。例如中小企业有可能发生挪用信贷资金作他用;核心企业是否有担保协议或者回购的承诺;中小企业申请具体的融资产品时是否有相应的资产来支持其抵押或者偿还。

供应链中的授信用途风险主要包括以下方面。

(1) 供应链融资用途风险,考察中小企业获得信贷资金后的使用风险,包括是否有保证用于协议范围内的供应链上下游的相关贸易活动,因此而发生道德风险后的补偿措施。

(2) 供应链融资担保风险,考察是否有产业链核心企业承诺回购,或是否有担保机构、物流仓储企业的担保。

14.2 供应链融资产品与模式

信贷的准入评估制度、核心企业的主导地位和还款来源的自偿性是供应链融资和传统商业银行融资在实际业务操作中的主要区别。具体来说,这些区别主要包括如下内容。

(1) 在供应链融资中,供应链中的各个成员的信贷准入评估是相互联系的。

(2) 在供应链融资中,贷款用途的控制是建立在限定融资企业与核心企业之间贸易水平的前提下的。

(3) 在供应链融资中,为了强调还款来源的自偿性,通常要求销售收入直接用于偿还贷款。

供应链融资模式大致可归纳为如下三类[7]。

1) 应收账款融资模式

该模式是指中小企业以核心企业开出的应收账款单据凭证作为质押品,向金融机构申请期限不超过应收账款年限短期贷款的融资模式。在该模式下,一旦中小企业发生违约,核心企业必须承担违约责任来弥补银行的损失。因此,核心企业在其中起着反担保的作用。应收账款融资模式的流程见图 14-1。

2) 保兑仓融资模式

保兑仓融资模式又称为应付账款融资模式,是指在核心企业向中小企业销售产品时以及核心企业承诺回购的前提下,中小企业以银行指定仓库的仓单作为质押品向银行申请贷款,同时由银行控制中小企业提货权的融资服务。中小企业在购买核心企业的产品时,由于自身的弱势地位,通常被核心企业要求预付账款才能发生交易,这就容易造成中小企业的资金短缺,此时便可以通过保兑仓融资来缓解资金压力。在该融资模式下,物流企业负责对质押品的评估和监管。具体流程见图 14-2。

3) 存货质押融资模式

存货质押融资模式又称为融通仓融资模式。该模式是指中小企业以金融机构愿意

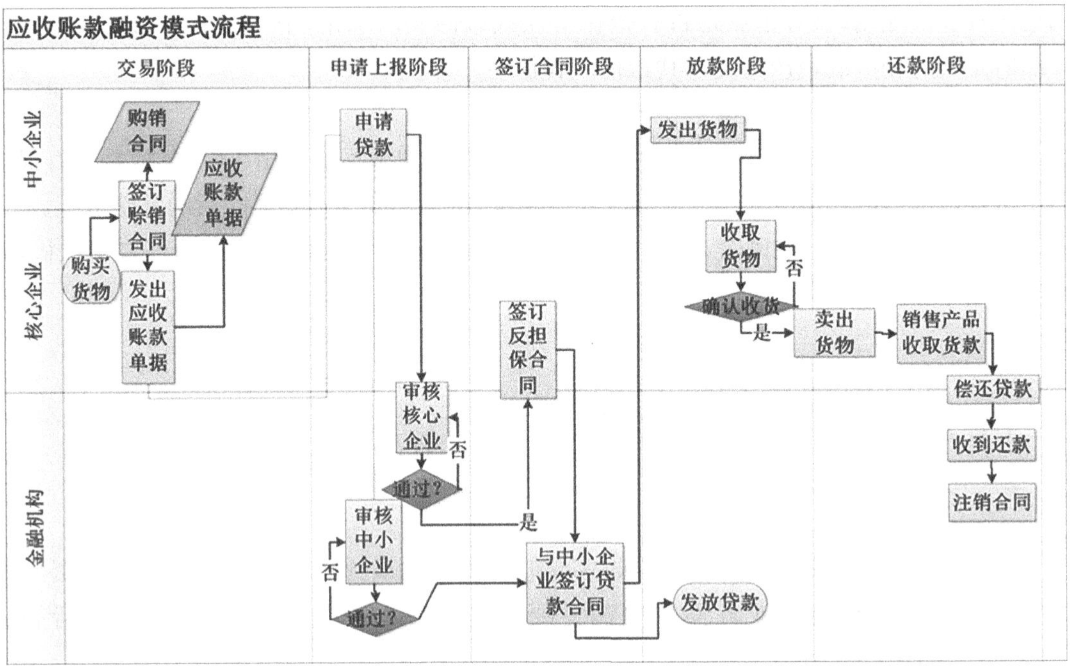

图 14-1 应收账款融资模式流程

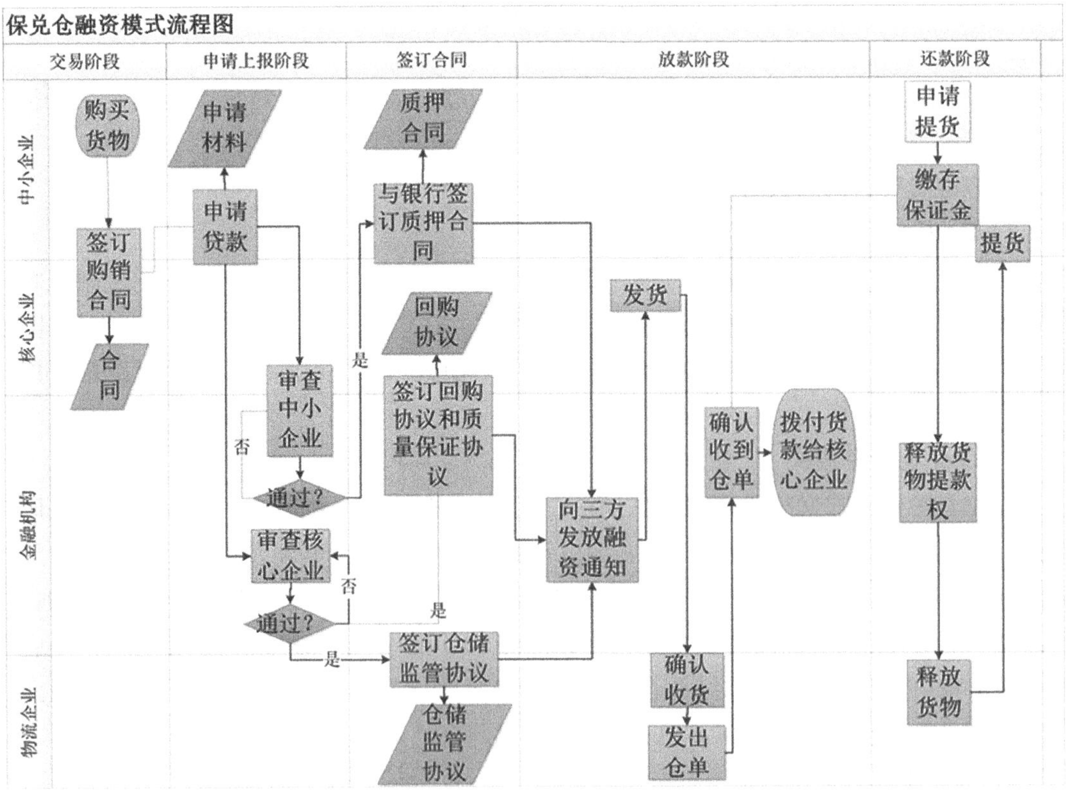

图 14-2 保兑仓融资模式流程

接受的存货作为质押物向金融机构申请质押贷款。在融资过程中，中小企业需要在不转移所有权的前提下，移交存货给金融机构规定的第三方物流企业进行监管。具体流程见图 14－3。

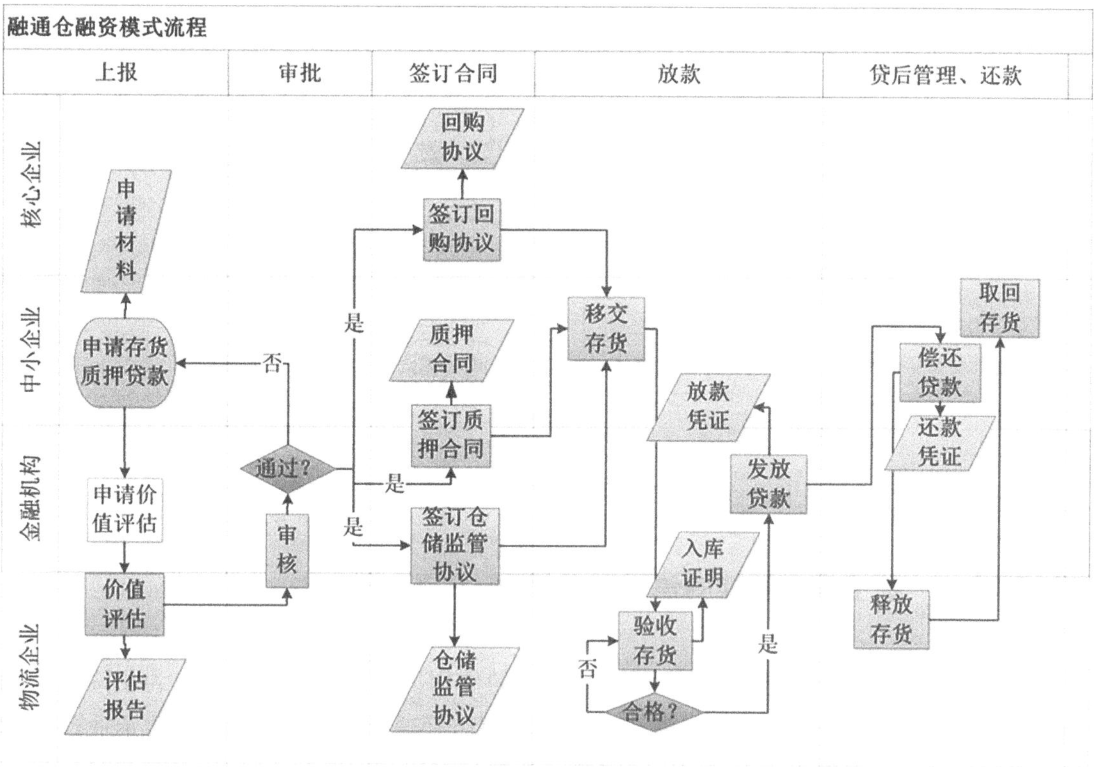

图 14－3 存货质押融资模式流程

14.3 基于大数据的企业信用评估

14.3.1 供应链中的企业信用问题

作为对我国 GDP 贡献近 60%，解决全国 80%就业的中小企业，近年来得到了社会和研究者越来越多的关注。由于我国的金融环境不够完善，各种融资渠道和手段尚不发达，大多数中小企业主要还需依靠自有资金和信贷资金。而仅靠自有资金难以支撑多数企业的发展，因此信贷融资成为促进中小企业发展、缓解中小企业融资难问题的最重要的手段之一。然而，由于估值不合理、信用观念薄弱以及报表随意性强，财务信息披露不到位等问题，银行在对于中小企业投放贷款时，承担了较大的金融风险，以致其贷款投放的动力一直不大，融资难一直成为中小企业发展过程中所面临的瓶颈。

供应链融资是缓解中小企业融资难的有效途径。在供应链融资中，正确评估中小企业的资信是控制供应链融资风险的核心内容，即提高商业银行对中小企业信用风险评估的准确性，使优良的中小企业及时得到贷款，同时降低商业银行所面临的信用风险。图14－4所示为中小企业融资方式。

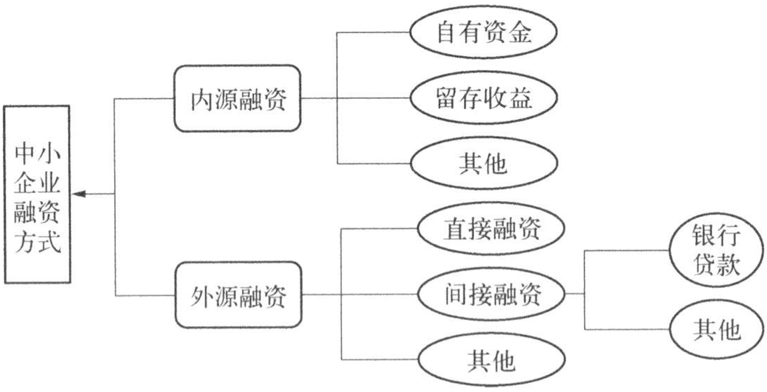

图14－4 中小企业融资方式

14.3.2 基于人工智能的信用评分模型

为解决中小企业融资难问题，降低银行面临的信用风险是十分必要的。为了降低信用风险带来的不利影响，银行必须准确评估贷款方履行还款义务的能力，即评估企业违约的可能性。在评估违约风险的过程中，使用定性的工具和定量的方法是十分必要的。信用评级是在定性测量中被大家所熟知的方法之一。信用评级由评级机构进行，它保证活跃在债券市场上的投资者的收益，同时对发债部门进行监督。评级机构的目标是基于一系列标准出具一个独立而又精确的信用意见。目前，银行尝试复制评级机构的评级过程，借此来对其大客户进行评级。针对中小企业贷款，银行常常借助统计学方法确定借款者的信用度，从而自动区分"好的借款者"和"坏的借款者"。这种统计学方法称为信用评分。

信用评分模型已经被金融机构（尤其是银行）广泛采用。金融机构可以通过使用信用评分模型减少贷款程序中的开销，减少不良贷款带来的损失，从而为有效的决策提供强有力的支持。随着信贷产业的迅速发展，信用评分模型在未来成为银行最重要的工具之一。

信用评分的发展大致经历了专家分析、统计分析和人工智能三个阶段。在1970年以前，信用评分主要采用定性的方法，主要的分析工具有5C分析法、五级分类法等方法，大多数银行基本上依据专家的经验和主观分析来评估信用风险。但是，随着申请者的急剧增加，人工完成这项工作几乎是不可能的。信用产业的许多机构正在提出新模型来支持信用决策。这些新的信用风险评估模型的目的在于提高准确率，使得具有信用的用户获得贷款，从而提高利润。1970～1990年，基于财务指标的信用评分模型开始大量被采用。第一个信用评分模型由 Altman 提出。现代的信用风险评估模型可以分为两种：统计模型和人工智能模型。最常见的统计模型为线性判别分析（Linear Discriminant Analysis，LDA）和 Logistic 回归（Logistic Regression，LR）。因为变量之间的线性关系不足，LDA 和 LR 都存在准确度不高的问题[8]。近年来，随着数据分析、处理能力的提升，一些人工智能方法已经被用来建立准确且稳定的信用风险评估系统。研究表明，已有的人工智能（Artificial Intelligent，AI）技术，如 ANNs（Artificial Neural Network，人工神经网络）、决策树（Decision Tree，DT）、贝叶斯分类器（Bayesian Classifier）、K 最近邻（k-Nearest Neighbor，KNN）算法、模糊规则系统（Fuzzy Rule-based System）、支持向量机（Support Vector Machine，SVM）、混合模型（Hybrid Models），以及集成学习（Ensemble Learning）模型等，在信用风险评估问题中取得了比统计模型更好的性能。与统计模型不同，人工智能模型不需要关于变量分布的假设，并且可以直接从训练数据集中获取知识。在进行信用风险评估，尤其当信用风险评估问题是非线性模式分类问题时，人工智能模型的性能比统计模型更优[9]。

14.3.3 基于 PSO-BP 集成的企业信用评分

针对中小企业企业信用评价问题，在此介绍一种基于粒子群- BP 神经网络（简写“PSO-BP”）集成的企业信用评分模型。模型的整体流程是：首先使用 Bagging 抽样技术获得足够多不同的训练数据集，其次是构建 PSO-BP 组合成员分类器，然后使用不同的训练数据集训练此分类器，最后使用组合投票准则整合不同组合成员分类器的分类结果，得到中小企业信用情况评估结果。

1）带压缩的粒子群算法

粒子群优化（Particle Swarm Optimization，PSO）算法由 Kennedy 和 Eberhart 在 1995 年提出，目前已经成为最重要的群智能算法之一。PSO 通过一种简单的机制，即模拟鸟群的群体行为来找到全局最优。PSO 的应用十分简单，这也使得该算法近来广泛用于解决现实世界的实际问题。算法的具体过程如下：为了优化 d 维的连续函数 $f: R^d \rightarrow R$，首先随机初始化一组粒子 $P=\{p_1, \cdots, p_n\}$，粒子的优劣由目标函数测定；在每一步 t，每个粒子有一个相对应的位置向量 x_i^t，和相对应的速度向量 v_i^t，向量 pb_i^t 存储了粒子 i 所经历过的最优位置（局部最优位置）。在种群邻域拓扑结构中，粒子 p_i 有 $N_i \in P$ 个拓扑邻居粒子，拓扑邻居中的最优 pb_i^t 记作 lb_i^t（全局最优位置）；PSO 算法迭代更新粒子的位置和速度，直到达到了停止迭代的准则。具体更新方式如下：

$$v_i^{t+1} = \omega v_i^t + \varphi_1 U_1^t (pb_i^t - x_i^t) + \varphi_2 U_2^t (lb_i^t - x_i^t) \tag{1}$$

$$x_i^{t+1} = v_i^{t+1} + x_i^t \tag{2}$$

式中，ω 被称为惯性权重；φ_1，φ_2 为学习因子；U_1^t 和 U_2^t 是[0，1)之间的随机数。

为了防止速度增加到失去控制，通常会给粒子加入一个速度约束$[V_{min}, V_{max}]$。

Clerc 和 Kennedy 为了避免粒子速度的增加失去控制，在速度更新规则上加入了一个压缩因子(Constriction Factor)，取得了较好的效果。在该改进的模型中，公式(1)被修改如下：

$$v_i^{t+1} = \chi(\omega v_i^t + \varphi_1 U_1^t (pb_i^t - x_i^t) + \varphi_2 U_2^t (lb_i^t - x_i^t)) \tag{3}$$

其中，χ 为压缩因子，$\chi = 2/ | 2-\varphi-\sqrt{\varphi^2 - 4\varphi} |$，$\varphi = \sum_i \varphi_i$ 并且 $\varphi > 4$。通常 φ_1 和 φ_2 的值为 2.05，这样使得 χ 的值为 0.729。在后面的模型中，会介绍如何使用这一版本的 PSO。

2) PSO-BP 集成模型

这里介绍一种基于 PSO-BP 集成的分类模型。模型运行的主要步骤包括：

(1) 使用 Bagging 抽样技术获得足够多的训练数据集。

(2) 结合检验数据集在不同的训练数据集上训练得到不同的 PSO-BP 组合成员分类器。

(3) 使用组合投票(Majority Vote)准则整合不同分类器的分类结果。

(4) 在测试数据集上测试模型性能。

该模型整体架构见图 14 - 5。

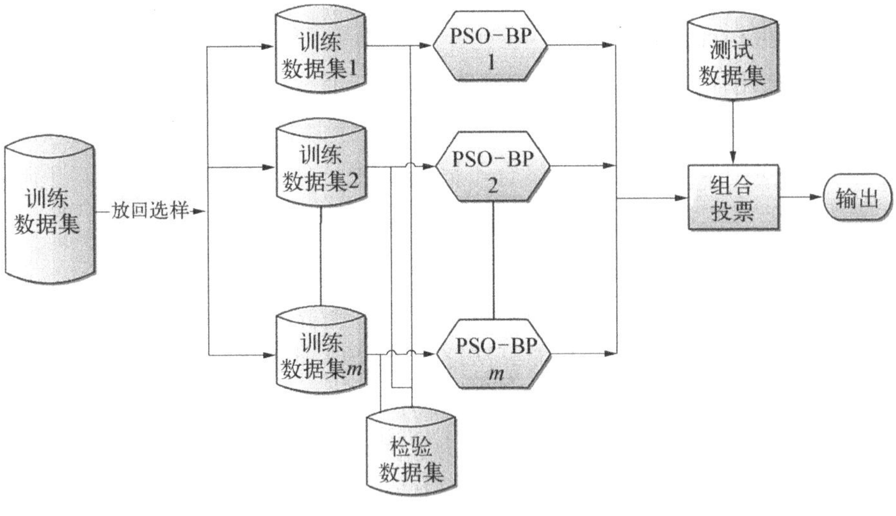

图 14 - 5 PSO-BP 集成模型整体架构

(1) 产生训练集子集。现实中，当需要对一重要问题做决策时，往往需要综合多个专家的意见。在机器学习中也一样，常需要构建多个计算模型，然后综合所有模型的运算结果得出结论。Bagging 算法是机器学习领域中广泛使用的数据抽样算法，常被用来从原始数据集中创建不同的样本，用以得到不同的分类计算模型。Bagging 算法作为机器学习领域极为有效的数据处理模型，采用随机放回抽样的方式，可以得到一定数量的训练数据集。假定原始数据集 DS 中的样本数目为 P，新的训练集中样本数目为 N，新的训练集的个数为 m，Bagging 算法的具体过程如图 14 - 6 所示。

```
输入：原始训练数据集 DS
输出：生成的训练子集(TR1, TR2, …, TRm)
For t =1 to m
  Fori= 1 to N
   RandRow = P * rand()
   IF RandRow <= P
Pt(i, AllColumns)=

DS(RandRow, AllColumns)

    End If
  Next i
Next t
输出：最终的训练子集(TR1, TR2, …, TRm)
```

图 14－6 Bagging 算法

（2）创建不同的分类器。根据本章文献[10]对于有效集成分类器的定义："组合模型能取得更高分类准确率的一个充分必要条件为，用于组合的分类器必须是准确和有差异的"。通常，组合成员差异度较大的组合模型具有更高的泛化能力。因此，如何生成差异度最大的分类器成为一个关键的问题。对于神经网络模型来说，为生成不同的分类器模型，可以通过参数的变化、网络结构设计的变化或是神经网络训练方式的变化等方法实现。由于已经使用 Bagging 算法生成了足够多的不同训练数据集，本书选择了第三种方式来生成不同的组合成员分类器。另外，在此选择了 PSO-BP 模型作为组合成员分类器，在这些不同的训练数据集上训练得到不同的 PSO-BP 模型。

（3）训练 BP-PSO 模型。考虑到 PSO-BP 模型在泛化能力和收敛速度上的优势，这里选择了 PSO-BP 模型作为组合模型的组合成员分类器。PSO-BP 模型是 PSO 与 BP 神经网络的混合优化算法[11]，该混合算法的根本出发点在于，在初始阶段使用 APSO 进行全局搜索，然后使用 BP 在全局最优位置 P_g 附近进行局部搜索，从而提高收敛速度。模型在 PSO-BP 的使用过程中，考虑到 PSO 的迭代次数较少（5 次），采用惯性权重随着算法迭代自动变化的 APSO 算法意义不大，因此选择了带压缩的粒子群算法进行迭代寻优。PSO-BP 算法的过程见图 14－7，具体如下：

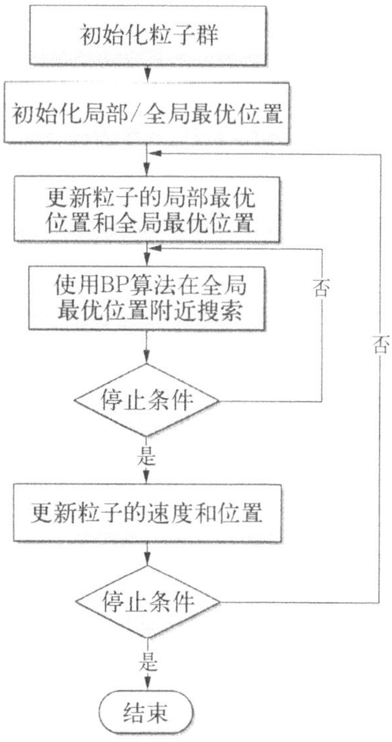

图 14－7 PSO-BP 算法流程

① 在[0，1]范围内随机初始化粒子群体的位置和速度。

② 计算每个粒子的适应值，P_b 初始为当前粒子的局

部位置，P_g 设置为初始种群的全局最优位置。

③ 如果进入最大的迭代次数，算法转到第⑦步，否则运行第④步。

④ 存储当前种群的最优粒子。根据公式(3)与(2)更新粒子的速度和位置，这样就生成了一组新的种群，如果新的粒子位置超出了界限$[X_{\min},\ X_{\max}]$，新的位置将会被设置为 $X_{\min}$ 或 $X_{\max}$；如果新的粒子速度超出了界限$[V_{\min},\ V_{\max}]$，新的速度将会被设置为 $V_{\min}$ 或 $V_{\max}$。

⑤ 计算每个粒子的适应值，最差的粒子由最好的粒子代替。如果粒子 i 的新位置比 P_{ib} 更好，该位置将作为第 i 个粒子新的 P_{ib}。如果所有粒子中存在比 P_g 更优的粒子，P_g 将会得到更新。

⑥ 使用 BP 算法在 P_g 附近搜索，如果搜索结果优于 P_g，将 P_g 作为当前的搜索结果。另外，在搜索过程中，如果在测试数据集上 P_g 超过一定的迭代次数没有变化，BP 算法搜索结束。

⑦ 输出全局最优的 P_g。

(4) 分类结果集成。基于上述几个步骤的工作，可以得到一组不同的 PSO-BP 组合分类成员。接下来的工作是通过一个适当的组合策略将不同的分类器集成为一个分类器。常见的组合策略包括多数投票准则(Majority Voting)、排序准则和权值平均等。其中，多数投票准则是分类问题中最常见的组合策略。在多数投票准则中，组合成员分类器的成员决定了最终的输出。对于给定的样本 $x[x=(x_1,\ x_2,\ \cdots,\ x_n)]$，假设组合模型中有 B 个组合成员分类器：$C^b(x)$，$b=1,\ 2,\ \cdots,B$，多数投票准则得到该样本最终输出类别 $\beta(x)$ 的过程如下：

$$\beta(x) = \underset{y\in\{-1,\ 1\}}{\mathrm{argman}} \sum_b \delta_{\mathrm{sgn}}(c^b(x)),\ y$$

其中，$\delta_{i,\ j}=\begin{cases}1,\ i=j\\0,\ i\neq j\end{cases}$，$y\in\{-1,\ 1\}$ 是组合成员分类器的输出类标。

综上，基于 PSO-BP 集成的中小企业信用风险评估模型，与目前常见的企业信用风险评估模相比，可较为准确的判断企业是否违约，具有较高的预测准确率。

本章主要介绍了供应链融资现状、主要产品及信用评级技术。首先，简述了供应链融资的概念、特征、意义、发展和其中的风险。其次，介绍了三种主要的供应链融资产品及其适用的场景。最后，结合人工智能方法，探讨了如何科学评价供应链中企业的信用等级状况。

◇参◇考◇文◇献◇

[1] 刘华生. 供应链金融[J]. 中国商界，2011(9)：12-20.

[2] 立金银行培训中心. 银行供应链融资、货权质押融资培训[M]. 北京：中国金融出版社，2010.
[3] 宋璟. 中小企业供应链融资模式及信用评价研究[D]. 上海财经大学，2009.
[4] 王瑞. 商业银行供应链金融研究——基于四川省邮储银行供应链金融[D]. 西南财经大学，2013.
[5] 高寒. 基于供应链金融的中小企业信用评价研究[D]. 上海财经大学，2010.
[6] 李耀东. 互联网金融框架与实践[M]. 北京：电子工业出版社，2014
[7] 刘喜. 基于供应链金融的中小企业存货质押率研究[D]. 上海财经大学，2011.
[8] Šušteršič M, Mramor D, Zupan J. Consumer credit scoring models with limited data[J]. Expert Systems with Applications, 2009, 36(3): 4736-4744.
[9] Ghodselahi A, Amirmadhi A. Application of Artificial Intelligence Techniques for Credit Risk Evaluation[J]. International Journal of Modeling and Optimization, 2011, 1(3): 243-249.
[10] Hansen L K, Salamon P. Neural network ensembles[J]. Pattern Analysis and Machine Intelligence, IEEE Transactions on, 1990, 12(10): 993-1001.
[11] Zhang J R, Zhang J, Lok T M. A hybrid particle swarm optimization-back-propagation algorithm for feed forward neural network training [J]. Applied Mathematics and Computation, 2007, 185(2): 1026-1037.

第15章

展望

数据作为金融机构的核心资源已经形成共识。未来金融机构的核心竞争力将很大程度上依赖于将大数据转化为信息和知识的速度与能力，而这种转化速度和能力，取决于大数据的分析、挖掘和应用水平。随着移动支付、互联网金融等新兴金融业态不断涌现，以"用户为中心"、强化用户体验的服务模式将成为未来金融业的重要发展方向。大数据技术可多维度掌握客户及业务的有效信息，全面综合分析出客户的资产负债、支付情况、流动性状态及客户行为，有助于金融机构开展产品创新和精准营销，实现数据资产向战略资产和市场竞争力的转化。同时，通过整合金融机构内部数据、社交媒体数据和外部公共数据，大数据还可提供信贷征信、反洗钱、反欺诈、金融环境变化等风险评估和预警信息，降低信息不对称带来的各种金融风险，营造更加安全、高效的经营环境。为应对需求、迎接挑战，金融业需在战略和人才培养方面做出变革。

15.1 大数据时代金融机构的战略

在以智能化为核心的产业变革时代，金融机构要真正将数据作为战略性资产，有效整合来自营业网点、PC、移动终端设备、传感器网络传来的结构化和非结构化的海量数据，为科学决策、战略升级和经营转型提供强力支撑。

(1) 在理念上，强化数据治理。"除了上帝，其他任何人都必须用数据说话"。大数据革命必将颠覆银行传统观念和经营模式。要强化数据治理理念，建立分析数据的习惯，重视大数据开发利用，提升质量管理、数据管理，真正做到"人人心中有数"。要营造数据治理文化，倡导用数据说话，准确描述事实，反映逻辑理性，将现有数据转化为信息资源，为金融机构的管理和决策提供强有力依据，使决策更加有的放矢，让发展更加贴近真实市场。

(2) 在方法上，着眼于大数据挖掘和分析，对海量数据的持续实时处理，建设数据仓库项目，为服务质量改善、经营效率提升、服务模式创新提供支撑，全面提升运营管理水平。在项目建设中，通过梳理整合经营管理关键数据，建立数据管控体系、搭建基础数据平台。通过数据仓库建设，运用数据挖掘和分析技术，全方位调整管理模式、产品结构、营销模式、信息战略，从根本上提高风险管理、成本绩效管理、资产负债管理和客户关系管理水平，实现多系统数据的业务逻辑整合，形成全行业级的客户、产品、协议等主题数据集。

(3) 在手段上，建设大数据平台。积极推动传统业务渠道与移动通信、云计算等新兴业态纵向整合、横向渗透，促进信息集中、整合、共享、挖掘。一方面，要与移动网络、电子商务、社交网络等大数据平台完美融合，开展大数据分析，为客户提供开放服务平台。另一方面，要与数据分析专业厂商合作，对数据存量进行综合处理与分析。建立完善内容涵盖全面、功能丰富，集网上贸易、网上保理、电子商业汇票、票据池、应收账款池融资、在线融资等为一体的综合供应链金融服务体系，为客户提供全方位贴身服务。

(4) 在目标上，建设智慧金融。智慧金融是指通过内外兼修，准确应对、快速应变、有机处理繁杂数据，高效配置金融资源，敏锐洞察并引领客户需求的高度智能化金融商业形态。减少依赖节点型的专用资本，学会运用网络化的社会资本，从传统有时限的金融服务向全天候服务转变，这也正是未来银行转型的重要抓手。打破传统物理网点的地域限制，提供“始终在客户身边”的全场景金融服务。改变传统的以金融机构为中心的服务限制，提供差异化、个性化产品和服务，为客户提供定制化服务。整合各类渠道，彻底打破地域和时间限制，提供一点接入、全程响应的智能化渠道服务，为客户创造最佳服务体验。

15.2 大数据时代的金融人才培养

根据《国家中长期人才发展规划纲要(2010—2020年)》，人民银行会同银监会、证监会、保监会联合印发了《金融人才发展中长期规划(2010—2020年)》，明确了近十年金融人才发展指导思想、战略目标和主要任务，强调“加强教育培训，提高金融人才素质”，提出了金融人才队伍建设的九项重点工程和若干政策措施，并逐步取得成效。大数据时代信息化金融的发展，对当前和未来的金融从业者提出了更高的要求。金融业与教育业应进一步转变观念、主动应对、加强合作，从大处着眼，小处着手，大力开展大数据时代的金融教育和人才培养。

(1) 转变观念，积极应对。现代社会，人才在金融业核心竞争力中的基础性、战略性、决定性作用日益凸显。面对大数据时代和信息化金融的发展，金融机构要居安思危，及时更新观念，清醒地认识到以往的成功经验、成熟的经营方式、庞大的资产规模、遍布城乡的营业网点和数以万计的员工队伍，并不能确保长此以往高枕无忧。反之，应及时准确研判大数据时代的特点和金融发展的趋势，充分认识具备现代科学文化素质的人才才是最稀缺的资源。要未雨绸缪，早做准备，重视现代金融人才培养，特别是挖掘和培养既懂业务又懂技术的复合型人才。

(2) 应时而动，改革创新。过去10年间，互联网对多个领域产生了颠覆性的影响，教育领域也深受影响。如今，教育培训活动已经不必局限在校园和课堂，学习咨询和交流讨论可以通过网络进行，不受时间和空间的限制。目前国内的金融教育和培训，与当代信息技术水平以及金融市场层出不穷的创新相比，还有明显的差距。这种差距体现在专业设置、课程设计、教材开发、师资队伍建设、教学方式、管理机制等多个方面。在这样的时代背景下，如何处理好继承传统和改革创新的关系，将传统的教育培训模式与现代学习技术、工具结合起来，是金融教育的重要任务。

（3）加强合作，资源共享。提高教育培训科学化水平必须要发挥各地区各部门的积极性、主动性、创造性，必须要有开门开放的培训理念、科学实用的培训方法和协调高效的运行机制。当前我国金融分业监管的格局客观上导致金融业的教育培训也呈现出条块分割的状态，大数据时代和信息化金融的发展已经模糊了金融业与非金融业，以及银行、保险、证券之间的界限。因此，金融教育和培训工作必须坚持开放的培训理念，加强部门、行业、地方之间的协调与合作，推动教育资源共享。

数据时代，适者生存。正如比尔·盖茨所说，传统银行如恐龙，不变则死。数据将是下一个社会发展阶段的石油和金矿。数据之争就是未来之争。未来的金融机构不仅要做数据集成公司，更要做数据分析、数据解读公司。只有占据价值链的核心位置，拥有大量符合时代要求的金融数据人才，才能够从数据中获得洞察力，引领传统模式变革，拥抱大数据时代，从数据中攫取价值，从数据中赢取未来。